Die Welt der Feen

Für meinen Sohn Robin

Komm hinweg, o Menschenkind!
In die Wälder, in den Wind,
Hand in Hand mit einer Fee,
Denn die Welt ist, ahnst du's auch nicht,
voller Tränen, voller Weh.

W. B. Yeats

Ditte König

Die Welt der Feen

Von der Wiederverzauberung der Wirklichkeit

Weitbrecht

INHALT

EINFÜHRUNG

Auf der Suche nach dem verborgenen Volk

Ein altes Kapitel über das »zauberhafte« Leben und Wirken von Wesen, die wir fast schon vergessen haben, wird neu geschrieben.

Es war einmal ein junger Bauer, der eines Tages nahe seinem Feld eine wunderhübsche Frau unter einem Eichbaum sitzen sah. Er wechselte einige freundliche Worte mit ihr, und ehe er recht wußte, wie ihm geschah, hatte er sich Hals über Kopf in sie verliebt. Als er sie bat, ihn zu heiraten, erklärte ihm die Schöne, daß sie eine Fee sei und ihn nur zum Manne nehmen könne, wenn er ihr verspräche, sie nie eine böse Fee zu nennen. Überglücklich versprach es der Bauer, und die beiden hielten Hochzeit.

Sechs Jahre lebten die Eheleute glücklich und zufrieden miteinander und mit ihren Kindern, da wollte es das Schicksal, daß der Bauer im Frühsommer einmal in Geschäften unterwegs war. Seine Gattin sah nach Art der Feen voraus, daß ein schweres Unwetter drohte, das die gesamte Kornernte vernichten würde. So rief sie rasch ihre Feenschwestern herbei und mähte mit ihrer

Hilfe das Feld, obgleich die Ähren noch nicht reif waren. In jede Garbe aber steckten sie ein Bündel großer Erlenzweige.

Als nun der Bauer nach Hause kam, geriet er so in Zorn über die Tat seiner Frau, daß er ausrief: »Was habe ich mir nur dabei gedacht, so eine böse Fee zu heiraten!«

Kaum hatte er diese Worte ausgesprochen, als sich die Fee auch schon in Rauch auflöste. Sie kümmerte sich zwar weiterhin wie bisher um ihre Kinder, doch nach allem übrigen mußte der Bauer selbst sehen. Als er nun eines Tages auf den Kornspeicher stieg, merkte er, daß die Erlenzweige verrottet und die Kornähren nachgereift waren. Da erkannte er, daß seine Frau klug und mit Überlegung gehandelt hatte, und er bereute zutiefst seine Voreiligkeit. Über die Kinder ließ er die Fee anflehen, ihm doch noch eine Chance zu geben, und sie gab ihm zu verstehen, daß er zum Beweis seiner Entschlossenheit das erste küssen solle, was ihm hinter der Küchentür entgegenkomme.

Erfreut sprang der Bauer auf und lief zur Küchentür. Da kroch plötzlich eine Schlange hervor und wand sich um den Leib des Mannes, bis ihr Kopf auf der Höhe seines Mundes war. Entsetzt schleuderte er sie von sich und sah im selben Augenblick aus dem Schlangenkörper das Gesicht seiner Frau auftauchen.

»Du hast dich vor mir geekelt, als ich dir in dieser Gestalt erschienen bin«, sagte sie traurig, »und die Probe nicht bestanden. Nun werde ich dich auf immer verlassen müssen.« Die Schlange löste sich in nichts auf, und von Stund' an war und blieb die Fee verschwunden.

Nun gut, mag man jetzt denken, das ist eine Geschichte, ein Märchen, das zu Zeiten spielt, als das Wünschen noch geholfen hat. Was hat das mit uns zu tun? Wo sind die Feen, die sich in Schlangen verwandeln können, und wo die Menschen, die mit ihnen Umgang pflegen? Die Antwort, daß selbst heute noch in vielen Teilen der Welt Menschen mit Feen auf vertrautem Fuß leben, wird wohl zur Kenntnis genommen, aber doch mit einem Kopfschütteln abgetan. Und dabei weiß man selbst hier bei uns durchaus noch von ihnen, den Feen, den guten und hilfreichen Nachbarn zu berichten. Fragt man die Bäckersfrau in Epfenbach im Kraichgau nach den Feen, so nickt sie freundlich und erklärt den Weg zu dem Teich, in dem sie sich einstmals aufhielten. Im übrigen wisse aber ihr Mann eher darüber Bescheid oder – noch besser – der Betreuer der Heimatstube.

»Ja«, lächelt der und bittet einzutreten, »die sind früher in die Spinnstuben gekommen, um den Frauen bei der Arbeit zu helfen. Sie waren fröhlich und gut gelaunt – und so bildhübsch, daß eine von ihnen dem Schulmeisterssohn völlig den Kopf verdreht haben soll. Um Punkt zehn abends mußten sie immer in ihren Teich zurück. Einmal hat dann der Verliebte den Glöckner gebeten, die Kirchturmuhr um eine Stunde nachgehen zu lassen. Tja, und am anderen Morgen kam ein Bauer ins Dorf gelaufen und hat berichtet, daß das Wasser des Teichs blutrot gefärbt sei. Niemand hat seitdem die Feen mehr gesehen, und der Schulmeisterssohn ist kurz darauf gestorben.«

Eine Gastwirtschaft in Epfenbach ist nach diesem »Unglücksglöckner« benannt, über dem Tresen einer anderen hängt ein Gedicht, das an diese Begebenheit erinnert – und, wie gesagt, noch wissen einige Dorfbewohner um die Geschichte, kennen den Platz auf der Anhöhe nach Waibstadt, an dem sich der Teich einst befunden hat. Wasser sucht man hier allerdings vergeblich, kaum ist noch eine trockene Mulde zu erkennen, über die sich nun ein Kleefeld hinzieht. Auch die Spinnstuben, in denen sich die Feen früher einfanden, sind längst verschwunden. Und mit großer Sicherheit würden viele Menschen, sollte man sie danach fragen, die ganze Angelegenheit in das Reich der Sage verbannen.

Vielleicht liegt diese Skepsis an den geänderten Verhältnissen in unserer modernen Zeit, vielleicht aber auch an der anderen Einstellung, welche die Menschen damals zum Leben und zu ihrer Umwelt hatten. Die Natur und das Wetter spielten für sie eine zentrale, weil damals buchstäblich lebenswichtige Rolle, und die innere Beziehung zu den Pflanzen, die sie nährten, war geprägt durch Ehrfurcht und Respekt. Verstärkt wurde diese Haltung aber entscheidend durch das Bewußtsein, daß es außer Menschen, Tieren und Pflanzen noch andere Wesen gibt, die diese Welt bevölkern und die am Gedeihen des Getreides, des Viehs und an bestimmten Tätigkeiten großen Anteil nehmen.

Diesen Wesen, die zu jener Zeit ebenso wirklich und gleichzeitig flüchtig waren wie Wolken am Himmel oder Eiskristalle auf einer Glasscheibe, begegnete man mit großer Ehrerbietung. Sie halfen dem Bauern mit Rat und Tat, sie warnten ihn vor Unwettern und standen ihm, seiner Familie und anderen Menschen wie Schutzengel treu zur Seite. Und doch war Vorsicht im Umgang mit ihnen geboten, denn, leicht gekränkt und sehr empfindlich, konnten sie sich auch von einer äußerst unangenehmen Seite zeigen und Krankheit oder gar den Tod bringen.

Man gab diesen Wesen die unterschiedlichsten Namen, nannte sie in Irland und England treffend die *Guten Nachbarn*, in Frankreich die *Guten* oder *Grünen Frauen* und in Deutschland unter anderem *Salige Fräulein, Wildweiblein, Weiße Frauen, Elben, Elfen* und eben *Feen*.

Dann aber hielt die neue Zeit mit ihrem Lärm und Gestank dort Einzug, wo früher Ruhe und Stille geherrscht hatten. Wo einst der Wachtelkönig rief und die Kornblumen blühten, durchschnitten bald breite Straßen die Landschaft, reihte sich Haus an Haus. Nicht mehr die Großmutter mit ihren Märchen und Geschichten, sondern Zeitungen und Journale, später Radio, Film und Fernsehen fesselten von nun an die Aufmerksamkeit der Kinder. Und die Feen verschwanden aus der Nähe der Menschen, die es nun für altmodisch und geradezu albern hielten, noch an ihre Existenz zu glauben.

Zeichentrickfilme und Werbespots taten ein übriges, um die Fee in den Augen der Menschen zu dem zu degradieren, was sie heute ist: eine schöne Frau mit hohem spitzem Hut, die einen Zauberstab in der Hand hält und wohlwollend drei Wünsche erfüllt – sei es den nach der besten Marmelade, dem wirkungsvollsten Spülmittel oder gesündesten Kräutertee. Viel mehr blieb von ihr, wenigstens in den industrialisierten und hochtechnisierten Gegenden der Welt, nicht übrig. Hier ein Märchen, dort eine alte Sage und einige Berichte aus anderen Erdteilen sind die spärlichen Reste des Feenglaubens, die Wegweiser zu einer faszinierenden geheimen Welt, die neben der unseren zu existieren scheint.

Die Aufgabe, die ich mir in diesem Buch gestellt habe, ist daher in etwa der eines Restaurators vergleichbar, der nur eine einzige geschwungene Scherbe besitzt und versucht, daraus die Form der ursprünglichen Amphore zu rekonstruieren. Neben ihm steht ein Kasten, in dem sich noch einige hundert weitere Stücke befinden, die vielleicht zum Teil von ebendemselbem Gefäß stammen. Und mit ein bißchen Glück und viel Geduld schafft er es, wenigstens einige davon richtig zuzuordnen. Die Amphore, die er schließlich wiederhergestellt hat, weist zwar noch einige Leerstellen auf, die durch Gipsflächen aufgefüllt sind, doch ist sie als solche gut erkennbar und recht ordentlich zusammengefügt.

Meine »Scherben« waren alle Märchen und Berichte über Feen, deren ich habhaft werden konnte. Und meine »Amphore«, das vorliegende Buch, stellt den Versuch dar, aus diesen Bruchstücken das möglichst originale Bild der Fee darzustellen. Manche Scherben »paßten« dabei überhaupt nicht – sei es, weil sie nachträglich zurechtgefeilt oder mit modischen Farben übermalt worden waren, sei es, weil es sich bei ihnen wahrscheinlich um schlichte Fälschungen handelte.

Weitere Unstimmigkeiten waren eher sprachlich bedingt. Ein Großteil der einschlägigen Literatur ist in Englisch abgefaßt. Das naturgemäß häufig darin vorkommende Wort *fairy*, das wir gewohnt sind mit »Fee« zu übersetzen und das sprachgeschichtlich tatsächlich damit zusammenhängt, bezeichnet aber in Wirklichkeit auch eine Vielzahl weiterer Naturgeister, die mit den Feen nichts oder kaum etwas zu tun haben.

Es gibt eine solche Unmenge an Natur- und anderen Geistern, daß man nur versuchen kann, diese nach den ihnen zugeschriebenen Fähigkeiten und Eigenschaften in grobe Gruppen einzuteilen – nicht aber umgekehrt: Namen und Bezeichnungen sind in diesem Fall Schall und Rauch, da sie vermutlich ja nicht von den Geistwesen selbst stammen, sondern von Menschen mehr oder minder willkürlich auf diese angewandt wurden.

Am Anfang stellten sich die mit der Arbeit verbundenen Probleme als ein wahrer Sumpf dar, bei dem schon allein der Versuch, festes Land zu erreichen, zum Scheitern verurteilt schien. Nicht nur hat man überall die verschiedenen Geistwesen mit ebenso zahlreichen Namen und Attributen versehen, im Laufe der Jahrhunderte haben sich manche von ihnen durch äußere Einflüsse, vor allem neue Religionen, auch so gewandelt, daß man meint, es plötzlich mit völlig anderen Wesen zu tun zu haben, die lediglich denselben Namen tragen. Dann gibt es Fälle, wo sich zwar der Name geändert hat, das Wesen selbst aber gleich geblieben zu sein scheint. Doch allmählich, und indem ich mich streng an den »roten Faden« der erkennbaren Gemeinsamkeiten hielt, kam System in die Vielfalt der Feenwesen, und die Amphore erhielt nach und nach ihre – wie man hoffen kann – richtige Form.

Der Großteil des greifbaren und zugänglichen Materials, das verwendet werden konnte, entstammt dem großen Fundus der Märchen. Wann diese entstanden sind, läßt sich sehr schwer feststellen, viele von ihnen dürften allerdings in ihrem Kern sehr alt sein und in ihrem Ursprung auf Menschheitserinnerungen verweisen, die weit zurück in der Vorgeschichte wurzeln. Immer wieder finden sich dazwischen aber auch Schilderungen von Begebenheiten, die ein direkter Vorfahre des Erzählers oder der Erzählerin selbst erlebt haben will – Geschichten von Begegnungen mit Feen, die also keineswegs in graue Vorzeiten zurückdatieren und daher unmittelbar ansprechen können. Viele weitere Informationen kommen von Menschen, die Ende des letzten Jahrhunderts ihre Erfahrungen Feenforschern wie W. Y. Evans Wentz oder J. Rhys berichtet haben. Auch ganz moderne Feenberichte sind in dieses Buch aufgenommen. Sie wurden allerdings sämtlich in nichteuropäischen Regionen gesammelt, wie zum Beispiel auf dem indischen Subkontinent und in Afrika – in Gegenden also, wo die Menschen noch weitgehend ihre Ursprünglichkeit bewahrt haben und ihren Berichten daher größerer Glauben geschenkt werden kann als solchen aus »zivilisierten« Ländern.

Aus diesem Grund wurden auch »esoterische« Erfahrungen mit »New-Age-Feen« hier nicht berücksichtigt. Weil diese Wesen oft weder in den jeweiligen noch in überhaupt einen kulturellen Kontext passen, weisen sie nämlich häufig genug einen merkwürdig »eklektischen«, künstlichen Charakter auf. Wenn beispielsweise jemand erklärt, er pflege in Nordschottland seit Jahren Umgang mit *Devas*, die für die ungeheure Größe seines Gemüses verantwortlich seien, so klingt das in etwa so, als behaupte ein Afrikaforscher, er sei am Oberlauf des Sambesi einer größeren Inuit-, also Eskimopopulation begegnet. Devas sind die hinduistischen und buddhistischen Götter und dürften sich dementsprechend kaum je mit dem Wachstum von schottischen Kohlköpfen oder Mohrrüben befaßt haben. Damit soll jedoch bestimmt nicht pauschal in Abrede gestellt werden, daß an dem betreffenden Ort tatsächlich irgendwelche Naturgeister am Werk gewesen sein könnten oder sogar noch sind. Nur handelt es sich bei diesen hypothetischen Geistwesen sicher nicht um Devas.

Für das Thema dieses Buches sind moderne europäische Erfahrungen mit Feen zudem nicht entscheidend. Es geht hier vielmehr darum aufzuzeigen, daß es *auf der ganzen Welt* Wesenheiten gibt, die verblüffende Ähnlichkeiten miteinander aufweisen und daher unter dem gemeinsamen Oberbegriff »Fee« zusammengefaßt werden können, und es geht darum, zu schildern, worin diese Ähnlichkeiten bestehen. Diese Wesen hätten auch ebensogut »germanisch« als Elfen, Elben oder *Alfe* bezeichnet werden können. Es kommt aber eben nicht auf den Namen an, sondern auf das, was diese Naturgeister miteinander verbindet. Diese verschiedenen Merkmale lassen sich aber in einem übertragenen Sinn zu einer schön geformten Amphore, einem Gesamtbild zusammensetzen, das sich von unserer heutigen Vorstellung einer Fee deutlich unterscheidet, doch diese zum Teil auch integriert.

Eine solche Gesamtdarstellung sollte dabei aber nicht ausschließlich dokumentarischen Wert besitzen. Vielleicht kann dieses Buch auch denjenigen, welche die Existenz einer Welt hinter den Spiegeln nicht grundsätzlich leugnen, als eine Art Führer dienen. Ebenso wie sich eine »Blumenwiese« mit Hilfe eines Bestimmungsbuches als eine Ansammlung diverser Pflanzen mit charakteristischen, unverkennbaren Merkmalen entpuppt, unterscheiden sich die Feen bei näherer Betrachtung nämlich deutlich von anderen Geistwesen und sind nicht mit diesen zu verwechseln.

Eine der hervorstechendsten Eigenschaften der Feen liefert einen wichtigen Grund dafür, daß gerade über sie geschrieben werden sollte – ihre »Menschlichkeit« und ihre enge Beziehung zu uns Sterblichen. Feen sind von jeher unsere »guten Nachbarn« gewesen, also diejenigen Geister, die uns Menschen in der Hierarchie oder im Spektrum alles Lebendigen »nach oben hin« am nächsten standen und vielleicht noch stehen. Und wenn dieses Buch dazu beiträgt, daß die Klischeevorstellungen, die wir Menschen mittlerweile von ihnen haben, korrigiert werden und zudem die Tür zum Feenreich wieder einen Spaltbreit geöffnet wird – dann wird es seinen Zweck mehr als erfüllt haben.

ERSTES KAPITEL

Am Anfang stand das Schicksal

Wie sie wurden, was sie sind: der lange Weg von den geheimnisvollen Schicksalsgöttinnen der Antike bis zu den Fairys, Feien und Feen.

Die Feen sind zwar höhere Wesen, doch stehen sie den Menschen weit näher als beispielsweise die Götter. Während jene sich aus der Ferne bewundern und verehren lassen, mischen sich die Feen – bildlich gesprochen – durchaus unter das gemeine Volk. Während jene in höheren Sphären schweben und keinerlei irdischer Nahrung bedürfen, ernähren sich die Feen von dem, was die Erde bietet. Sie atmen unsere Luft, sie tanzen und zanken sich – genau wie die Menschen! Daher standen sie auch stets in vertrautem Kontakt zu ihnen, besonders aber zu denjenigen, die eng mit der Erde, mit Pflanzen und Tieren verbunden waren, wie beispielsweise den Bauern, Fischern, Jägern, Holzfällern und Kräuterweiblein – denjenigen also, die ihre Nahrung direkt aus der Natur bezogen und ihr darum mit Ehrfurcht und Achtung begegneten.

Leider war es jedoch so, daß die Angehörigen dieser Berufszweige, wie überhaupt viele aus »dem Volk«, bis vor gar nicht langer Zeit weder lesen noch schreiben konnten. Wie lebendig darum ihre Beziehung zu den Feen auch sein mochte, sie konnten zwar davon erzählen, aber nicht schriftlich darüber berichten. Sie bedurften anderer Menschen, die es für sie aufschrieben. Diese anderen Menschen gehörten jedoch den gebildeten Ständen an, die nicht mehr auf dem Land, sondern in Klöstern oder Städten lebten. Sie wohnten in engen, schmutzigen Gassen und hohen, lichtlosen Häusern und hatten daher, wenn überhaupt, nur noch ein sehr vages Verhältnis zur Natur.

Hinzu kommt, daß es in vielen alten Kulturen vor allem die Geistlichen, also Priester und Mönche, waren, die lesen und schreiben konnten, und daß sie natürlich in ihren Schriften dem jeweiligen »zivilisierten« Glauben wesentlich mehr Platz einräumten als den in ihren Augen rückständigen Anschauungen des einfachen Volkes. So ist das Bild, das frühe indische oder ägyptische Texte von den Religionen der vorchristlichen Jahrhunderte und Jahrtausende zeigen, vielleicht ein guter Spiegel für das, was die wenigen Angehörigen der höheren Stände dachten, aber sicher nicht kennzeichnend für das, was die breite Masse des Volkes glaubte.

Die Feen haben bereits existiert, lange bevor die Menschen die Schrift erfunden und begonnen hatten, ihre Glaubensvorstellungen in Worte zu fassen – und damit zu abstrahieren und gleichzeitig zu verkomplizieren. Daher sollen die nun folgenden Abschnitte nicht den Versuch darstellen, aus frühen literarischen Zeugnissen eine Geschichte des Feenglaubens zu rekonstruieren und diesen gewissermaßen zu seinen Ursprüngen zurückzuverfolgen. Für die Feen kann – wie für Gott oder die Götter – weder ein Entstehungsort noch eine Entstehungszeit festgemacht werden.

Es geht deshalb vielmehr zunächst darum, dem *Namen* »Fee« auf den Grund zu gehen, die Wortwurzel bis zu den Römern zurückzuverfolgen und herauszufinden, was sie und die frühen »Erben« des Wortes darunter verstanden und welche Inhalte sie damit verbunden haben. Dabei wird sich herausstellen, daß die gebildete Schicht jeder Kultur, die sich dieser Bezeichnung annahm, jeweils andere Eigenschaften aus dem Charakter der volkstümlichen Naturgeister herausgegriffen und daraus einen für sie spezifischen engen, künstlichen Begriff der Fee gebildet hat. Parallel zur sprachlichen Metamorphose des Wortes Fee sind daher nacheinander verschiedene mehr oder weniger abstrakte und durchweg recht leblose »Kunstfeen« entstanden.

Die Sprachwissenschaft führt das Wort Fee auf das lateinische *fatum* zurück, das soviel wie »Schicksal« oder »Verhängnis« bedeutet, aber auch mit »Weissagung« übersetzt werden kann. Da die Menschen seit jeher dazu neigen, etwas Abstraktes zu personifizieren, entwickelten die Römer recht bald aus dem unpersönlichen Begriff erst eine und dann mehrere *Fata* oder *Fatae* – je nach Ableitung des Wortes.

Diese Namen gaben sie höheren weiblichen Wesen, die sich um das Schicksal der Menschen kümmerten, die Zukunft voraussehen und damit auch weissagen konnten. Meist war die Rede von drei Fata, die gemeinsam auftraten und handelten und gemeinsam verehrt wurden. Ihre Hauptfunktion bestand bald darin, Kindern bei der Geburt ihr Schicksal zu verkünden.

Geht man davon aus, daß der Glaube der gebildeten Stände eher Elemente des Volksglaubens assimilieren und gewissermaßen für seine eigenen Zwecke verwerten konnte, als dies umgekehrt der Fall war, so liegt es nahe, eine solche Entwicklung auch bei den Fata anzunehmen. In den Volksreligionen vieler Länder treten die Feen zu dritt auf, und fast überall heißt es, daß sie imstande seien, die Zukunft vorherzusehen. Daß sie zuweilen sogar unmittelbar als Schicksalsfrauen bezeichnet werden, zeigt ein zeitgenössisches bulgarisches Märchen. Es ist durch die Überlieferung bereits stark verfremdet und in seinem Kern offenbar auch nicht mehr richtig verstanden worden. Es basiert auf sehr altem Erzählgut, alten Vorstellungen, auf die letztlich der römische Glaube an die drei Fata zurückgehen könnte.

Es war einmal ein Mann, der seine Frau in den Wald jagte, weil sie bis dahin immer nur Mädchen geboren hatte. Zu dieser Zeit war sie jedoch gerade schwanger mit einem Jungen, und als die Niederkunft kurz bevorstand, hieß sie eine ihrer Töchter auf einen Baum steigen. Von dort sollte sie Ausschau halten nach einem Haus, von dem die nötigen Utensilien für die Geburt geliehen werden konnten. Tatsächlich erspähte die Tochter eine Hütte, in der Licht brannte, und machte sich unverzüglich auf den Weg dorthin.

In dem Haus aber wohnten drei Schicksalsfrauen, die sich die Geschichte des Mädchens freundlich anhörten und sich dann untereinander besprachen, was sie dem Neugeborenen wohl als Schicksal voraussagen könnten.

Die erste verkündete, der Junge werde wachsen und groß werden, dann aber durch einen Stein erschlagen den Tod finden.

Die zweite sprach in ähnlicher Weise, er werde wachsen und groß werden, dann aber von einer Pistolenkugel getroffen sterben.

Die dritte sagte voraus, daß er heiraten und dann an dem Biß einer Ringelnatter dahinsiechen werde.

Anschließend drohten die Feen, das Mädchen in eine Marmorstatue zu verwandeln, wenn es ein Wort von dem, was sie gesagt hatten, weitererzählt.

Nun, das Mädchen paßte gut auf ihren Bruder auf, er wuchs heran und heiratete schließlich. Das Mädchen aber hütete ihn weiterhin, und als eines Nachts eine Ringelnatter auf seine Bettdecke fiel, nahm sie die Schlange rasch fort. Darauf erzählte sie ihrem Bruder, was die drei Feen vor seiner Geburt geweissagt hatten. Kaum aber war sie mit der Geschichte fertig, als sie sich schon langsam in Marmor verwandelte. Ihr blieb gerade noch Zeit, dem Bruder zu sagen, daß er sie mit dem Wasser, das die Sonne zum Händewaschen benutze, wieder entzaubern könne.

Der Bruder machte sich sofort auf den Weg zur Sonne, bestand allerlei Abenteuer, erhielt schließlich das Gewünschte, übergoß seine Schwester mit dem Waschwasser der Sonnc, und die Welt war wieder in Ordnung.

Dieses Märchen ist von verschiedenen Motiven entstellt und wurde offensichtlich von Menschen weitergegeben, die sich in der Natur nicht mehr auskannten. Das zeigt besonders die Erwähnung der Ringelnatter, die ja bekanntlich ungiftig ist. Die drei Feen *weissagen* dem

Kind eigentlich nicht mehr sein Schicksal, sie *diktieren* es ihm eher: Sie wünschen ihm den Tod – und das noch dazu völlig ohne jeden Grund.

Das personifizierte Schicksal in irgendeiner Weise mit dem Tod in Verbindung zu bringen scheint ein tiefes Bedürfnis des Menschen zu sein. So heißt es auch in zahlreichen Inschriften auf römischen Grabsteinen, daß die Fata den Tod der betreffenden Menschen verursacht bzw. in engem Zusammenhang damit gestanden hätten.

Gleichzeitig haben anscheinend die Schicksalsfrauen der römischen Oberschicht auch positive Züge von den Volksfeen entlehnt. Die Fata wurden nämlich als Frauen dargestellt, die Füllhörner in Händen hielten – Symbole des Lebens, der fruchtbringenden Natur sowie des Überflusses und Reichtums. Davon abgesehen aber bleibt ihr Bild außerordentlich blaß, und es gäbe kaum mehr über sie zu berichten, wenn sie nicht bereits um Christi Geburt in unterschiedlichen Texten mit ihren römischen und griechischen Schwestern, den *Parzen* und *Moiren*, gleichgesetzt worden wären, von denen immerhin doch ein wenig mehr in Erfahrung zu bringen ist.[1]

Die obengenannten weiblichen Wesen traten wie die Fata in der Regel als Dreiergruppe auf und galten ebenfalls als Personifizierung des Schicksals. Dazu sollen sie noch ausgezeichnete Spinnerinnen gewesen sein. Die Kombination dieser drei Elemente animierte die gebildete Oberschicht der Griechen und Römer nun offenbar dazu, die ehemaligen einfachen Volksfeen »standesgemäß« zu machen, indem sie sie zu Göttinnen erhob und deren typische Feeneigenschaften mystifizierte und abstrahierte.

Von Klotho, der ersten der Moiren, hieß es dementsprechend, sie sei die Spinnerin des Lebensfadens, die zweite, Lachesis, teile das Lebenslos zu, und Atropos schließlich, die »Unabwendbare«, zerschneide den Faden wieder.[2] Hier hat das Spinnen also einen symbolischen Stellenwert erhalten, es ist nicht mehr einfach nur eine lebensnahe und sehr weibliche Tätigkeit.

Auch von den römischen Parzen, den Töchtern der Nacht, wurde behauptet, daß sie den Faden des Lebens spannen und jedem Menschen die ihm zustehende »Portion« an Schicksal zuteilten. Sie wurden – wie die Fata – eng mit dem Akt der Geburt in Verbindung gebracht.[3]

Das Verkünden des Schicksals – oder ganz allgemein das Weissagen – und das Spinnen sind zwei wesentliche Charakteristika der Feen. Sie sind den Feen des Himalaja ebenso zu eigen wie beispielsweise denjenigen des Balkans und Islands. Der Grund dafür, daß sich die Römer und Griechen ausgerechnet diese beiden unter zahlreichen anderen Feeneigenschaften auswählten, um sie den Fata, Parzen und Moiren zuzuschreiben, liegt wohl in deren Weltbild und deren ethischen Vorstellungen begründet. Das Schicksal nahm bei diesen Völkern einen so wesentlichen Rang ein, war von einer solch überragenden Bedeutung, daß ihm sogar die Götter unterworfen wurden.

Das Spinnen aber ist die Tätigkeit der ehrbaren Frau schlechthin gewesen. Die übliche Wendung, die römischen Ehefrauen auf den Grabstein gemeißelt wurde, lautete bezeichnenderweise: »Sie blieb zu Hause und spann Wolle.«

Deshalb ist es nicht allzu verwunderlich, daß diese

beiden Elemente des Feenglaubens buchstäblich vergöttlicht wurden, während andere wenig oder gar nicht Berücksichtigung fanden. Die Flatterhaftigkeit der Feen, namentlich der *Sylphen* und *Nymphen*, ihre Freude am Tanzen und Baden sowie ihre Verbundenheit mit der Natur wird in der antiken griechischen und römischen Literatur immer wieder erwähnt. Weil diese Wesenszüge jedoch offenbar nicht als besonders löbliche oder rühmenswerte Eigenschaften galten, wurden sie nie – wie das Spinnen und das Weissagen – zu göttlichen Tugenden »veredelt« oder gar in starren, leblosen Göttinnen personifiziert.[4]

Einen weiteren »Entwicklungsschub» erfuhren diese frühen Feen im mittelalterlichen Frankreich. Bereits um 1000 n. Chr. wurden die aus galloromanischer Überlieferung stammenden Fata erst in *faie* und dann in *fée* umgetauft. Auch hier darf jedoch nicht vergessen werden, daß es in jenen Zeiten in erster Linie die Angehörigen der gebildeten Schichten waren, die sich mit den »hohen Feen« beschäftigten und der Nachwelt durch Bücher davon berichteten. Das Volk hatte seine eigenen Naturgeister, die zwar mehr oder weniger die gleichen Charakteristika aufwiesen wie die antiken, aber aller Wahrscheinlichkeit nach anders genannt wurden.

Die gebildeten Franzosen der Oberschicht legten weit weniger Wert als Römer und Griechen auf tugendhafte Eigenschaften oder Beschäftigungen wie das Spinnen, und auch dem Schicksal als solchem maßen sie längst keine derart große Bedeutung zu. Möglicherweise lebten sie damals, wie die modernen Franzosen heute, nach dem Wahlspruch *c'est la vie*, »so ist eben das Leben«, und versuchten nach Möglichkeit, es zu genießen. Für starre, strenge Göttinnen, die ihnen den Lebensfaden abschnitten, hatten sie offenbar wenig Sinn.

Um so mehr hielten sie dagegen von schönen Frauen – wie ihnen das ja auch heutzutage noch nachgesagt wird. Daher scheint sie an den Feen zunächst einmal deren Schönheit interessiert zu haben, denn schon bald wurden hübsche Frauen mit den »Fées« verglichen oder gar gleichgesetzt. Dadurch traf der galante Franzose bildlich gesprochen zwei Fliegen mit einer Klappe: Nicht nur machte er der betreffenden Dame seines Herzens ein großes Kompliment für ihr Aussehen, er stellte sie zugleich über andere Frauen, indem er sie in den Rang eines übermenschlichen Wesens erhob.

Gewiß erfährt man aus frühen französischen Schriften zwar auch andere Dinge über die Feen, so beispielsweise, daß sie vor allem in Wäldern und in der Nähe von Quellen wohnten. Weiter heißt es, daß sie kunstfertig waren und ganz nach Belieben Gaben an die Menschen verteilen konnten. Insgesamt aber nahmen die gebildeten Schichten die ganze »Feerei« nicht sehr ernst und betrachteten sie eher als ein nettes Erzählmotiv. Für das Volk hingegen waren die Feen nach wie vor eine Realität und die »guten Nachbarn«.

Ein um 1275 entstandenes satirisches Schauspiel des Franzosen Adam de la Halle, das bei der traditionellen Maifeier unter einem Laubdach aufgeführt wurde und bei dem der Autor selbst mitspielte, zeigt den Unterschied zwischen den ernsthaften römischen Fata und Parzen und den französischen Feen. Hier werden die drei Feen Morgue, Arsile und Maglore zu einem Gastmahl geladen. Köstliche Speisen sind für sie bereitgestellt, da man sich verständlicherweise ihres Wohlwollens versichern will. Aus irgendeinem Grund wird aber das Gedeck für Maglore vergessen, und die verärgerte Fee schmollt und beschenkt den Gastgeber Adam nicht wie die anderen beiden mit einer guten Gabe. Sie verfügt statt dessen, daß ihm sein sehnlichster Wunsch, sein Studium in Paris fortzusetzen, auf immer versagt bleiben soll.

Wie wenig ernst die Angehörigen der französischen Oberschicht die Fee nahmen, zeigt auch das Wort *féerie*, das soviel bedeutete wie Zauberei, Illusion oder eben »Feerei«. Die Fee war für sie keine Realität mehr, sondern etwas zwar Hübsches, aber nicht wirklich Existierendes. Als dieser Name jedoch über den Kanal nach England gelangte und dort zu *fairie* und *fairy* wurde, vollzog sich bald ein erstaunlicher Bedeutungswandel. Während man darunter anfangs noch, wie in Frankreich, eine Täuschung oder einen Zauber verstanden hatte, bezeichnete das Wort nicht viel später sogar die Region, in der Feen leben, das Feenreich. Noch ein wenig später umschloß es das Volk, das in diesem Reich wohnt, und schließlich hieß auch eine einzelne Fee so, die »Fairy«.

Wann genau diese letzte – und noch heute gültige – Bedeutung aufkam, wissen wir nicht. Fest steht jedoch, daß sie am Ende des 16. Jahrhunderts durch Edmund Spensers unvollendet gebliebenes Versepos *The Faerie Queene* endgültig etabliert wurde. Dieses berühmte Gedicht war der Vorläufer vieler weiterer literarischer Werke über Feen.

Die gebildeten Engländer jener Zeit behandelten die Feen um einiges respektvoller als die entsprechende französische Bevölkerungsschicht, wie man ja allein schon am Bedeutungswandel des Wortes erkennen kann. Offenbar hoben sie zudem auch viel weniger als Römer, Griechen und Franzosen nur bestimmte Eigenschaften der Feen hervor, die ihnen besonders am Herzen lagen. Vielmehr scheint es so gewesen zu sein, daß sie die neue Bezeichnung bald als eine Art willkommenen Oberbegriff für ihre eigenen Naturgeister verstanden und sie einfach mit den gewohnten Bedeutungsinhalten füllten.

Doch ist sogar bei älteren Autoren, die sich mit den »Fairys« oder Elfen befaßten, nicht selten spürbar, daß sie, wiederum im Gegensatz zum gewöhnlichen Volk, eigentlich nicht mehr an deren objektive Existenz glaubten. Zur Illustration sei hier ein Vers aus den *Canterbury-Erzählungen* von Geoffrey Chaucer angeführt, der zweihundert Jahre vor Spenser lebte.

Der Held des Gedichtes hat es sich in den Kopf gesetzt, die Feenkönigin zu heiraten:

»Ich will die Feenkönigin,
Kein' andre ist nach meinem Sinn
In meiner Heimatstadt,
Die andern lass' ich einfach stehn,
Ich hol' die Königin der Feen
Und küss' mich an ihr satt.«

Dann saß er auf, und mit Gewalt
Trieb er sein Roß durch Feld und Wald,
Das Feenvolk zu sehn.
So ritt er lang und ohne Halt,
Bis er in einem stillen Wald
Erblickt' das Reich der Feen.

Vermutlich um das 12. Jahrhundert gelangten die Fata, zunächst als *Feie* oder *Feine,* über Frankreich nach Deutschland. Es war die Zeit der Minnedichtung, der schwärmerischen Liebe tapferer Ritter zu schönen, aber in der Regel unerreichbaren Edelfräulein und -frauen. Das Motiv der schönen Fee kam wie gerufen, und selbst das Spinnen wurde nicht vergessen.

Daß man durchaus auch im übertragenen Sinne von den »Feinen« sprach, zeigt ein Vers aus dem berühmten Epos *Tristan,* das von Gottfried von Straßburg um 1210 verfaßt wurde. Hier wird der edle, reine Sinn eines Ritters mit folgenden Worten gepriesen:

Ich mein', ihn haben Feinen
Wunderbar gesponnen
Und ihn in ihrem Bronnen
Geläutert und gereinet:
Er ist fürwahr gefeinet.

Die Feie oder Feine verschwand zwar in der Folgezeit nicht aus Deutschland, doch trat sie auch nicht ins Rampenlicht. Sie verkroch sich offenbar als Wald- und Meerfei in eher unzugängliche Landstriche. In Form des heute noch gebräuchlichen »feien« und »gefeit« stand sie den Menschen allerdings weiterhin nahe. Jemand, der gegen eine Sache – Feuer, Krankheit oder was auch immer – gefeit ist, ist gegen ebendiese Sache geschützt. Ob man nun früher dachte, daß es die Fee selbst war, die einem Menschen nach Art eines Schutzengels zur Seite stand und ihn dadurch »feite«, oder daß die »feeische« Kraft auf irgendeine Weise auf den Menschen überging und ihn gegen was auch immer immun werden ließ, wird sich nicht mehr feststellen lassen. Immerhin ist interessant, daß gerade dieser Aspekt der Feen wenigstens eine Zeitlang offenbar eine nicht unwesentliche Rolle im deutschsprachigen Raum gespielt hat.

Abgesehen von dieser Verbwurzel aber – und von der noch bekannteren Fata Morgana –, hinterließ die Fee für mehrere Jahrhunderte kaum Spuren in Deutschland. Verantwortlich dafür, daß sie im 18. Jahrhundert wirklich bei uns Fuß faßte, war eigentlich der erste deutsche Übersetzer von William Shakespeares *Ein Sommernachtstraum*.

Mit der Frage konfrontiert, wie das englische *fairy* wohl am besten zu übertragen sei, entschloß sich der deutsche Dichter Christoph Martin Wieland dazu, es mit »Fee« wiederzugeben. Und weil ihm das Wort so gut gefiel, benutzte er es auch gleich in seinem eigenen Versmärchen *Oberon* und anderen Werken. Und nun war der Siegeszug der Fee nicht mehr aufzuhalten und sie aus Deutschland nicht mehr wegzudenken.

Ein kurzer Abschnitt aus Wielands Versmärchen *Pervonte* zeigt sehr schön, wie der »Feenstoff« literarisch umgesetzt wurde.

Der Held, nach dem das Märchen benannt ist, sieht drei schöne schlafende Frauen in der Sonne liegen und baut ihnen mitleidig einen Lichtschutz aus Zweigen. Dann freut er sich laut lachend über seinen Einfall. Als die Jungfrauen deshalb erwachen, fragt ihn eine, ob er es war, der diese Vorrichtung für sie gebaut hat. Pervonte schmunzelt, gibt aber keine Antwort.

»Dein gutes Herz soll unbelohnt nicht bleiben«,
Fährt jene fort, »das ist nun unsre Pflicht.
Vernimm, Pervonte, wir sind Feen.
Man legt uns viel zur Last; allein, das sollst du sehen,
Undankbar sind wir nicht.
Verlange, was du willst, es soll sogleich geschehen.«

Zwar wurde die Literatur – wie das Zitat aus Wielands Werk andeutet – den Feen durchaus nicht immer gerecht. Weder durch Übertreibungen noch durch Verniedlichungen oder andere Verzerrungen fügte sie ihnen jedoch wirklich großen Schaden zu. Eine ganz anders geartete Form der Volksbeeinflussung hatte allerdings weit weniger glimpfliche Folgen für die Feen – die Christianisierung.

ZWEITES KAPITEL

Die verhexten Feen

Gefallene Engel, Dämonen oder Hexenlehrmeister? Der Niedergang des alten Glaubens und die Verteufelung der Feen durch das siegreiche Christentum.

Etwa ab der Mitte des ersten Jahrtausends unserer Zeitrechnung begannen christliche Missionare, von ihrem Glaubenseifer beseelt, in das damalige Frankenreich – das weite Teile Deutschlands und Frankreichs umfaßte – vorzudringen und sich dort anzusiedeln. Nach und nach entstanden über das ganze Land verteilt immer mehr Klöster, von denen aus die Mönche versuchten, nach der »verheerenden« Zeit der Völkerwanderung, den Heiden ihren Gott nahezubringen.

Viele Geistliche waren damals allerdings entweder unzureichend auf ihre Aufgaben vorbereitet oder aber nur allzu geneigt, wie weltliche Herren zu leben. Und so war ihren oft nur halbherzig durchgeführten Unternehmungen wenig Erfolg beschieden.

Da erschienen gegen 600 n. Chr. irische Mönche im Frankenreich, hagere Gestalten in langen schwarzen Mänteln, die von der grünen Insel hierhergekommen waren, um – anders als ihre durch die Völkerwanderung geschwächten Brüder auf dem Festland – dem Christentum nachdrücklich zum Sieg über den heidnischen »Wildwuchs« zu verhelfen. Sie drangen in bislang noch nicht missionierte Gebiete vor, rissen die nach germanischem Glauben heilbringenden Pferdeschädel von den Dächern der Häuser und errichteten an den von der Bevölkerung seit jeher benutzten Opferstätten ihre hölzernen Kapellen.

Diesen Vorstreitern folgten eine Anzahl weiterer tatkräftiger Missionare, unter ihnen der berühmte angelsächsische Benediktinermönch Winfried, der unter dem Namen Bonifatius im 8. Jahrhundert durch Germanien wanderte und den Heiden seinen Glauben verkündete. Bei Geismar, in der Nähe von Fritzlar in Hessen, fällte er eine dem Gott Donar geweihte heilige Eiche, um den Einheimischen zu beweisen, daß ihr Gott ihn für diese Freveltat nicht, wie sie glaubten, durch einen Blitzschlag töten würde. Bonifatius bezahlte seine drastischen Maßnahmen schließlich doch mit dem Leben, und es war den Germanen und Kelten wirklich nicht zu verdenken, daß sie sich gegen solche Übergriffe zur Wehr setzten. Weit weniger störte es sie, wenn die Christen es mit der umgekehrten Methode versuchten: einheimische heidnische Bräuche und religiöse Vorstellungen im Sinne der neuen Religion umzudeuten, anstatt mit Gewalt deren Ausmerzung zu betreiben.

Es zeigte sich nun einmal mehr, daß Namen letztlich nur eine zweitrangige Rolle spielen: Ob ein bestimmter Hain im Namen einer germanischen, einer galloromanischen Gottheit oder eines christlichen Heiligen verehrt wurde, war den Menschen weit weniger wichtig, als daß er oder sie überhaupt verehrt wurden.

Die katholische Kirche betrachtete die »Überbleibsel« früherer, heidnischer Religionen, die sie trotz eifrigen Bemühens und zahlreicher Konzilsbeschlüsse nicht zu eliminieren imstande war, nicht zu Unrecht als eine ernstzunehmende Konkurrenz. Noch heute zeugen Bezeichnungen wie »Venusberg« und vor allem auch die Namen unserer Wochentage »Dienstag« (Tag des germanischen Himmelsgottes Ziu), »Donnerstag« (Tag des Gottes Donar) und »Freitag« (Tag der Göttin Freya) davon, wie berechtigt diese Furcht und wie wenig das Volk geneigt war, sich dem christlichen Glauben so ohne weiteres zu beugen.

Also begannen die Christen nach und nach, nicht nur im deutschen Sprachraum, sondern auch in anderen Ländern wie Frankreich, England, Schottland und Irland, die Religion der Heiden zu untergraben, indem sie bestimmte Bestandteile davon für sich vereinnahmten und die Feste zu ihren eigenen umfunktionierten. So wurde beispielsweise aus dem heidnischen Lichterfest der Wintersonnenwende unser Weihnachtsfest, das Frühlingsfest wurde zu Ostern und die Mittsommernacht zur Johannisnacht.

Neben der gewalttätigen Vernichtung alten Brauchtums und der Umwandlung ehemals heidnischer in christliche Stätten und Feste, bediente man sich erfolgreich einer dritten, recht subtilen Methode zur Unterwanderung der konkurrierenden Glaubensvorstellungen. Sie ist an dieser Stelle besonders interessant, weil sie unter anderem auch die Feen betraf.

Jeder weiß, wie wirkungsvoll und nachhaltig üble Nachrede sein kann. Man mag sich noch so sehr innerlich dagegen zur Wehr setzen, irgend etwas bleibt immer hängen. Mit der Zeit kann sich das Bild einer zuvor unbescholtenen Person leicht ins Negative verkehren. Und genau dies geschah mit den Feen in allen Ländern, die vom Christentum beeinflußt wurden.

Zunächst unternahm man den Versuch, sie einfach in das christliche Weltbild einzugliedern und ihnen dort den ihnen »gebührenden« Platz zuzuweisen: Die Feen wurden schlicht zu gefallenen Engeln erklärt, und damit hatten sie schon einen negativen Stempel abbekommen.

Wie nachhaltig sich diese Vorstellung in manchen Gegenden halten sollte, zeigt die noch zu Anfang unseres Jahrhunderts von dem berühmten Ethnologen W. Y. Evans Wentz aufgenommene Aussage eines Schotten: »Ich glaube allerdings fest daran, daß die Feen nicht die Geister von Toten sind, sondern gefallene Engel.« Und eine Landsmännin ergänzte: »Als die gefallenen Engel aus dem Himmel verstoßen wurden, befahl ihnen Gott: Ihr werdet euren Wohnsitz in Höhlen, unter der Erde, in Hügeln, dem Boden oder den Felsen nehmen. Und getreu dieser Weisung waren sie verdammt, an einem der genannten Orte für eine gewisse Zeit zu leben. Und wenn diese Zeit vorbei ist, werden sie wieder so zahlreich wie nur je gesehen werden.«

Doch muß zuweilen gar das Feenvolk selbst dieses Bekenntnis ablegen. In einem schottischen Märchen wird ein Geistlicher von einem kleinen Mann mit grauem Haar und seltsamer Kleidung angesprochen. Auf die Frage, wer er sei, antwortet das Männlein, daß er dem *Guten Volk* angehöre. Doch sei, fügt er schuldbewußt hinzu, als Name das Gegenteil davon wohl passender. Ursprünglich sei er zwar ein Engel gewesen, doch habe er sich vom Teufel verführen lassen. Deshalb sei er zur Strafe zusammen mit vielen anderen herabgeworfen worden, um bis zum Tage des Jüngsten Gerichts über Seen und Berge zu wandern. Sie wüßten nicht, was ihr Schicksal sein würde, doch befürchteten sie das Schlimmste. Hierauf fragt er ängstlich den Geistlichen, was denn seine Meinung zu dieser Frage sei. Der läßt sich auf ein langes Gespräch mit dem Feenmann ein, welcher ihm unter anderem das Vaterunser hersagen muß. Allerdings sagt er statt »der du bist im Himmel« – »der du warst im Himmel«, und zuletzt gesteht der Geistliche, daß er ihm und seinesgleichen keine Hoffnung auf Verzeihung machen könne, weil ihr Verbrechen doch gar zu groß sei. Darauf stößt der verzweifelte Feerich einen Schrei aus und stürzt sich kopfüber in einen See.

Auch in manchen irischen Märchen wird den Feen unterstellt, die Möglichkeit oder vielmehr Unmöglichkeit ihrer Erlösung bedeute für sie ein großes Problem.

Als die Feen eines Nachts wie immer im Mondschein ihren Reigen tanzten, rief plötzlich eine von ihnen:

»Geschwind, geschwind hört auf zu sausen,
laßt das tolle, wilde Brausen;
ich rieche einen, der kommt heran,
ich rieche einen geistlichen Mann!«

Rasch versteckten sich alle unter den Blättern des Fingerhuts, in Ritzen und unter Steinen – und richtig, da kam Vater Horrigan herangeritten. Da es schon sehr spät war, beschloß er, bei dem in der Nähe wohnenden

Dermod Leary einzukehren und bei ihm die Nacht zu verbringen.

Dermod freute sich sehr über den Besuch des Geistlichen, war aber in einiger Verlegenheit wegen des Nachtessens, weil er lediglich ein paar Kartoffeln im Haus hatte. Da fiel ihm ein, daß er ja noch ein Netz im Fluß liegen hatte. Es wäre ja immerhin möglich, dachte er, daß sich ein Fisch darin verfangen hatte.

So machte er sich denn auf den Weg und fand auch tatsächlich einen schönen Lachs vor. Doch als er ihn herausholen wollte, wurde ihm das Netz aus der Hand gerissen, und der Fisch verschwand fröhlich im Wasser. Als Dermod fluchend den Teufel für diese Tat verantwortlich machte, kamen die Feen aus ihrem Versteck hervor und erklärten ihm lachend, daß sie es gewesen seien, die den Lachs befreit hätten. Sie wollten aber schon für ein Abendbrot sorgen, wenn er ihnen dafür eine Bitte erfüllen würde.

Dermod besann sich eine kurze Weile und stimmte dann zu.

»Nun denn«, sagte da eine kleine Fee, während die übrigen sich von allen Seiten hinzudrängten, »bitte geh und frage den Vater Horrigan, ob unsere Seelen am Jüngsten Tage begnadigt werden, genau wie die Seelen guter Christen.«

Als Dermod nach Hause kam, gab er die Frage zögernd an den Geistlichen weiter.

»Wer wollte das wissen?« fragte der Priester und sah Dermod so fest an, daß dieser dem Blick nicht ausweichen konnte.

»Ich will Euch die Wahrheit sagen«, antwortete der also, »das Stille Volk selbst hat mich mit dieser Frage zu

Euch geschickt. Sie sind zu Tausenden unten am Fluß und warten auf die Antwort, die ich ihnen von Euch bringen soll.«

Vater Horrigan aber ließ den Feen ausrichten, wenn sie ihn etwas fragen wollten, dann sollten sie sich doch bitte direkt an ihn wenden. Da aber die Feen nicht den Mut dazu hatten, blieben sie, wenigstens in diesem Märchen, ohne Antwort – und Vater Horrigan ohne Abendbrot.

In bestimmten Nächten, wenn die Feenwohnungen erleuchtet waren, und ihre Bewohner sich im Tanze drehten, sollte man die Feen gar singen hören:

Nicht von Adams Same sind wir,
Unser Ahn nicht Abram hieß;
Sproß des stolzen Engels sind wir,
Den der Herr von sich verstieß.

Wie aufgesetzt solche christlichen Bekenntnisse im Munde der Feen und andere derartige Interpolationen sich auch ausnehmen mögen, sicher ist, daß sie, sobald sie in den Märchen erst einmal Fuß gefaßt hatten, die Meinung des Volkes nachhaltig beeinflußten. Die veränderte Haltung zu den Feen schlug sich dann in anderen Märchen nieder, und so war ein Prozeß in Gang gesetzt, der nicht mehr aufgehalten werden konnte.

Hin und wieder kam es kurioserweise zu einer zweifachen Umdeutung, indem ursprünglich heidnisches Brauchtum, das inzwischen in christlichen Dienst gestellt worden war, wiederum dem Feenglauben aufgepfropft wurde. In manchen Märchen wurde beispielsweise einer der beiden traditionell heiligen Jahrestage der Feen, das heißt, entweder die Nacht zum ersten Mai (Beltane) oder die Nacht zum ersten November (Samhain), auf ein »christliches« Fest verschoben.

In einem schottischen Märchen ging ein Schmied gar mit der Bibel in der Hand eines Nachts zum Feenhügel, um seinen gestohlenen Sohn zu befreien. Es war eine der Feennächte, und die Wohnung des Guten Volkes war dementsprechend hell erleuchtet. Der Schmied steckte seinen Dolch in den Balken der Eingangstür und mischte sich dreist unter die Tanzenden, während er sich umschaute. In einer entfernten Ecke entdeckte er schließlich einige gefangene Sterbliche an einer Schmiede und stellte zu seiner Freude fest, daß auch sein Sohn unter ihnen war. Sobald die Feen herausgefunden hatten, daß ein Mensch in ihre Behausung eingedrungen war, umringten sie ihn zornig, doch konnten sie ihn wegen der Heiligen Schrift, die er bei sich trug, nicht berühren. Er aber ging zu seinem Sohn und nahm ihn mit sich fort.

Doch nicht nur mit der Bibel, auch mit dem Kreuz sollte man nun das *Kleine Volk* ganz wie die Vampire in Schach halten können. Und nach und nach wurde der leichtgläubigen Bevölkerung gar eingeredet, daß Kinder nur dann von den Feen gestohlen werden könnten, wenn sie nicht getauft seien. In mehr oder weniger magische Schutzgebete gegen den Einfluß böser Geister wurden nun die Feen eingebaut – wie bei dem folgenden englischen Spruch:

Ich gieß' mein heil'ges Wasser rein
Auf diese Tür und diesen Stein,
Das vor'm Übel dich beschütze

Und dem argen Teufel trutze:
Böser Geist nicht Nacht noch Tag
Auf diesem Weg sich nahen mag;
Elf nicht, Fee nicht soll deinem Heim
Kraft dieser Gnade inne sein.

Daß eine solche Entwicklung den Feen nicht behagte, läßt sich wohl denken, und so zogen sie sich immer mehr von den Menschen zurück, die sie mit ihrem neuen Glauben allzusehr belästigten. Eine der berühmten *Canterbury-Erzählungen* des englischen Dichters Geoffrey Chaucer beginnt mit den Worten:

»In längst vergangener Zeit, als König Artus regierte, war das ganze Land voll Feenzauber. Auf den grünen Wiesen tanzte die Feenkönigin mit ihrer lustigen Schar – so las ich's wenigstens in alten Büchern. Doch das ist viele Jahre her, und heute sieht man keine Feen mehr, denn die Frömmigkeit und die Gebete der Bettelmönche und anderer heiliger Männer, die im Lande umhertrudeln wie Staubkörnchen in einem Sonnenstrahl, haben dafür gesorgt, daß es heute hier keine Feen mehr gibt. Wo sie einst zu gehen pflegten, da wandeln heute Mönche und lesen Metten und sprechen Gebete, wenn sie ihr Revier durchwandern.«

Leider blieb es aber nicht dabei, daß sich eifernde Priester darauf beschränkten, dem Kleinen Volk christliche Worte in den Mund zu legen oder sie als gefallene Engel zu bezeichnen. Derartige Verunstaltungen des Feenglaubens hätten im großen und ganzen wohl keinen ernsthaften Schaden anrichten können.

Von der Herabsetzung aber war es nicht mehr weit bis zu einer regelrechten Dämonisierung der Feen, wie in einem irischen Märchen sogar ausdrücklich festgestellt wird: »Mit dem Vordringen des neuen Glaubens werden große Probleme auf das Feenvolk zukommen, und ihre Macht und ihre Erhabenheit werden verschwinden, und Menschen werden sie als Dämonen bezeichnen und sie forttreiben mit ihren Psalmen und Gebeten und mit dem Klang kleiner Glöckchen.«

Ein sehr anschauliches Beispiel für eine solche Dämonisierung ist der deutsche *Alp*. Das Wort »Alp« ist mit *Alb*, Elbe, Elfe und dem nordischen *Alf* verwandt. Alle diese Namen haben einen gemeinsamen germanischen Ursprung und bezeichnen Wesen, die sich in ihren Verhaltensweisen und Eigenschaften ausgesprochen ähnlich sind und durchaus insgesamt als Feen bezeichnet werden können.

Es mag nun zunächst verwundern, daß der Alp hier in diese Gruppe freundlicher Naturgeister eingereiht wird, da doch jedes Kind weiß, daß er ein wahrer Quälgeist ist, ein Nachtmahr, der sich heimtückisch dem ahnungslos Schlafenden auf die Brust setzt und ihn zu ersticken droht (daher auch der Alp-traum). Dies war jedoch sicher nicht immer so. Zu Zeiten, als das Wünschen noch geholfen hat, dürfte er sich nicht sehr von den übrigen Feenwesen unterschieden haben.

Leider sind kaum Nachrichten vom Charakter des ursprünglichen Alps erhalten, und so ist auch nicht viel über sein Wirken und Treiben bekannt. Wie wenig er allerdings mit Schlechtigkeit und Bösartigkeit assoziiert wurde, beweist nach Aussage der Brüder Grimm die Tatsache, daß früher viele Orts- und Eigennamen den

Bestandteil »Alp-« aufwiesen. Sie zählen Alphart und Alpwin, Alptac und Alphilt und viele weitere Namen als Beleg für diese Behauptung auf.[5] Ist ihre Annahme richtig, lassen die Namen auch darauf schließen, welche Bedeutung dem Alp in der Vergangenheit zukam, wenn sogar Menschen nach ihm benannt wurden.

Nun liegt es durchaus im Charakter der Feen, zu jeder Art von Schabernack bereit zu sein, und was das angeht, sind die Grenzen zum Negativen durchaus fließend. Was der eine noch als Scherz versteht, ist dem anderen schon mehr als ein Ärgernis. Dem müden Wanderer, der spät abends im Wald von übermütigen Feen »zum Spaß« in die Irre geleitet oder einen Abhang hinuntergeworfen wurde, konnte man es wohl kaum verargen, wenn er nicht begeistert über diesen Jux war und die Feen für alles andere als freundliche Wesen hielt. Aber gerade hierin liegt deren Ähnlichkeit mit den Menschen: Sie sind keine Engel und auch keine Götter. Es gibt unter ihnen freundliche und gute, und solche, die man als Lausbuben unterschiedlicher Abstufung bezeichnen könnte.

Ebenso falsch und ungerecht, wie die gesamte Menschheit nach ihren »Missetätern« zu beurteilen, wäre es, das Volk der Feen mit dessen unangenehmen Zeitgenossen gleichzusetzen. Genau dies ist aber vermutlich mit dem Alp geschehen, wenn man den Christen nicht unterstellen will, daß sie ein tatsächlich nur gutes Wesen in ein wirklich schlechtes umdeuteten.

Andererseits scheute man im 16. und 17. Jahrhundert keineswegs davor zurück zu behaupten, daß die Elben Krankheitsdämonen oder gar die Krankheiten selbst seien – oder aber Kinder des Teufels und der Hexen. Wie absurd und einseitig diese Unterstellungen auch sind, es steckt immerhin doch ein Körnchen Wahrheit darin: Die Feen konnten, wenn man sie kränkte, Krankheiten hervorrufen, und die sogenannten Hexen – oder jedenfalls einige von ihnen – haben in einer engen Beziehung zu den Feen gestanden, wenn sie auch sicher nicht deren Mütter gewesen sind.

Um die Beziehung zwischen Hexen und Feen ein wenig zu erhellen, sollen hier zunächst ein paar Worte über erstere angeschlossen werden.

Das Wort »Hexe« stammt von dem althochdeutschen *hagzissa* ab, das soviel wie »Hecken- oder Zaunsitzerin« bedeutet. Obgleich dieses Wort vermutlich mit dem norwegischen *tysja*, »Elfe«, verwandt ist, diente es doch bald zur Bezeichnung von Menschen – meist, aber nicht immer von Frauen –, die, bildlich gesprochen, »auf dem Zaun saßen«, der das Dorf von der umgebenden Wildnis abgrenzte. Diese Personen befanden sich also mit dem einen Bein in der Welt der Menschen, mit dem anderen aber in der Welt der Naturgeister und anderer übermenschlicher Wesen, zu denen sie in enger Verbindung standen.

Durchaus nicht alle dieser übernatürlichen Wesen waren als freundlich zu bezeichnen, und die Hexen nahmen nicht immer nur zu den guten unter ihnen Kontakt auf. Nicht umsonst wird in praktisch allen Kulturen zwischen Schwarzer und Weißer Magie unterschieden. Überall gibt und gab es böse Geister, und überall gab es Menschen, die sich deren Fähigkeiten und deren Macht zunutze machten – oder sich in deren Künsten unterweisen ließen –, um in irgendeiner Form Menschen zu schaden oder sonst Unheil anzustiften.

Von diesen Hexen oder Schwarzmagiern aber soll hier nicht die Rede sein, sondern von denjenigen, die sich mit Weißer Magie befaßten und die ihr Wissen von guten, freundlichen Naturgeistern bezogen. Von ihnen haben sie gelernt, welche Kräuter bei bestimmten Krankheiten anzuwenden waren, welche Arzneien aus natürlichen Stoffen hergestellt werden konnten, und von ihnen haben sie andere Fähigkeiten erworben, die gewöhnlichen Sterblichen verwehrt blieben und die sie zum Wohle ihrer Mitmenschen praktisch umsetzen konnten.

Was nun die Frage angeht, von welchen übernatürlichen Wesen oder Gottheiten die Hexen ihre Kenntnisse und ihre Weisheit erhalten haben und in manchen Gegenden der Welt heute noch bekommen, so bin ich zu der Ansicht gelangt, daß es im wesentlichen die Feen waren und sind. Zwischen ihnen und den »guten« Hexen bestehen nämlich eine Vielzahl von Analogien und Parallelen.

Hexen sind weiblichen Geschlechts, sie reiten auf Besenstielen wie das Kleine Volk auf Binsen; Hexen wissen bestens über Kräuter Bescheid, Hexen sind eng mit der Natur verbunden, und Hexen tanzen liebend gern – alles genau wie bei den Feen. In den Alpen hieß es, daß es für den Menschen gefährlich sei, solchen Hexentänzen, die auf bestimmten Plätzen, den sogenannten Hexenringen, stattfanden, beizuwohnen. Auch sei es für das Vieh nicht bekömmlich, von dem besonders grünen, saftigen Gras zu fressen, das in diesen Ringen wächst.[6] Menschen aber dürften es nicht berühren, weil sie sonst Ausschläge oder Geschwüre davon bekämen.

Ein junger Bursche im Prättigau kam, wie man

erzählt, einmal unversehens zu einem solchen Hexentanz. Es geschah ihm jedoch kein Leid, weil seine Patin auch dabei war. Man lud ihn vielmehr freundlich ein, ein bißchen Musik zu machen, und bot ihm zu diesem Zweck eine gewöhnliche Hirtenpfeife zum Spielen an. Der Bursche, der sonst gar nichts von Musik verstand, wunderte sich nicht wenig, als er ohne weiteres die lustigsten Tänze und Liedchen spielen konnte. Voll Freude pfiff und trällerte er den Hexen ohne Unterlaß bis zum Morgengrauen eine Weise nach der anderen vor. Als endlich der Tanz zu Ende war, steckte er die wunderbare Pfeife sorgfältig in die Brusttasche seines Rockes und ging wohlgemut nach Hause.

Bis auf das Ende der Geschichte, worin die Pfeife, als der junge Mann sie seinen Freunden vorführen wollte, zu seinem nicht geringen Erstaunen in einen Katzenschwanz verwandelt war, gleicht die Erzählung aufs Haar denjenigen, die von den Feen bekannt sind. Auch die Angaben über die Hexenringe sind identisch mit denjenigen über die Feenringe. Und wann tanzen die Hexen besonders gern? An ebenden Tagen, die auch das Feenvolk dafür ausgewählt hat, nämlich der Mittsommernacht, also unserem Johannistag, und an Halloween, der Nacht vor dem ersten November.

Im übrigen, wer kennt ihn nicht, den Hexenschuß, der den davon Geplagten tagelang zwingt, auf allen vieren zu kriechen? Er ist aber letztlich nichts anderes als das, was die Menschen früherer Zeiten – und vielerorts heute noch – als »Feen-« oder »Elfenpfeil« bezeichneten.

Doch sind hiermit noch längst nicht alle Übereinstimmungen zwischen den Feen und den guten Hexen erschöpft: Die Krähe oder der Rabe ist der Vogel der

Hexen ebenso wie derjenige der Feen. Die Hexen stehlen dem Vieh die Milch, wie es auch die Feen zum Ärger der Bauern mit Vorliebe tun. Hexen können Sturm und Regen herbeizaubern und die Zukunft vorhersehen – ebenfalls wie die Feen. Zudem lieben beide dieselben Pflanzen und haben eine unüberwindliche Abneigung gegen Eisen.

Wie eng früher die Verbindung zwischen Hexen und Feen war, bezeugen unter anderem Berichte, die »weißen« Hexen auf der Folter abgepreßt wurden. Bei einem Fall, der sich in England zutrug, ging es um einen Mann, der angeklagt war, mit bösen Geistern Umgang gehabt zu haben.

Früher sehr arm, war dieser Mann seit einiger Zeit zu Wohlstand gelangt, weil er mit Hilfe eines weißen Pulvers erfolgreich Kranke behandelte. Befragt, wie er zu diesem Pulver gekommen sei, erklärte er folgendes:

Eines Abends sei er, in sorgenvolle Gedanken versunken, auf dem Heimweg gewesen, als ihm eine schöne und gutgekleidete Frau begegnete, die ihn nach dem Grund für seinen Kummer fragte. Als er ihr erzählte, daß er nicht wisse, wie er Frau und Kinder ernähren solle, habe sie ihn getröstet und ihm gesagt, wenn er ihren Rat befolge, würde es mit seinen Sorgen bald ein für allemal vorbei sein. Sie habe ihm befohlen, sich am nächsten Abend am selben Ort einzustellen, und als sie sich verabredungsgemäß trafen, habe sie ihn gebeten, ihr zu folgen und sich nicht zu fürchten. Dann seien sie zu einem kleinen Hügel gekommen, die Frau habe dreimal geklopft, und der Berg sich geöffnet. In einer schönen Halle dahinter sei die Königin der Feen auf einem Thron gesessen. Diese habe ihm das

Pulver gegeben und ihn genau angewiesen, wie er es verwenden müsse.

Als der Richter ihn fragte, wie er denn zu mehr Pulver käme, wenn das alte verbraucht sei, meinte der Mann, er begebe sich zu dem Hügel, klopfe dreimal und spreche dabei: »Ich komme, ich komme.«

Dieser Bericht stellt, märchenhaft, wie er erscheinen mag, keineswegs eine Ausnahme dar. Immer wieder haben als Hexen zum Scheiterhaufen verurteilte Kräuterweiblein und Heilkundige von ihrem engen Kontakt zu den Feen erzählt. Wie auch immer solche Berichte zu interpretieren sein mögen, allein auf das Konto der Folter gehen sie sicher nicht.

Schließlich erwähnen die Brüder Grimm eine alte Beschwörungsformel, die Hexen gesprochen haben sollen, wenn sie *ihre* Elben begruben. Sie gaben den Elben ein wenig Wachs, einige Flachsfäden, Käse und Brot mit ins Grab, und während sie es zuschütteten, sprachen sie: »Da, Elben, wringet das Wachs, spinnet das Flachs, esset den Käse, esset das Brot und laßt mich ohne Not.«

Die genannten Beispiele dürften wohl genügen, um zu belegen, in welch engem Kontakt die – guten – Hexen mit den Feen standen. Zugleich erhärten sie auch die These, daß vieles, was man den Hexen zuschrieb, zunächst einmal auf die Feen zutraf. Es waren nicht die Hexen, die in der Johannisnacht tanzten, es waren die Feen; den Hexen wurde lediglich gestattet, an diesen Tänzen teilzunehmen. Genauso verhält es sich mit den sogenannten Hexenpflanzen. Eigentlich die Pflanzen der Feen, ist es den Hexen nur erlaubt, sich ihrer zu bedienen.

Um es auf einen einfachen Nenner zu bringen: Zuerst

kommen die Feen – und dann die Hexen. Den Beweis für diese Behauptung können Berichte aus verschiedenen Erdteilen erbringen, wie beispielsweise aus Nordindien, der Karibik, Südamerika und Schwarzafrika, in denen die Menschen noch heute zu den Feen in Verbindung stehen. Die Schamanen oder Heilkundigen, also die »Hexen« und »Hexenmeister«, erhalten von den Feen die Erlaubnis, an ihren Aktivitäten teilzunehmen und von ihrem Wissen zu profitieren. Nicht aber umgekehrt.

Im Zuge der Christianisierung wurden nun nicht nur die guten Hexen mit den bösen gleichgesetzt und alle zusammen verteufelt. Da die Verbindung zwischen den guten Hexen und den Feen eine sehr enge war, geschah es häufig, daß diese mit jenen in einen Topf geworfen wurden: Sie waren praktisch ein und dasselbe geworden. Feen in typischen Feenmärchen konnten deshalb schlicht durch Hexen ersetzt werden, was wiederum zu einigen Mißverständnissen führte.

Festzuhalten bleibt, daß die Hexen sterbliche Menschen waren und keine übernatürlichen Wesen. Sie hatten lediglich die Fähigkeit, zu einer anderen Welt in Kontakt zu treten. Entsprechend heißt es in einem englischen Märchen, in dem die Heinzelmännchen, Feen und Meerfrauen des Nordens ein Fest mit Kobolden und Wilden Jägern feierten: »Und die Hexen tanzten und schlemmten mit ihnen, und was noch wichtiger war, sie lernten von den anderen gewisse Zauberworte, die durch die Lüfte tragen, alle Riegel und Schranken sprengen und zu jedem Ort Zutritt verschaffen, an den man sich wünscht. Trunken von all der neuen Weisheit kehrten sie dann heim.«

So schlecht es den Feen unter dem Einfluß des Christentums auch erging, wurden sie glücklicherweise doch nicht ganz und gar »verhext« und vertrieben. Selbst wenn unsere volkstümlichen Feen, die Elben, gezwungen waren, eine Zeitlang eine nur heimliche und versteckte Existenz zu führen, und es nicht angebracht schien, offen in positiver Weise von ihnen zu sprechen oder sich gar zu ihnen zu bekennen, so wurden sie im 18. Jahrhundert schließlich wieder salonfähig. Nicht nur das Wort »Fee« führte Christoph Martin Wieland nämlich in die deutsche Literatur ein, sondern auch die »Elfe«,[7] und bald waren weder die eine noch die andere aus Gedichten und Märchen wie aus dem Herzen des Volkes wegzudenken.

Sprich, kennst du der Elfen fröhliches Volk?
Sie weilen an Flusses Rand,
Sie spinnen aus Mondschein ihr Festtagskleid
Mit lilienweiß spielender Hand.

DRITTES KAPITEL

Verzaubertes Europa – Kontinent der Feen

Überall gibt es die Kleinen Leute, von den Nebelgestaden Irlands und den dunklen Fjorden Skandinaviens bis zu den Pinienhainen Griechenlands.

Bevor nun, auf den Spuren der Feen, die Wanderung durch Europa beginnt, soll noch einmal an das erinnert werden, was in der Einleitung bereits angesprochen wurde. Aus der praktisch unübersehbaren Schar der europäischen Naturgeister sind solche herausgefiltert worden, deren Eigenschaften und Funktionen denjenigen entsprechen, die man, wenigstens früher, den Feen zuschrieb.

Dabei spielte es keine besondere Rolle, ob die betreffenden Wesen bei den Einheimischen *fairies, elves* oder *Sidhe, Huldren* oder *Vilu* genannt wurden. Was zählte, waren deren Verhalten, Aussehen und sonstige charakteristische Eigenschaften. So kann es durchaus geschehen, daß Wesenheiten, die von bestimmten Autoren beispielsweise als *Wichtelfrauen, Luftdämonen* oder *Windfrauen* bezeichnet wurden, nun zu den Feen gerechnet werden.

Dafür wurden aber andere sogenannte Feen unbeachtet gelassen. Als Beispiel hierfür mag die irische *Banshee* gelten. Den Menschen nahestehend, wird mitunter behauptet, sie sei selbst einstmals eine Sterbliche gewesen. Ihre Hauptfunktion bestand darin, den bevorstehenden Tod eines Menschen anzukündigen, indem sie an die Scheiben des betreffenden Hauses klopfte oder vor den Fenstern laut weinte.

Zwar stehen die Feen auch in einer gewissen Verbindung zu den Toten, doch ist diese völlig anders geartet und jedenfalls von untergeordneter Bedeutung. Außerdem tritt die Banshee fast immer allein auf, was bei den Feen eher die Ausnahme ist. Deshalb, und weil ihm zudem alle übrigen Merkmale fehlen, wurde dieses Geistwesen hier nicht der Feen-Familie zugerechnet.

Mit Sicherheit gibt es aber eine ganze Reihe von Feenwesen, die im folgenden nicht erwähnt werden. Es ist jedoch einfach nicht möglich, eine Region, über deren Geisterwelt man ein eigenes Buch schreiben könnte, auf einigen wenigen Seiten auch nur annähernd erschöpfend abzuhandeln. Aus diesem Grund blieben manche »Verwandte« der Feen, wie beispielsweise die Zwerge, unberücksichtigt.

Wenn zudem im weiteren etwa erklärt wird, daß die Feen in Osteuropa oder in Irland blond und blauäugig waren oder grüne Kleider trugen, so könnte man dem sicherlich entgegenhalten, daß einige Märchen sie als schwarzhaarig und weißgekleidet beschreiben. Nach eingehender Prüfung bin ich zu dem Schluß gekommen, daß solche Märchen und Sagen eher selten zu den ursprünglichen gehören. Bei der Suche nach »echten«

Feengeschichten habe ich mich zudem nicht allein auf mein eigenes Urteil verlassen.

Vor allem zu Anfang dieses Jahrhunderts haben sich Religionshistoriker, Ethnologen und andere Gelehrte zum Teil intensiv mit den Feen befaßt, und ihre Bücher halfen mir wesentlich dabei, den roten Faden in diesem Geistermeer zu finden und dann im Auge zu behalten. Hier ist zunächst das *Handwörterbuch des deutschen Aberglaubens* zu nennen, dessen einzelne Beiträge Beispiele aus allen Landschaften Deutschlands enthalten und so einen guten Gesamteindruck vermitteln. Daneben stellt Wilhelm Mannhardts *Wald- und Feldkulte* eine unschätzbare Quelle des Wissens über die verschiedensten Feen und die mit ihnen verbundenen Bräuche dar. Die von Jacob Grimm verfaßte *Deutsche Mythologie* setzt die verschiedenen Geistwesen Europas miteinander in Beziehung und bietet darüber hinaus eine Fülle an zusätzlichen Informationen.[8]

Deutschland – von Wilden Frauen und der heilkundigen Holda

Deutschland bot in früheren Zeiten, als es noch von ausgedehnten Wäldern bedeckt, von klaren Bächen und Flüssen durchzogen und voll von blühenden Wiesen war, den Feen sicherlich eine angenehme Heimstätte.

Anders als beispielsweise in Irland hat es hier jedoch keinen – relativ – einheitlichen Feenglauben, kein Gutes Volk gegeben, von dem man im Norden und Süden des Landes weitgehend dieselben Geschichten erzählte.

Hierzu fehlt es Deutschland doch an geographischer und wohl auch kultureller Geschlossenheit. Trotz dieses Umstandes aber – und trotz der massiven Christianisierung – lassen sich deutliche Spuren eines einstmals sehr lebendigen Feenglaubens entdecken.

Es ist allerdings überraschend und bemerkenswert, daß die Feen, Elben oder Elfen in den deutschen Märchen viel mehr, als dies in den nordischen Ländern der Fall war, zu Zwergen, Wichtelfrauen oder gar alten Weiblein mutierten. Sicherlich könnte man hier einwenden, daß Wichtel eben Wichtel sind und keine Feen. Auf eine Vielzahl der Erzählungen mag das auch tatsächlich zutreffen, doch gibt es eben nicht wenige, in denen die sogenannten Wichtel oder alten Weiblein starke Ähnlichkeit mit den irischen, schottischen und den Feen aus anderen Ländern aufweisen. In solchen Fällen zeigt sich wieder einmal, daß Bezeichnungen und Namen oft nur eine sekundäre Rolle spielen.

Ein Geist, von dem man dagegen leider nicht viel mehr als gerade seinen Namen kennt, ist der Alp oder Alb, dessen traurige Überlieferungsgeschichte bereits erwähnt wurde. Über seinen ursprünglichen Charakter läßt sich kaum noch etwas in Erfahrung bringen – über seine jetzige negative Ausprägung gibt es dagegen viele Geschichten –, doch war er gewiß nicht der Nachtschreck unserer Zeit und keineswegs ein »Alptraum«. Die Wurzel »Alb-« oder »Alp-« soll mit dem lateinischen *albus*, »weiß«, zusammenhängen. Demnach wäre der Alp ein freundlicher, guter (Berg-)Geist gewesen, der vermutlich vom Wesen her den nordischen Alfen entsprach.

Von den Elben, der nord- und mitteldeutschen Entsprechung des Alps, weiß man dagegen schon wesentlich mehr, selbst wenn sie in deutschen Märchen nur recht selten namentlich erwähnt werden. Sie bewohnten nicht nur Flüsse wie etwa die Elbe, sondern auch Bäume und Felsen. Alberich, der nunmehr zu einem Zwerg gewordene Hüter des Nibelungenschatzes, lebte in einem Berg. In diese oft unterirdischen Behausungen wurden durch den bannenden, buchstäblich bezaubernden Blick der Elben zuweilen auch Menschen gelockt und dort festgehalten. Eines der Lieblingsspiele dieser Naturgeister bestand darin, harmlose Wanderer, die zufällig in die Nähe ihrer Behausungen gerieten, in die Irre zu schicken, indem sie Schlingpflanzen quer über den richtigen Weg spannten oder Nebel wallen ließen.

Im allgemeinen aber sind die Elben gutmütig und hilfsbereit gewesen. Sie belohnten die Menschen für gutes Verhalten mit Geschenken, die zunächst oft geringfügig erschienen, sich dann aber dem, der sie dennoch zu schätzen wußte, als Gold oder andere Kostbarkeiten entpuppten. Die Elben traten meist in Gruppen auf und waren von kleiner Gestalt.

Ein Märchen der Gebrüder Grimm zeigt besonders schön die »Ambivalenz« solcher Geschenke.

Ein Schneider und ein buckliger Goldschmied waren zusammen auf Wanderschaft. Eines Abends vernahmen sie aus der Ferne den Klang einer Musik, die allmählich klarer und vernehmlicher wurde. Sie tönte ungewöhnlich, aber so anmutig, daß die beiden Männer vergaßen, wie müde sie waren, und immer weiter liefen.

Der Mond war schon aufgestiegen, als sie zu einem Hügel kamen, auf dem sie eine Menge kleiner Leutchen erblickten, die sich bei den Händen gefaßt hatten und fröhlich im Kreis tanzten. Dabei sangen sie wunderschöne Lieder.

Ein alter Mann, der in der Mitte der Tanzenden saß, bedeutete den beiden, in den Kreis zu treten, und schnitt ihnen, sobald sie seiner Aufforderung zögernd Folge geleistet hatten, mit einem breiten Messer schnell den Bart und das Haar ab. Da sich die überraschten Männer nicht gesträubt hatten, klopfte ihnen der Alte anschließend freundlich auf die Schulter, wies auf einen Haufen Kohlen und machte ihnen durch Gebärden klar, daß sie sich davon nehmen sollten, soviel sie wollten.

Obgleich der Schneider und der Goldschmied nicht wußten, was sie mit den Kohlen anfangen sollten, gehorchten sie, füllten sich die Taschen und machten sich dann auf den Weg zu einer Herberge. Als sie am nächsten Morgen erwachten, stellten sie zu ihrem Erstaunen fest, daß nicht nur ihre Haare und der Bart nachgewachsen waren, sondern daß sich auch die Kohlen in Gold verwandelt hatten.

Der Goldschmied aber war ein habgieriger Mann, und beschloß, statt wie der Schneider mit dem zufrieden zu sein, was er erhalten hatte, beim Kleinen Volk noch einen Besuch zu machen, um an noch mehr Kohlen zu kommen.

Alles geschah wie am Abend zuvor. Doch als der Goldschmied am nächsten Morgen nach seinen »Reichtümern« sah, waren es immer noch Kohlen, und auch das Gold vom Tag zuvor hatte sich zurückverwandelt. Darüber hinaus blieb sein Kopf kahl, und zu seinem Buckel hatte sich noch ein zweiter gesellt.

Die Elben liebten es, wie die irischen, schottischen und skandinavischen Feen, Kinder zu stehlen und dafür Wechselbälger in die Wiege zu legen.

So schnitt einem hessischen Märchen zufolge einmal eine Frau Korn in der Nähe eines Waldes. Neben ihr auf der Erde lag ihr kleines Kind und schlief friedlich. Da kam plötzlich eine Elbenfrau herbeigeschlichen, nahm das Menschenkind und legte ihr eigenes an die Stelle. Als die Frau nach ihrem Baby sah, blickte sie zu ihrem Entsetzen ein häßlicher Dickkopf an. Darauf schrie sie so laut, bis die Diebin endlich mit dem Kind wiederkam. Aber die Elbenfrau gab das Baby nicht eher zurück, als bis die Bäuerin das Feenkind an die eigene Brust gelegt und einmal mit Menschenmilch gesäugt hatte.

Doch auch der Alp, die *Wilden Frauen* und die wohlbekannte *Frau Holle* waren dafür bekannt, daß sie Kinder vertauschten. Solche Wechselbälger wurden in Deutschland mit den unterschiedlichsten Namen belegt – so hießen sie beispielsweise »Alpkind« und »Elbentrötsch«, um nur zwei Bezeichnungen zu nennen, die auf ihre Herkunft hinweisen. Sie waren in der Regel recht klein, sehr häßlich und nicht selten geistig zurückgeblieben. Ein Wechselbalg blieb immer unersättlich und aß alles, dessen er habhaft werden konnte. Zudem kreischte und schrie er fortwährend aus Leibeskräften, hüpfte auf allen vieren herum und war oft ausgesprochen boshafter Natur.

Gegen eine solche Vertauschung der Kinder konnte man sich allerdings schützen, indem man beispielsweise einen Schlüssel, Nadeln oder ein Messer neben das Baby in die Wiege legte – natürlich so, daß es sich nicht verletzen konnte. Feen ist nämlich eine unüberwindliche

Angst vor Eisen zu eigen. Auch eine Reihe von magischen Pflanzen hilft gegen ihren Zugriff, darunter beispielsweise Johanniskraut, Majoran und Minze.

Wesensmäßig zu den Elben gehören unter anderem die *Saligen Fräulein, Wilden Frauen, Nörglein, Schneefräulein,* die weiblichen *Fanggen, Mahrten, Waldfräulein* und *Buschweiblein* – wie sie je nach Region genannt wurden. Von den Alpen bis hinauf zur Nord- und Ostsee gab es eine wahre Unzahl von ihnen, doch glichen sie sich alle in einer Reihe von wichtigen Eigenschaften. Sie waren im Prinzip nicht bösartig, allerdings zuweilen sehr launisch. Gutmütig halfen sie jedem, der sich ihnen gegenüber freundlich betrug, rächten sich aber empfindlich an demjenigen, der sie verhöhnte oder lächerlich machte. Ihr Aussehen wurde sehr unterschiedlich beschrieben; manche von ihnen sind im Laufe der Zeit sogar zu regelrechten Monstern mit Klauen, roten Zähnen, verfilztem Fell und dergleichen mehr geworden. In Gebieten aber, in denen sich vorchristliches Glaubensgut besonders lange hatte halten können, in abgelegenen, bergigen Landesteilen, sah man sie häufig als »wunderschöne Weibsbilder« mit hellen Haaren und angenehmer Stimme.

Sie wohnten fernab von den Menschen in den Wäldern, Bergen, Höhlen, und mitunter wurden bestimmte Felsen oder auch Gletscher nach ihnen benannt – so gibt es etwa bei Dauernheim (in der Nähe von Aschaffenburg) das »Gestühl der wilden Frau« und in den Alpen den »Fräulekopf«. Obgleich sie also den Sterblichen eher aus dem Weg gingen, standen sie in anderer Weise doch wieder in enger Verbindung zu ihnen. Oft kümmerten sie sich bereitwillig um das Vieh der Menschen, besaßen aber auch eigene Haustiere, wie Füchse, Gemsen oder Steinböcke. Darüber hinaus sagten sie das Wetter voraus und gaben Ratschläge für die Landwirtschaft, wie beispielsweise: »Morgen Bohnen setzen!«

Die Wilden Frauen kannten die Geheimnisse der Kräuter und verhalfen durch ihr Wissen gelegentlich Kranken zur Genesung. Wenn eine Epidemie einen Landstrich heimsuchte, kamen sie sogar von sich aus zu den Menschen und verrieten ihnen, welche Pflanzen gegen die Krankheit verwendet werden konnten. Zuweilen packten sie auch bei der einen oder anderen Arbeit, vor allem beim Kornschneiden, Beerenpflücken oder Heuen, mit an, und mit ihrer Hilfe ging alles sehr viel schneller vonstatten.

Als ein Tiroler Bauer einmal dringend eine Magd benötigte, konnte er trotz aller Mühe keine finden, weil gerade die Heumahd vor der Tür stand, und jede Hand anderweitig gebraucht wurde. Auch der Bauer aber mußte seine Wiese mähen, und da er niemanden sonst hatte, ging er endlich selbst mit seiner Sense hinaus.

Er hatte aber noch nicht lange gearbeitet, da stand plötzlich ein hübsches Mädchen vor ihm und bot ihm seine Dienste als Magd an. Der Bauer freute sich natürlich über die Maßen, so unvermutet eine Hilfe bekommen zu haben. Als er aber sah, wie schnell und tüchtig sie das Gras mähte, verwandelte sich seine Freude in grenzenlose Bewunderung. Binnen kurzem war die ganze Wiese fertig gemäht, und der Bauer fragte sie, ob sie nicht bei ihm in Dienst gehen wolle. Das Mädchen aber lehnte das Angebot freundlich ab und ließ sich auch nicht umstimmen, als er ihr hohen Lohn versprach.

Da begann der Bauer verdrießlich mit dem Heuaufladen, und auch hierbei ging ihm die Magd tatkräftig zur Hand. Kurz bevor alles fertig war, verfiel der Bauer auf die List, das Bein der Magd mit dem Heubaum einzuklemmen, damit sie ihm nicht davonlaufen konnte. Als sie merkte, was er getan hatte, warf sie ihm lediglich einen vorwurfsvollen Blick zu, sagte aber kein Wort.

Während der Fahrt zurück zum Dorf spürte der Bauer plötzlich ein Reißen am linken Bein, und gleichzeitig schien es ihm, als ob hinter ihm ein Vogel aufflöge. Da schaute er sich um und sah, daß das Mädchen verschwunden war. Nun erst wußte er, daß er es nicht mit einem Menschen, sondern mit einem Salinger Fräulein zu tun gehabt hatte. Seit dieser Zeit aber hinkten er und alle seine männlichen Nachkommen mit dem linken Fuß. Das war die Rache des Salinger Fräuleins.

Die Wilden Frauen, Salige (oder Salinger) Fräulein und Wildweiblein kamen auch in die Häuser und halfen den Bäuerinnen beim Spinnen, Kochen, Nähen und Putzen. Und es war allgemein bekannt, daß Kühe, die von diesen Wesen gemolken wurden, mehr Milch gaben als gewöhnlich. In den Alpen segneten die Schneefräulein nicht nur die Viehweiden, sondern rieten den Hirten auch zu einem frühen Abtrieb, wenn sie spürten, daß Schneefall drohte. Wenn sie ihre weiße Wäsche oben an den Berggipfeln aufhängten, wußten die Menschen, daß gutes Wetter bevorstand. Dann saßen die Feen dort oben, blond und blauäugig, und erfüllten die Luft mit ihrem wundervollen Gesang und das Herz jedes Sterblichen, der ihn vernahm, mit einer unnennbaren Sehnsucht.

Hin und wieder bezogen sie auch Menschenkinder in

ihre Tänze mit ein. In Böhmen erzählte man sich von einem Mädchen, das in einem Birkenwald seine Ziegen hütete und dabei Flachs spann. Da erschien mittags die Waldfrau in einem weißen Kleid so dünn wie Spinnweben und mit einem Kranz aus Waldblumen in den langen blonden Haaren. Sie nahm das Mädchen bei der Hand und tanzte mit ihm zum Gesang der Vögel bis zum Sonnenuntergang so leicht, daß sich nicht einmal das Gras unter ihren Füßen bog. Auch die nächsten beiden Tage kam die Waldfee, um mit dem Mädchen zu tanzen. Damit aber die Arbeit nicht vernachlässigt wurde, spann sie ihm nicht nur den Rocken voll, sie verlieh dem Garn zudem die magische Eigenschaft, sich nie aufzubrauchen. Anschließend füllte die Waldfrau der kleinen Tänzerin noch die Taschen mit Birkenlaub, das sich später zur großen Freude des Mädchens in Gold verwandelte.

So kamen die Menschen gut mit den Feen aus, solange sie sich ihnen gegenüber nichts zuschulden kommen ließen. Niemals durfte man aber eine von ihnen – sei es nun Salige, Wilde Fräulein oder Schneefräulein, Busch- oder Holzweiblein – necken, sonst verschwand sie und half im besten Falle dem betreffenden Menschen nie wieder. Wie alle übrigen Feen wollten sie mit Respekt behandelt werden.

In Tirol mußte ein Kind, das auf eine bestimmte Alm steigen wollte, einen Stein aufheben und ihn auf einen Steinhaufen werfen, unter dem die Wilden Fräulein wohnen sollten, und dazu sprechen: »Ich opfere, ich opfere den wilden Fräulein.« Wer diesen Ritus unterließ, wurde sofort von ihnen bestraft. In Bayern wiederum band man für die »Fräulein« den Kühen Körbchen voll Erdbeeren und Alpenrosen zwischen die Hörner.

Für ihre Dienste und Ratschläge ließen sich die Feen mit Brot oder Milchprodukten bezahlen, die neben Kräutern und Wurzeln ihre Hauptnahrung bildeten. Sie liebten den Regen, das Gewitter und vor allem den Sturm, und ihre Männer gingen mit Vorliebe bei Wind und Wetter mit großem Gefolge auf die Jagd, während die Frauen meist helle Mondnächte zum Singen und Tanzen nutzten.

Es ist zwar zuweilen ausdrücklich von Wilden Männern die Rede, doch gilt auch hier, was später von Skandinavien gesagt werden wird: Nicht nur waren die Frauen innerhalb der Feenfamilie weit zahlreicher vertreten als die Männer, es ist zudem immer wieder die Rede davon, daß Feen gern sterbliche Männer verführten. Aus diesem Umstand läßt sich schließen, daß diese Feen zumindest nach menschlichen Maßstäben nicht »sehr« verheiratet gewesen sein können.

Oft genug kam es aber auch umgekehrt vor, daß sich ein Sterblicher in ein Buschweiblein, ein Schneefräulein oder eine andere Fee verliebte. Einem Bauern im Salzburger Land gefiel das schöne Haar einer Wilden Frau so sehr, daß er mit ihr ein Verhältnis begann. Doch als er sich nachts auf dem Feld mit ihr traf, wurde er von seiner Frau ertappt. Als diese die Fee erblickte, sagte sie nur ruhig: »Du hast schönes blondes Haar, aber was willst du hier bei uns Menschen?« Zum Dank dafür, daß sie von der Bauersfrau nicht beschimpft oder respektlos behandelt worden war, beschenkte die Wilde Frau das Ehepaar zum Abschied mit einem Schuh voller Geld, bedeutete ihnen, sich nicht nach ihr umzusehen, und verschwand.

Wie sehr die Wilden Frauen trotz mancher Unterschiede den irischen und anderen Feen gleichen, zeigt auch ihre enge Beziehung zu Quellen und einem bestimmten Fruchtbarkeitsglauben. In Hessen gibt es noch heute einen Brunnen mit dem Namen »Wildfrauborn«, und Frauen, die aus ihm trinken, sollen bald mit einem Kind gesegnet werden.

Ebenfalls zu Quellen oder Brunnen fühlte sich die aus Grimms Märchen wohlbekannte Frau Holle hingezogen – wie Orte namens »Hollabrunn« bezeugen. Sie wurde ebenfalls Holda, Berchta, Perchta oder Bertha genannt und trat später unter einer allgemeineren Bezeichnung als »Weise Frau« auf. Sie war die Königin der Elben und Heimchen und jagte an deren Spitze zuweilen, wie die Wilden Frauen, durch Wald und Lüfte. Sie wird als schöne junge, hin und wieder aber auch als alte Frau beschrieben, die mit einem körperlichen Makel versehen ist. Manchen Aussagen zufolge hatte sie wie die *Ellefrauen* in Dänemark einen hohlen Rücken, nach anderen Beschreibungen aber einen Klumpfuß vom vielen Spinnen.

Diese Tätigkeit – das Spinnen – war eine ihrer Leidenschaften, und sie trat in den Märchen immer wieder als hilfreiche Alte auf, nicht selten wie die Fata zusammen mit zwei anderen Feen, um einem Mädchen aus der Not zu helfen. Auch bei Geburten stellte sie sich ein und weissagte das Schicksal des neuen Erdenbürgers. Sie belohnte Fleiß und Bescheidenheit und strafte die Faulen und Eitlen. Fleißigen Mägden legte sie Münzen in den Melkeimer, und Handwerkern ließ sie Holzspäne zu Gold werden.

Während alle Feen Wildtiere schützen und vor unerlaubtem Abschuß zu bewahren suchen, haben sie darüber hinaus bestimmte Lieblinge unter den Vierbeinern, die unter ihrer ganz besonderen Obhut stehen. Bei Holda war es die Katze. Häufig wurde behauptet, daß sie sogar manchmal deren Gestalt annahm – wie sich die Feen ja überhaupt gern in Tiere verwandeln.[9]

Vielleicht zeigt diese Vorliebe für ein Haustier, daß Holda anders als die meisten übrigen Feen nicht so sehr an abgeschiedenen Orten lebte, sondern eher die Nähe der Menschen suchte. So hielt sie sich mit Vorliebe in Brunnen auf, zuweilen auch in oder bei Steinen und Bäumen, besonders bei dem höchst magischen Holunder.

Der Name Holda war ursprünglich offenbar nicht nur einer einzigen Fee eigen, sondern einem ganzen Feenvolk, das eben Steine, Bäume und Felsen bewohnte. Sie war ehemals eine Volksfee, die im Laufe der Zeit von den gebildeten Schichten zu einer Kunstfee umgedichtet wurde. In dieser gewissermaßen »purgierten« oder gesäuberten Version beschränkten sich Holdas Aktivitäten auf das Spinnen, Weissagen und Moralisieren. Früher befaßte sie sich dagegen auch mit der Heilkunde und gab ihr Wissen an weise Frauen weiter, die im Kraichgau in Anlehnung an ihren Namen als »die Holden« bekannt waren.

Märchen und Berichte über die Wilden Frauen, Saligen Fräulein, Buschweiblein – und wie sie alle heißen – gibt es unzählige. Was bisher gesagt wurde, dürfte jedoch ausreichen, um zu zeigen, daß Wieland und andere Dichter des 18. Jahrhunderts zwar die Worte Fee und Elfe, aber mit ihnen sicher keine neuen Wesen ins Land brachten. Sie schenkten vielmehr einem Glauben neues Leben, der schon seit Hunderten, wenn nicht sogar Tausenden von Jahren bestanden und wie Dornröschen nur darauf gewartet hatte, von einer empfindsamen Seele wiedererweckt zu werden.

Die französische Malaise: Volks- und Kunstfee

Feen scheren sich nicht um willkürlich gesetzte Grenzen, die sich noch dazu im Laufe der Jahrhunderte mitunter ganz beträchtlich verschieben können. Die Gesetze und Kriege der Menschen haben für sie keine Gültigkeit. Und da die französischen Landschaften den deutschen durchaus ähnlich sind, scheint es nicht übermäßig verwunderlich, daß sich nicht nur die französischen Feen, sondern auch die auf sie bezogenen Volksbräuche, Vorstellungen und Verhaltensregeln von denen im deutschsprachigen Raum nicht wesentlich unterscheiden.

Natürlich gibt es eine Reihe von Abweichungen, da jede Kultur spezifische Eigenheiten entwickelt, die auf bestimmte Vorlieben und Abneigungen zurückgehen. Für Frankreich besonders charakteristisch ist eine grundsätzliche Zweiteilung oder Aufspaltung des Feenglaubens – also nicht der Feen selbst –, die sich im Laufe der Jahrhunderte parallel zur Entwicklung der Gesellschaft herausbildete.

Auf der einen Seite stand das bäuerliche Frankreich, weite, freie Gebiete, die zum Teil menschenleer waren. Hier konnte man noch deutlich spüren, daß dieses Land einstmals das Land der Druiden mit seinen Misteln, heiligen Brunnen, verzauberten Wäldern und Menhiren gewesen war. Der alte Glaube der Ahnen und die Naturgeister wurden noch geachtet. Die Menschen lebten mehr oder weniger im Einklang mit den Feen, man respektierte und verehrte sie. Nicht wenige Quellen, Grotten und Felsen wurden nach ihnen benannt, und die Brücken zahlreicher großer Flüsse standen unter ihrem Schutz.

Auf der anderen Seite aber gab es die »Stadt« – vor allem Paris –, die städtische Bevölkerung und die gehobenen Stände. Die Feen wurden »zivilisiert«, ragten bald aus der Masse der Baumfeen und Quellnymphen heraus, indem sie einen Eigennamen erhielten und eine eigene Sage, die mit der Zeit über das ganze Land und weit darüber hinaus bekannt wurde. Von ihnen war in zahlreichen Liedern, Gedichten und Romanen schon in früher Zeit die Rede. Paradiesische Feenreiche wurden beschrieben, von Avalon, von Palästen und Inseln war die Rede, wo Feen lebten und herrschten und gelegentlich von auserwählten Helden aufgesucht wurden.

Diese beiden Erzähltraditionen konnten deshalb vollkommen problemlos nebeneinander bestehen, weil sie von unterschiedlichen Bevölkerungsschichten getragen wurden. Das Volk auf dem Land, alle diejenigen, die von der Natur abhängig waren, deren erster Blick am Morgen dem Himmel galt, die das Holz für ihren Herd aus den Wäldern und die Nahrung von ihren Feldern bezogen – all diese Menschen lebten mit den ursprünglichen, den *wirklichen* Feen zusammen.

Diese bewohnten zum einen Gewässer: Seen, Teiche und vor allem eben Quellen und Brunnen. Die französische Nationalheldin Jeanne d'Arc soll neben einem solchen Feenbrunnen, am Fuße eines Baumes, ihre erste Vision gehabt haben. Auch stand sie nach eigenen Aussagen zu den Feen in enger Beziehung.

Daneben hausten die Feen in Berghöhlen, Grotten, auf Bäumen und in den zahlreichen Steinsetzungen, die vor allem für die Bretagne so kennzeichnend sind. Manche von ihnen hielten sich auch in der Nähe der Menschen auf, kümmerten sich um das Vieh der Bauern und wachten über das Wohlergehen der ganzen Familie, solange diese ihnen mit gebührender Achtung begegnete. Um sich das Wohlwollen der Feen zu sichern oder zu erhalten, war es üblich, von ihnen als den Guten oder Weißen Frauen oder einfach nur als »den Fräulein« zu sprechen.

Da sie überaus schön waren, geschah es nicht selten, daß sich ein Mann in eine von ihnen verliebte und alles daransetzte, um sie zu heiraten. In Roquefort soll es gelungen sein, eine Fee mit Hilfe eines Köders in Form von bildhübschen kleinen buntfarbigen Schuhen zu fangen. Man zwang sie zur Heirat und hielt sie daraufhin zwei Jahre lang in einem Zimmerchen gefangen. Eines Tages vergaß jedoch ihr Ehemann, die Tür zu verschließen, und sie entfloh. Nur in den Nächten kehrte sie zurück, um sich ihrer Kinder anzunehmen, doch blieb sie von nun an unsichtbar.

Im allgemeinen war es allerdings nicht nötig, Feen mit Hilfe einer List zu fangen, um sich ihrer zu versichern. Denn häufig gingen sie – unter bestimmten Voraussetzungen – keineswegs ungern Beziehungen zu Sterblichen ein.

Nach einer anderen französischen Überlieferung begegnete ein Bauer auf seinem Feld den Feen, die sich dort oft zu vergnügen pflegten. In eine von ihnen verliebte er sich und bat sie flehentlich, ihn zu heiraten, und nach einigem Zögern willigte sie schließlich ein. Allerdings machte die Fee zur Bedingung, daß er sie nie bei ihrem Namen, Fadarelle, nennen dürfe. Alles ging auch gut, und die beiden lebten glücklich miteinander, bis der Bauer eines Tages bemerkte, daß seine Frau das Korn schon geschnitten hatte, obwohl es noch nicht reif gewesen war. Im Zorn rief er sie bei ihrem Namen, und sie verschwand, um fortan nur noch nachts zu erscheinen und, unsichtbar, Haus und Kinder zu versorgen.

Besonders den Grünen Frauen, den *Dames vertes*, wird nachgesagt, daß sie rechte Schalke waren und mit den Burschen liebend gern ihren Schabernack trieben. Sie lockten sie mit ihren unwiderstehlichen Reizen in tiefe Walddickichte, verschwanden dann laut lachend, und ihre verdutzten Verehrer konnten zusehen, wie sie wieder herausfanden. In der Normandie, bei Neufchâtel, heißt ein Berg »Fels der grünen Frau«. Hier geht die Sage, daß sich die Grüne Dame, wenn es regnet, hinter Buchen und Schlingpflanzen versteckt hält.

Diese Feen liebten, wie die übrigen, Quellen und andere Gewässer, in die sie gegebenenfalls auch etwas zudringliche Sterbliche stießen. Hier wuschen sie ihre Wäsche und legten sie auf den grünen Wiesen zum Trocknen aus. Schnitterinnen pflegten regelmäßig die Grünen Frauen vorbeigehen zu sehen. Wenn sich die Halme und Gräser im Wind beugten, war dies ein untrügliches Zeichen ihrer Gegenwart. Dann liefen die Grünen Frauen darüber hinweg.

Vor allem die Feen der Bretagne, die *Kourils* und die *Korrigans*, liebten nicht nur das Necken, sondern besonders auch das Tanzen. In warmen Vollmondnächten, wenn die Glühwürmchen leuchteten, die Nachtschwärmer an den Geißblattblüten sogen und die Nachtigallen sangen, verließen sie ihre Behausungen und ergingen sich auf abgelegenen Waldwiesen. Sterbliche, die zufällig des Weges kamen, taten jedoch gut daran, einen großen Bogen um sie zu machen. Oft passierte es nämlich, daß diejenigen, die den Feen zu nahe kamen, gezwungen wurden, am Reigen teilzunehmen. Ein solcher Tanz konnte aber erst dann enden, wenn es den launischen Wesen gefiel, und hin und wieder mußte der unfreiwillige Tänzer, zu Tode erschöpft, die Teilnahme an einem solchen Fest mit dem Leben bezahlen.

Als eines Abends eine Gruppe junger Leute von einem Fest fröhlich lachend und singend nach Hause ging, schlug einer aus dem Kreis vor, doch eine Abkürzung durch ein Gebiet zu nehmen, von dem alle wußten, daß dort Feen lebten. Einige der Freunde versuchten deshalb, ihn von seinem Vorhaben abzubringen, doch er prahlte: »Pah, die sollen nur kommen, die werde ich schon tanzen lehren!«

Kopfschüttelnd ließen seine Kameraden den Wagemutigen die Abkürzung nehmen und setzten den Weg ohne ihn fort.

Kaum war er singend ein Stück weit gegangen, da begegneten ihm einige Korrigans, die ihn anlächelten und sagten: »Du hast versprochen, daß du uns tanzen lehrst. Also halte dein Wort!«

Der kecke junge Mann bekam es mit der Angst zu tun, doch begann er folgsam zu tanzen. Nach einiger Zeit war er müde und bat die Feen, ihn ein wenig ausruhen zu lassen. Die jedoch lachten nur, erinnerten ihn an sein prahlerisches Versprechen und zwangen ihn, seinen Tanz fortzusetzen.

Als sich seine Freunde am nächsten Morgen auf die Suche nach dem Übermütigen machten, fanden sie ihn tot im Gras liegen.

Dieser Bericht zeigt, daß auch die bretonischen Feen nicht von Natur aus böse waren: Sie reagierten lediglich sehr empfindlich auf unangemessenes und respektloses Verhalten von seiten der Menschen. Und besonders streng gingen sie mit denen um, die sich an ihnen oder ihren Wohnstätten vergreifen wollten.

Bei Avessac im Tal der Loire gab es früher einmal einen Feentanzplatz. Da die in der Nähe wohnenden Menschen von ihrem Fußgetrappel und ihrer Musik wach gehalten wurden, verloren sie eines Tages die Geduld und zerstörten die Tanzstätte. Doch die Strafe folgte auf dem Fuß: Kurz darauf wurde der Landstrich von einer Hungersnot heimgesucht, der zahlreiche Familien zum Opfer fielen und die lange Jahre anhielt. Jedermann aber wußte, daß sie auf die Rache der empörten Feen zurückzuführen war.

Die Bewohner dieser Gegend konnten sicher sein, daß sie keine Grünen oder Weißen Frauen mehr zu Gesicht bekommen würden. Die Feen konnten sich nämlich jederzeit und ganz nach Belieben unsichtbar machen, und sie zeigten sich in der Regel nur den Sterblichen, denen sie sich zeigen *wollten*. Lediglich unschuldige Kinder vermochten sie immer zu sehen.

Überhaupt haben die Feen – nicht nur in Frankreich – eine besondere Vorliebe für Kinder, die sich auch darin ausdrückte, daß sie hübsche Babys stahlen und gegen eigene Kinder vertauschten. Diese Wechselbälger waren in der Regel männlichen Geschlechts, von dunkler Hautfarbe, dunkelhaarig und ausgesprochen häßlich.

Von den Männern der Feen ist allerdings auch in Frankreich eher selten die Rede. Dafür verführten die Feen nicht ungern gutaussehende Sterbliche oder nahmen sie gar in ihre Behausungen mit. Doch waren derartige Beziehungen selten von Dauer und nahmen oft sogar ein schlimmes Ende. Zu Menschenfrauen hatten die Feen nur in Ausnahmefällen ein engeres Verhältnis. Wenn zwischen ihnen überhaupt ein Kontakt bestand, dann war er eher nachbarschaftlicher Art. Des öfteren heißt es in Märchen, daß sich eine Fee Küchengeräte oder ähnliches bei einer Bauersfrau auszuleihen pflegte.

Daß die Feen jedoch auch im französischen Volksglauben mit der Geburt und ganz allgemein mit Fruchtbarkeitsdingen zu tun hatten, zeigt ein noch heute vielerorts ausgeübter Brauch. Frauen, die schwanger werden wollen, gehen zu bestimmten Orten, nicht selten prähistorischen Steinsetzungen, die von Feen bewohnt sein sollen, und legen dort Opfergaben nieder. Sind die Geschenke am nächsten Morgen verschwunden, dann, so sagt man, ist der Wunsch erhört worden.

Während die Fee beim Volk also durchaus geehrt und geachtet wurde, betrachteten sie die höheren Stände schon sehr bald als ein bloßes Märchenmotiv oder eine literarische Figur. Den Höhepunkt erreichte diese negative Entwicklung allerdings erst Ende des 17. und Anfang des 18. Jahrhunderts, als es Mode wurde, auf Hoffesten des Sonnenkönigs, Ludwig XIV., oder des

Adels als Faun oder Nymphe, Satyr oder Fee verkleidet zu erscheinen.

Die daraus resultierende »Renaissance« der Fee gab Anlaß zu einer wahren Flut von Salon- und Kunstmärchen, in denen fast immer majestätische und mächtige Feen eine wesentliche Rolle spielten. Die aus früherer Zeit überlieferten Sagen berühmter Feen wie von Melusine oder Morgaine erfuhren ebenfalls eine Wiederbelebung und nicht selten eine erhebliche Erweiterung. Oft, aber leider durchaus nicht immer, griffen die Erzähler hier und bei den schon erwähnten Salonmärchen auf traditionelle Motive des Feenglaubens zurück.

In den meisten dieser Märchen ist von Feen die Rede, die bei der Geburt eines Prinzen oder einer Prinzessin deren Zukunft weissagen. Bisweilen *bestimmen* sie regelrecht das Schicksal, oft »sehen« sie es aber einfach nur mit Hilfe ihrer übernatürlichen Fähigkeiten – so beispielsweise in einem Märchen von Charlotte-Rose de La Force.

Eine Königin ließ kurz vor der Geburt der Tochter ihre Schwester zu sich kommen, eine weise Fee namens Sublime. Sie sollte dem Kind sein Schicksal vorhersagen. Als das Mädchen zur Welt kam, nahm die Fee es auf den Arm und sah, daß ihm, wenn es sich in einen mittelmäßigen Mann verliebte, Unglück und Leid bevorstand. Mit einem außerordentlichen Gemahl würde es dagegen glücklich werden.

Damit es nun den Blicken aller gewöhnlichen Männer entzogen würde, nahm die Fee das Kind, dem sie den Namen Blau gegeben hatte, mit sich auf eine Wolke, um dort mit ihm zu leben. Allerdings erlaubte sie dem Mädchen von Zeit zu Zeit, zur Erde zurückzukehren, um an einem abgelegenen Ort in einer lieblichen Quelle zu baden.

Hier aber erblickte sie eines Tages der kluge und schöne Prinz Grün – und beide verliebten sich ineinander. Mit Hilfe eines Pelikans, einem Vertrauten der Prinzessin Blau, gaben sie sich von nun an häufige Stelldicheins an diesem verschwiegenen Ort. Nach einigen Schwierigkeiten, die auf einen eifersüchtigen Zauberersohn zurückzuführen waren, durften die beiden schließlich heiraten und erhielten zur Hochzeit von der Fee Sublime wunderbar feine Gewänder aus mit Hyazinthen besetztem Gras zum Geschenk.

Die Feen nehmen sich in der Regel ihres Patenkindes an – sie räumen mit ihren Zauberkräften alle Schwierigkeiten beiseite, die sich dem Glück des Kindes in den Weg stellen. Diese Kräfte sowie allgemein die Eigenschaften der Feen wurden in diesen Märchen jedoch mit der Zeit immer mehr übertrieben und verloren schließlich jeden Bezug zur Wirklichkeit. Sehr bald schon war die Fee für die höheren Stände Frankreichs nicht viel mehr als einfach nur ein Wort.

Wenn ein Held von grotesken bösen Feen ausgepeitscht oder gefangengehalten wird, die sich ganz nach Belieben in alle nur denkbaren Drachen- und Dämonengestalten verwandeln können, wenn Feen altern und ihre Schönheit und damit die Liebe ihres Gemahls, des Königs, verlieren oder auf Zauberteppichen durch die Welt reisen – dann hat das nicht mehr viel mit dem ursprünglichen Feenglauben zu tun, der beim einfachen Volk noch immer weiterlebte. Von der fröhlichen, natürlichen Unbefangenheit und dem schlichten Liebreiz der wirklichen Feen ist in solchen Schauergeschichten nichts mehr zu finden.

Sicher, gewisse Grundeigenschaften der Feen scheinen auch hier hin und wieder durch, doch ist immer zu spüren, daß die Menschen, die solche Märchen und Sagen ersannen, mit der Natur und dem, wovon sie sprachen, in keinerlei Verbindung mehr standen. Und so blieben ihre Fassungen alter Überlieferungen häufig ohne Leben, ohne Wärme und ohne Sinn.

Die Schwelle zum Feenreich liegt in Großbritannien

Wie für alle Länder der Erde gilt für Großbritannien, daß sich in isolierten Gebieten, fernab vom Getriebe und und der Hast der Städte, der Feenglauben am weitesten entwickelte und sich hier der beste Nährboden für alle Arten von Naturgeistern fand.

Schottland, mit seinen einsamen Bergen und Seen, seinen endlosen Heideflächen, seinen Lachsen, Adlern und wilden Orchideen, bietet nahezu ideale Voraussetzungen. Besonders beliebt bei den Feen waren außerdem das wildromantische Wales und die Isle of Man. Aus allen drei Landschaften sind uns unzählige Märchen und Sagen von Feen überliefert. Dabei blieb der Norden relativ lange unberührt von den Einflüssen der modernen Zeit, während in Wales und auf der Insel Man schon Ende des letzten Jahrhunderts nur noch sehr wenige Menschen von den Feen zu berichten wußten.

Noch zu Anfang dieses Jahrhunderts hatten eine ganze Reihe der älteren Bewohner Schottlands nach eigener Aussage in Kontakt zu Feen gestanden, hatten einige von ihnen zu Gesicht bekommen oder wußten zumindest so manches über sie zu erzählen. So berichtete ein alter Highlander dem Ethnologen W. Y. Evans Wentz: »Sie waren kleine Leute in grünen Kleidern. Sie wohnten an trockenen Stellen unter der Erde. Da drüben in den Bergen hörte man sie oft, und ich bin sicher, daß da irgendwas war. Die Feen liebten die Musik. Sehr oft hörte man sie auf dem Dudelsack blasen.«

Doch hausten die Feen nicht nur in »trockenen Erdlöchern«, sondern vor allem in Hügeln und Bergen, Dornbüschen und neben Quellen. Sie lebten zusammen in geselligen Trupps, liebten es auszuschwärmen, kehrten aber immer wieder zu ihren Wohnsitzen zurück. Sie waren dem Tanz und der Musik ergeben und fröhlicher, manchmal ein wenig mißgünstiger, neidischer oder auch schadenfroher Natur.

Als ein Feenmann einem Schmied aus Rache am hellichten Tag die Frau stahl, sangen seine Gefährten ein Triumphlied, in dem sie alles ausplauderten, was sie an peinlichen Geschichten über den Schmied zu berichten wußten. Dieser jedoch vernahm von ihnen nur noch:

> Deedle linkum dodie,
> wir haben Suffkopp Davies' Frau erwischt,
> des Schmieds von Tullibody!

Wie andere Völker vermieden es auch die Schotten, von den Feen anders als mit euphemistischen Umschreibungen zu sprechen. Sie nannten sie *Doane Shi*, »friedliche

Leute«, um somit sicherzustellen, daß das zu jeder Art von Unsinn aufgelegte Völkchen ihnen keinen Streich spielte oder gar Schlimmeres antat. Am besten war es, sie überhaupt nicht zu erwähnen, und zwar vor allem nicht an Freitagen, wo ihre Macht, wie man glaubte, besonders groß war. Und da sie sich meist unsichtbar machten, konnte man nie wissen, ob sie nicht gerade in der Nähe waren. Stets nur mit der größten Ehrerbietung wurde von ihnen gesprochen, denn schnell hatte man sich ihren Haß und unversehens einen ihrer Pfeile zugezogen.

Ein Bauer, der im Frühling Korn auf seinem Feld aussäte, lehnte die ihm aus Freundlichkeit von einer kleinen grüngekleideten Feenfrau angebotene Milch ab und wurde daraufhin von ihr verflucht: »Du Rüpel, du! Undankbarer Kerl! Ich sage dir, daß du von diesem Korn da nicht einen Bissen essen wirst!«

Als nun der Herbst herankam, das Getreide eingebracht war und die ersten Kuchen daraus gebacken wurden, erinnerte sich der Bauer an den Fluch der Fee und überlegte, was er nun tun solle. Er rief eines seiner Kinder und schickte es zum Nachbarn.

»Sag ihm, er möchte doch herüberkommen und mit mir die Kuchen probieren. Dann können wir gemeinsam über die Prophezeiung der Fee lachen.« Kaum war das Kind gegangen, griff der Bauer nach einem Pfannkuchen und biß hinein.

Doch noch bevor er den ersten Bissen hinuntergeschluckt hatte, flog ein Feenpfeil haarscharf an ihm vorbei. Der Mann aber erschrak so heftig, daß er sich an dem Kuchen verschluckte. Er hustete, röchelte, rang nach Luft und erstickte schließlich. Und so hatte die Fee doch recht behalten.

Der schon mehrfach erwähnte Feenpfeil war sehr klein, hatte häufig die Form eines Herzens mit stark gezähntem Rand und hinterließ keine sichtbare Wunde. Er wurde jedoch nur auf diejenigen abgeschossen, die sich wirklich etwas hatten zuschulden kommen lassen. Denn im Prinzip waren die Feen nicht auf Ärger mit den Menschen aus. Ab und an erlaubten sie sich mit einzelnen Sterblichen allerdings ihre Späße. Sie ließen sie in die Irre laufen oder nahmen einige sogar für kurze oder längere Zeit mit in ihre Heimstätten.

Allerdings empfahl es sich nicht, dort irgendwelche Nahrung zu sich nehmen, da man sonst nicht mehr die Macht hatte, in die Menschenwelt zurückzukehren, und erst nach Jahren wieder freigelassen wurde. Doch erschienen einem solchen Gefangenen diese Jahre nur wie Tage oder sogar wie eine noch viel kürzere Zeitspanne, und es gibt unzählige Märchen aus aller Herren Länder, in denen der aus dem Feenreich Entlassene von niemandem mehr erkannt wurde, weil er mehrere Jahrzehnte, zum Teil gar Jahrhunderte, dort verbracht hatte.

Ein junger Schotte mischte sich einmal unter eine Schar tanzender Feen und hatte so viel Spaß dabei, daß er nicht die geringste Lust verspürte, sich wieder von ihnen zu trennen. So verschwendete er keinen Gedanken mehr an sein früheres Leben und blieb eine lange Zeit beim Kleinen Volk. Als er eines Tages dann doch zu den Menschen zurückkehrte, machte er sich auf die Suche nach seiner Familie. Aber niemand wußte etwas von ihr zu berichten. Schließlich wurde er an einen greisen Urahnen verwiesen, der, weil er nicht mehr stehen konnte, in einem Lederbeutel an einem Bettpfosten steckte.

Auf die Frage nach seiner Familie erklärte der Greis dem verwirrten Burschen: »Ich kannte sie nicht. Aber mein Vater hat des öfteren von ihnen erzählt.«

Kaum hatte er das gehört, zerfiel der junge Mann zu Staub.

Die Feen Englands und Schottlands sollen außerordentlich geschickte Handwerkerinnen und hervorragende Pflanzenkennerinnen gewesen sein. Auch konnten sie das Wetter beeinflussen. Sterbliche, denen sie wohlgesonnen waren, weihten sie manchmal in ihre Kenntnisse ein. Aber zu gewissen Anlässen benötigten sie selbst die Hilfe der Menschen. Dies war ganz besonders bei Geburten der Fall, da sie keine eigenen Hebammen besaßen. So kam es denn ab und an vor, daß eine menschliche Hebamme ins Reich der Feen geholt wurde, um einer Feenfrau beizustehen oder ein Feenkind zu säugen. Eine solche Frau wurde, wenn sie sich an die gestellten Bedingungen hielt, reichlich für ihre Dienste belohnt.

Obwohl sie also durchaus eigene Kinder bekamen, pflegten die Feen auch in Großbritannien schöne Kinder zu stehlen und an ihrer Stelle Wechselbälger zu hinterlassen. Insbesondere den englischen *Pixies* sagt man nach, daß sie überhaupt für alles Hübsche sehr empfänglich waren und sich beispielsweise über adrette Kleider ganz besonders freuten. Freundliche Menschen, die ihnen solche Sachen uneigennützig zum Geschenk machten, konnten allerdings sicher davon ausgehen, daß ihnen eine solche Gabe von den eitlen Wesen um ein

Vielfaches vergolten werden würde. Denn schienen sie auch stets zu allerlei Unfug und Neckereien bereit, konnte man ihnen doch nicht vorwerfen, daß sie undankbar, den Sterblichen übel gesonnen waren oder daß sie ihnen grundlos schaden wollten.

Dementsprechend kommt es in kaum einem Märchen vor – sofern nicht durch christliche oder andere moderne Zutaten entstellt –, daß die Feen den Menschen aus eigenem Antrieb und ohne Grund Böses zufügen. Immer sind es die Sterblichen, die eine Strafe auf die eine oder andere Weise provozieren. Entweder stechen sie Torf an einer Stelle, wo Feen leben, begegnen den Feen nicht mit der gebotenen Höflichkeit oder aber halten sich nicht an getroffene Abmachungen.

Dieser Abschnitt mag mit einem kurzen Bericht enden, der die sagenhafte Geschichte des Robert Kirk wiedergibt, jenes sagenumwobenen Pastors aus Aberfoyle, der unter merkwürdigen Umständen zu Tode kam. Robert Kirk wurde im Jahre 1644 geboren. Er interessierte sich bereits sehr früh für die religiösen Vorstellungen und Bräuche des schottischen Hochlands und war begeistert von der gälischen Sprache und Kultur. Schon bald begann er alles zu sammeln, was nur in irgendeiner Weise mit den Feen und Naturgeistern zusammenhing, und schrieb das erste Buch über deren Wesen und Wirken: *The Secret Commonwealth* (»Die geheime Gemeinschaft« oder »Das verborgene Volk«).

Er pflegte regelmäßig in den Bergen spazierenzugehen, und zwar besonders gern dort, wo sich das Kleine Volk aufhielt. Und als man eines Tages seine Leiche neben einem uralten Feenberg fand, hieß es, er sei von den Feen entführt worden aus Zorn darüber, daß er ihre

Geheimnisse preisgegeben habe. Die Leiche aber sei nur eine Attrappe, in Wirklichkeit lebe der Pastor bei den Feen.

Später soll Kirk einem Freund erschienen sein und diesem erklärt haben, er müsse bei seinem nächsten Besuch einen Spaten über seine Schulter werfen, um den Zauberbann zu brechen, der ihn beim Kleinen Volk gefangenhalte. Im entscheidenden Augenblick aber habe diesen der Mut verlassen – und Robert Kirk ward nie wieder gesehen.

Auf irischen Wegen ins Herz der Anderswelt

Die Menschen der Insel der Sänger und Barden waren von jeher in besonderem Maße für alles Geistige empfänglich, und wohl kein Land von vergleichbarer Größe hat so viele herausragende Dichter hervorgebracht. Wie fest der Glaube an Feen und Naturgeister bis in die Neuzeit hinein im Herzen der Iren verwurzelt war, zeigen nicht zuletzt die zahlreichen Gedichte und gesammelten Märchen des Nobelpreisträgers William Butler Yeats, die sich mit dem *Stillen Volk* befassen.

Das Stille oder Gute Volk, wie die Feen in Irland liebevoll genannt werden, war nur eine der Feengruppen, die es auf der grünen Insel gab. Eigentlich hießen sie *Sidhe* – nach ihren gleichnamigen Wohnstätten, die sich in den abgelegeneren Bergen und Hügeln befanden. Mitunter wird erzählt, diese Feen stammten von den Tuatha dé Danann ab, mythischen Ureinwohnern Irlands, die später zu göttlichen Ehren aufrückten.

Über die Insel verteilt gab es verschiedene dieser Sidhe-Völker, die jeweils eine eigene Königin oder, weit seltener, auch einen König hatten und die des öfteren gegeneinander Krieg führten. Waren sie unterwegs, zeigten Staubwolken und Wirbelwinde ihre Reiseroute an.

Ein Ire aus der Nähe von Dublin beschrieb die Sidhe zu Anfang dieses Jahrhunderts wie folgt: »Sie sind sehr kleine Leute und lieben das Tanzen und Singen. Sie tragen grüne Mäntelchen und manchmal rote Käppchen.«

Überall in Irland gab es die schon erwähnten Feenringe, kreisrunde Flecken auf der Wiese, in denen das Gras erheblich grüner und gesünder heranwachsen konnte als außerhalb davon. Dort tanzten nachts die Feen, und, wie der obengenannte Augenzeuge weiter berichtet, »wird das Gras niemals hoch in diesem Ring, weil es nur das kürzeste und feinste Gras ist, das dort wächst. In der Mitte gedeihen Feenpilze in einem Kreis, und dort pflegen die Feen zu sitzen.«

Zu ihren nächtlichen Tänzen sangen sie in der Regel selbst. Hin und wieder gelüstete es sie allerdings nach Musik von Menschen, und dann konnte es schon geschehen, daß sie einen Pfeifer oder Dudelsackspieler entführten.

Die Feen beschossen nur diejenigen mit ihren Pfeilen, die sie neckten, ärgerten oder auf eine andere Weise ungebührlich behandelten. Wen ein solcher Pfeil traf, der wurde von heftigem Fieber gepackt oder von einer anderen Krankheit befallen – wenn er nicht gar starb. Ansonsten aber waren die Sidhe freundlich, oft sogar hilfsbereit und hielten sich nicht ungern in der Nähe der Menschen auf.

Dabei konnten sie, die hin und wieder als »fast durchsichtig« beschrieben wurden, auch menschliche Gestalt annehmen. Sie liebten es sehr, sich aufzuputzen, und ließen sich, wie die englischen Pixies, gern von den Menschen mit Kleidungsstücken beschenken. Bis vor kurzem war es in Irland noch üblich, den Feen abends Wasser auf dem Herd stehenzulassen, damit sie sich waschen konnten.

Wie eng die Feen mit dem täglichen Leben der Menschen verbunden waren, zeigt die folgende Aussage einer älteren Frau vom Ende des letzten Jahrhunderts: »Wenn wir nach Anbruch der Dunkelheit schmutziges Wasser oder etwas Ähnliches hinausschütten wollten, mußten wir als Warnung an die Feen immer ›Hugga hugga soligh!‹ rufen, damit wir nicht aus Versehen ihre Kleider durchnäßten. Auch ließen wir abends immer ein wenig Nahrung wie beispielsweise Milch auf dem Tisch für die Feen zurück.«

Obwohl die Feen selbst sehr schön waren, scheinen sie auch in Irland häufig häßliche Kinder gehabt zu haben, die sie dann heimlich gegen besonders hübsche Menschenbabys eintauschten. Legion sind die Geschichten, die sich um diese Wechselbälger ranken. Die folgende stammt aus der Gegend um Cork:

In Bally Martyr lebte einmal eine Frau mit Namen Marie zusammen mit ihrem Ehemann und ihrem Baby. Im Herbst, als das Korn gebunden werden mußte, ging sie eines Tages mit den anderen hinaus aufs Feld. Ihr Kind nahm sie mit, stillte es und legte es, in ihren Mantel gewickelt, schlafend am Feldrand ab.

Als sie aber einige Zeit später nach ihm sah, fand sie zu ihrem Entsetzen an seiner Stelle ein häßliches, winziges Geschöpf, das aus Leibeskräften schrie. Marie hatte schon von Wechselbälgern reden hören und dachte sich sogleich, daß auch ihr Kind von den Feen vertauscht worden sein mußte. Deshalb hob sie das Kind auf und lief schnurstracks mit ihm zu einer weisen Frau.

Diese sah ebenfalls auf den ersten Blick, daß sie hier einen Wechselbalg vor sich hatte, und riet der verstörten Marie flüsternd, damit die Feen es nicht hören konnten: »Gib dem Kind nicht genug zu essen, laß es hungern, und dann mußt du es ohne Mitleid schlagen. Dann werden sie es schon wieder abholen, du wirst sehen!«

Marie bedankte sich für den Rat und befolgte ihn getreulich. Und tatsächlich fand sie kaum eine Woche später morgens beim Aufwachen neben sich ihr eigenes Kind in der Wiege liegen. Der Wechselbalg aber war und blieb verschwunden.

Obgleich die Feen im allgemeinen zu jeder Jahreszeit getanzt haben und aktiv gewesen sind, gab es zwei Tage im Jahr, oder besser gesagt, zwei Nächte, wie bereits erwähnt worden ist, die ihnen besonders heilig waren und regelrecht ihnen »gehörten«: Die eine war Beltane, die andere Samhain.

Besonders an Samhain standen in Irland die Türen zu den Feenwohnungen in den Bergen offen, und Sterbliche hatten die Möglichkeit, sich unter die ausgelassen feiernden und tanzenden Feen zu mischen, um gestohlene Verwandte zu befreien.

Auch konnte, wer den Wunsch danach verspürte, an diesen beiden Nächten im Jahr eher als an anderen zu den Feen Kontakt aufnehmen. In früheren Zeiten war nämlich nicht wenigen Einheimischen bekannt, an welchen Orten sich Feen aufhielten, wo sich ihre Hügel befanden und wo man sie tanzen sehen konnte. Sie waren ein integraler Bestandteil des Lebens der Menschen, sie wurden geachtet, respektiert und für ihre Ratschläge und ihre Hilfe geschätzt.

Im Gegensatz zu den Sidhe, die im Prinzip ganz Irland bevölkerten, wohnte die *Gentry*, »der niedere Adel«, hauptsächlich auf dem Ben Bulben, einem höchst malerischen Tafelberg im County Sligo. Am Fuß des Berges liegt der große Dichter Yeats begraben. Diese Feen zeichneten sich zum einen dadurch aus, daß sie nicht wie die Sidhe von kleiner Statur waren, sondern meist sogar ein wenig größer als die Menschen. Sie werden stets als aristokratisch in Aussehen und Verhalten beschrieben. Sie hausten in den zahlreichen Höhlungen des Ben Bulben in glänzenden Palästen, gingen aber auch gern auf Reisen und interessierten sich sehr für die Belange der Menschen. Während sich die Sidhe im wesentlichen fleischlos ernährten und insbesondere Milchprodukte bevorzugten, liebten die Gentry-Feen frisches Fleisch, das sie allerdings immer ungesalzen aßen, und tranken am liebsten Quellwasser. Ein Ire weiß zu berichten: »Bei ihnen gibt es Ärzte und Soldaten und hochrangige Aristokraten. Sie können verschiedene Gestalten annehmen. Und eine weitere Sache, die sie auch können, ist Geheimnisse verraten und die Zukunft voraussagen.«

Während die Sidhe sich nur ungern den Menschen zeigten, geschah es manchmal, daß ein Wanderer auf dem Ben Bulben oder auch in den wenige Kilometer südlich von Dublin gelegenen Wicklow Mountains zufällig mit einem aus dem Volke der Gentry zusammentraf. In der Regel liebten diese Feen es zwar nicht, wenn sich Sterbliche in ihren Revieren aufhielten, doch waren sie von ausgesuchter Höflichkeit und standen denjenigen bei, die sie um Hilfe baten.

Ein Mann, der zu Anfang dieses Jahrhunderts am Fuße des Ben Bulben lebte, berichtete über seine Begegnung mit einem dieser Wesen:

»Es war im Januar an einem kalten, trockenen Tag, daß ich und ein Freund von mir auf einer Wanderung um den Ben Bulben zum ersten Mal einen von der Gentry sahen. Ich wußte, wer das war, denn solange ich denken konnte, hatte ich von diesem Feenvolk reden hören. Dieser war in ein blaues Gewand gekleidet und trug eine mit Rüschen geschmückte Kopfbedeckung. Als er näher gekommen war, sagte er zu mir mit einer süßen und silbrigen Stimme: ›Je seltener Sie in diese Berge kommen, desto besser. Eine junge Lady hier möchte Sie gerne für sich haben.‹ Dann ließ er uns unsere Gewehre nicht abfeuern, weil die Leute der Gentry nicht gern durch Lärm gestört würden. Als wir die Berge verließen, wies er uns an, uns nicht mehr umzuschauen, und wir taten, wie er verlangte.«

Zwischen Fjorden und Bergen im alten Land der Alfen

Anders als Frankreich, Irland, Schottland, Wales und weite Teile Englands, in denen die Kelten einen starken Einfluß auf die lokale Kultur ausgeübt haben, war Skandinavien bereits in frühen Zeiten von Stämmen germanischer und finnisch-ugrischer Herkunft besiedelt. Erscheint es noch als folgerichtig, daß in Ländern mit ursprünglich keltischer Besiedlung ein auf weiten Strecken ähnlicher Feenglauben bestand, so könnte es zunächst verwunderlich anmuten, daß die skandinavischen Feen ebenfalls sehr ähnliche Merkmale und Verhaltensweisen an den Tag legten.

Die frühesten Nachrichten über die skandinavischen Alfen stammen aus der vom isländischen Staatsmann und Gelehrten Snorri Sturluson um 1200 n. Chr. kompilierten *Prosa-* oder *Snorra-Edda*. Dieses Werk unterscheidet zwischen *Licht-* und *Dunkelalfen*, von denen die einen in Alfheim, deren Feenreich, die anderen aber in der Erde wohnen. Die Dunkelalfen werden nicht im eigentlichen Sinne als böse beschrieben, doch waren sie mit Vorsicht zu genießen. Sie konnten Krankheiten hervorrufen, die nur ein Feenarzt, der sogenannte *Kloka* wieder zu kurieren vermochte.

Neben diesen beiden groben Einteilungen, die wohl eher als eine geographische denn als eine wesensmäßige zu verstehen ist, gab es auch in Skandinavien eine Vielzahl von Naturgeistern und Feen, die den irischen und schottischen außerordentlich ähneln.

Da hören wir zum einen vom *Högfolk*, dem »Hügelvolk«, bei den Norwegern *Huldrafolk* genannt. Wesen, die, wie der Name schon sagt, in Bergen und Hügeln lebten und sich hin und wieder in hübscher Menschengestalt zeigten, vor allem aber in schönen Sommernächten lieblich sangen. Ihre Lieder waren in Molltönen gehalten und klangen eigentümlich melancholisch. Nicht wenige Musiker behaupteten, sie hätten ihre Kunst von diesen Feen gelernt. Ein bestimmtes Lied aber, die *Feenkönigsweise,* wagte kein menschlicher Musikant je anzustimmen, da sie jeden Anwesenden, mochte er nun wollen oder nicht, zum Tanzen gezwungen hätte. Die Musik war zudem erst dann zu Ende, wenn jemand hinter den Spieler trat und die Saiten der Violine zerschnitt.

Wie schon der Name dieses unheimlichen Feentanzes andeutet, hatten die skandinavischen Feen Könige und ein besonderes Reich, in dem sie wohnten. Diese Könige bewachten nicht nur ihr eigenes Territorium,[10] sondern auch das Land der Menschen, und wenn ein Krieg drohte, marschierten die Heere des Elfenkönigs auf den Vorgebirgen Dänemarks in Schlachtordnung auf. Der Feenkönig von Bornholm wiederum ließ sich der Sage nach gelegentlich mit Pfeifen und Trommeln vernehmen, wenn Unruhen bevorstanden.

Wie aus diesen Hinweisen unschwer ersichtlich ist, nahmen die skandinavischen Feen großen Anteil an den Belangen der Menschen. Die schwedischen Waldfrauen, *Skogsfru* oder *Skogsnufva,* standen nicht nur den Jägern zur Seite, sie liebten es auch, in Mühlen, Ställe und andere Häuser einzudringen. Die Menschen erkannten ihre Gegenwart zumeist daran, daß an einer Stelle plötzlich Unordnung herrschte. Dort deckten sie dann einen Tisch für die Feen und riefen: »Wenn eine *Ra* hier ist, dann möge sie sich zeigen.«

Auf solch freundlichen Empfang reagierten die Waldfrauen und anderen Feen mit Hilfe und Beistand für die Familie. Weil sie aber meist unsichtbar blieben, wußten die Menschen nicht immer, ob sie nun gerade anwesend waren oder nicht. Wenn sich ein Gegenstand nicht dort befand, wo er eigentlich hingehörte, sagte man deshalb oft, daß er von den Huldren, den »Hügelleuten«, versteckt worden sei.

Solche Neckereien des Hügelvolks nahmen die Bewohner des Hauses jedoch gern in Kauf, weil sie dann davon ausgehen konnten, daß es der Familie wohlgesonnen war und ganz allgemein Glück brachte. Aufgepaßt werden mußte lediglich auf die kleinen Kinder, denn hier wie überall konnten die Feen hübschen Babys nicht widerstehen. In Skandinavien hielt man die Wechselbälger nicht nur für häßlich, sondern auch für große Dummköpfe.

Die Feen selbst waren dagegen überaus reizvoll und schön anzusehen. Und deshalb braucht es nicht zu verwundern, wenn sich Männer, die sie beispielsweise bei ihrer Lieblingsbeschäftigung, dem Tanzen, sahen, Hals über Kopf in sie verliebten.

Offenbar konnten sich die skandinavischen Feen ebenfalls nach Belieben unsichtbar machen. Daß es für junge Burschen allerdings letztlich kein Gewinn war, die schönen Wesen zu erblicken, kann man beispielsweise an einem dänischen Märchen erkennen:

In einem Ort namens Bubbelgaard diente einstmals ein Knecht namens Hans. Als er an einem schönen Sommerabend in der Nähe einiger Hügel vorbeiging, sah er einen von ihnen auf Pfeiler gestellt. Licht drang überall hervor, und er erblickte eine große Menge von Feen beim Tanz. Hans aber war von der großen Pracht und dem Glanz so bezaubert, daß er sich nicht bezähmen konnte und immer näher und näher heranging.

Schließlich löste sich eine der Feen von den übrigen, kam zu dem Knecht, begrüßte ihn und gab ihm einen

Kuß. Seit diesem Augenblick verlor er jegliche Gewalt über sich und wurde so wild, daß er alle Kleider, die man ihm anzog, zerriß. Schließlich war man gezwungen, ihm einen Anzug aus Sohlenleder zu machen, den er nicht zerreißen konnte. Daher bekam er den Namen Hans Puntleder.

Anderen Aussagen zufolge war nicht nur ein Feenkuß verhängnisvoll, man durfte, wie in Irland und Schottland, auch einen von Feen angebotenen Trunk auf keinen Fall annehmen. Handelte es sich dabei um Bier, mußte wenigstens der Schaum abgeblasen werden, sonst trank man sich das Vergessen an, und die Feenfrauen konnten einen problemlos mit in ihren Hügel nehmen. Übrigens wurde noch im Jahre 1691 ein Mann wegen »unerlaubter Vermischung« mit einer *Skogsra*, einer Waldfee, zum Tode verurteilt! Verbindungen zwischen Sterblichen und Feen scheinen also zumindest in alten Zeiten weiter verbreitet gewesen zu sein.

Von den dänischen Elfen, dem *Ellefolk*, sagte man, die Frauen seien zwar sehr schön gewesen, doch hätten sie eine eigenartige Deformation gehabt: Ihr Rücken war nämlich hohl wie ein Backtrog. Merkwürdigerweise wird genau dasselbe nicht nur von den Wildfrauen der Steiermark berichtet, sondern auch von unserer Frau Holle.

Das Ellefolk war – anders als die Waldfrauen und das Hügelvolk – in den ausgedehnten Mooren und Sümpfen Dänemarks zu Hause. Der Ellemann erschien immer als Greis. Er trug einen platten Hut auf dem Kopf und liebte es, im Sonnenlicht zu baden. Man durfte ihm dabei nicht zu nahe kommen, weil er sonst den Mund öffnete und den unvorsichtigen Betrachter anhauchte und diesem damit eine Krankheit, wenn nicht gar den Tod schickte.

Trotz ihres hohlen Rückens waren die Ellefrauen so lieblich anzuschauen, daß sie die Herzen aller, die sie sahen, betörten. Den Ort, wo sie tanzten, mußten aber die Menschen und das Vieh meiden, sollte dieses nicht von einer Seuche befallen werden. Zudem mußte man aufpassen, daß das Vieh nicht ohne Erlaubnis der Feen mit deren Tieren zusammen weidete – denn nicht nur die irischen und schottischen Feen, sondern auch ihre dänischen Schwestern besaßen große Herden stattlicher Rinder. Wenn sie einem bestimmten Menschen wohlgesonnen waren, schenkten sie ihm zuweilen eine ihrer Kühe, und von dem Augenblick an konnte der Bauer sicher sein, daß seine Herde gedieh und sich vermehrte wie nie zuvor.

Ein Charakteristikum der skandinavischen Feen scheint zu sein, daß bei ihnen viel häufiger als bei anderen von deren Männern die Rede ist. Zwar gibt es auch irische und schottische Feenmänner, doch spielen sie meist eine nur sekundäre und oft vermutlich erst nachträglich eingebrachte Rolle. Daß dieser Sachverhalt vielleicht in ähnlicher Weise auf den skandinavischen Raum zutreffen könnte, zeigen die zahlreichen Märchen und Sagen von sterblichen Männern, die von Feenfrauen verführt oder mitgenommen wurden.

Das nun folgende Märchen besitzt einige bestimmt authentische Züge. So soll man mit Feengeschenken vorsichtig umgehen und sich getreu an die Abmachung oder die daran geknüpften Bedingungen halten. Daß allerdings ein Feenmann einen ganz gewöhnlichen

Sterblichen bittet, seine kranke Frau zu heilen, ist wohl Ausdruck einer nachträglichen Vermenschlichung der Feen.

Ein schwedischer Bauer war eines Tages auf die Jagd gegangen und hatte, auf der Suche nach Wild, lange vergebens die Berge durchstreift. Als er sich schließlich auf den Heimweg machte, begegnete ihm ein gutgekleideter Fremder, der ihn dringend bat, mit ihm zu kommen, um seine Gattin zu heilen. Es spiele keine Rolle, sagte er, daß er kein Arzt sei, er müsse ihr lediglich die Hand auflegen.

Als alle Proteste nichts fruchteten, folgte der Mann schließlich dem seltsamen Fremden auf die Spitze eines Berges zu einem strahlend schönen Schloß, das er nie zuvor gesehen hatte. Die Frau des Feenmannes lag in einem Raum des vor Gold und Juwelen glänzenden Palastes auf einem Bett und wand sich vor Schmerzen. Doch sobald der Bauer sie berührt hatte, war sie geheilt, dankte ihm von Herzen und lud ihn ein, mit ihr und ihrem Gemahl zu essen.

Dieses Angebot jedoch lehnte der Bauer ab, da er befürchtete, sonst nie mehr von dort nach Hause zurückkehren zu können. So bat er darum, Abschied nehmen zu dürfen, und der Feenmann gab ihm zum Dank für seine Mühen eine mit runden Holzscheibchen gefüllte Börse. Solange er diese besitze, so erklärte der Feenmann, würde dem Bauern das Geld nie mehr ausgehen.

»Wenn du mich jedoch einmal wiedersehen solltest, so darfst du kein Wort mit mir sprechen. Sonst wirst du den Rest deines Lebens in Armut verbringen«, fügte er warnend hinzu, bevor er den Bauern ziehen ließ.

Es geschah, wie vorausgesagt: Dem Bauern lachte von nun an bei all seinen Unternehmungen das Glück, und er war bald der reichste Mann der Gegend. Eines Tages jedoch, als er in der Schenke saß, sah er den Feenmann wieder. Er schien so arm zu sein, daß er die Reste aus den Gläsern zusammenschütten mußte, um etwas zu trinken zu haben. Voller Mitleid sprach ihn der Bauer an. Im selben Augenblick erhielt er einen solchen Schlag vor den Kopf, daß er besinnungslos zu Boden fiel. Als er wieder zu sich kam, waren der Fremde und die magische Börse verschwunden. Von diesem Tag an aber ging es mit dem Bauern bergab, und schon kurze Zeit später war er ärmer als je zuvor.

Feenglaube in Südeuropa – zwischen Vergessen und Bewahrung

Vom kühlen Norden mit seinen ausgedehnten Birken- und Kiefernwäldern, seinen Mooren und Heiden führt die Reise nun zu Pinienhainen, über denen die Hitze lastet, wo die Zikaden zirpen und an sonnigen Hängen der Rosmarin duftet. So verschieden die Landschaften auch sein mögen, die Feen waren in Südeuropa genauso zu Hause. Gemessen an den Nachrichten aus den nördlichen Breiten liegen aus diesem Raum allerdings weit weniger Feenberichte vor. Der Grund hierfür dürfte – wieder einmal – vor allem in der Christianisierung zu suchen sein.

In den südeuropäischen Ländern, allen voran Spanien und Italien, fand das Christentum einen überaus fruchtbaren Nährboden und vermochte weit rascher und gründlicher Wurzeln zu schlagen als anderswo. Es beeinflußte, ja überlagerte bald die althergebrachten Glaubensvorstellungen und religiösen Kulte und vereinnahmte sie.

Der Katholizismus mit seinen Madonnen und zahlreichen männlichen und weiblichen Heiligen bot für eine solche Transformation hervorragende Voraussetzungen. So wurden beispielsweise frühere lokale Heiligtümer, die nach dem Glauben der einheimischen Bevölkerung von einer heidnischen Gottheit oder einer Fee bewohnt gewesen waren, eines nach dem anderen der Gottesmutter Maria geweiht. Eine neue Sage berichtete dann von ihrem plötzlichen Erscheinen an dem entsprechenden Ort, und mit der Zeit geriet der frühere Bezug vollständig in Vergessenheit.

Wie bereits ausgeführt wurde, erwies es sich als schwierig – und in vielen Fällen gar als unmöglich –, bestehendes Brauchtum gänzlich auszurotten. So bemühte man sich erfolgreich, dieses im christlichen Sinne umzudeuten. Ein schönes Beispiel für eine solche Übernahme eines ursprünglich in vielen Ländern mit Feen und Geistern assoziierten Brauches ist das Anbinden von Fetzen an heilige Bäume oder Quellen. Er wird bis auf den heutigen Tag in Irland, Schottland, der Türkei, Marokko, Indien und vielen anderen Ländern der Erde ausgeübt.

Frauen, die sich Kinder wünschen, aber keine bekommen können, begeben sich zu einer Quelle, die den Feen gehört, und binden an einen daneben stehenden Baum einen Fetzen von einem ihrer Kleidungsstücke. Dabei bitten sie die Feen, sie mit einem Kind zu segnen, und legen in der Regel gleichzeitig ein Gelübde ab. Heute noch werden den Feen in Nordindien Miniaturkleidchen geopfert, aber wahrscheinlich sind die Fetzen als eine mittlerweile nur noch symbolische Kleidergabe aufzufassen. In gleicher Weise versuchten auch Menschen, die von den Feen mit einer Krankheit bestraft worden waren, sich mit einem solchen Geschenk »freizukaufen«.

Solche »Fetzenquellen« sind in Italien, Griechenland und der Westtürkei inzwischen längst der Maria oder einer anderen katholischen Heiligen geweiht und werden nunmehr fast nur noch mit Krankheiten und deren Heilung in Verbindung gebracht. Der kranke Körperteil wird mit einem Stück Stoff berührt und dieses dann an den Baum gebunden. Der Brauch als solcher besteht also fort – nur der »Besitzer« der Quelle sowie der Zweck, warum man diese aufsucht, haben sich verändert, und der Sinn der ganzen Handlung wird längst nicht mehr verstanden.

Ein weiterer Brauch, der vor allem in Spanien heute noch gepflegt wird, ist das Anbinden von Haaren. Spanische Mädchen befestigen vor einem Bildnis der Gottesmutter, das sich neben einem Baum oder einer Quelle befindet, einige Haare und wünschen sich eine Fülle langer blonder Haare. Dieser Ritus erinnert natürlich stark an das Anbringen von Fetzen an Feenbäumen. Dazu kommt aber noch eine deutliche heidnische Komponente: Haare sind ein weit magischeres und als Bestandteil des Körpers viel persönlicheres Objekt als Kleidungsfetzen, die ganze Handlung dürfte damit als symbolische Selbstopferung zu verstehen sein. Deshalb scheint es nicht zu weit hergeholt, hinter dem ursprünglichen »Ansprechpartner« nicht die Jungfrau Maria, sondern eine Fee zu vermuten, zumal blonde Haare eines der Charakteristika der Feen sind.

Man denke des weiteren an die zahlreichen Marienwallfahrtsorte, die sich nicht nur in Italien und Spanien, sondern auch in anderen katholischen Gebieten wie Südfrankreich und Bayern finden. Wie viele kleine silberne Kröten, wahre Zeugen eines heidnischen Glaubens, hängen in Altötting bei den Votivgaben? Und »wohnt« die Maria von Lourdes nicht ganz wie eine Fee in einer Höhle mit einer unterirdischen Quelle – und noch dazu in der Nähe eines Baches?

Unweit des Dorfes Caprauna, in den italienischen Seealpen, gibt es einen kleinen See, welcher der Madonna geweiht ist. Wie die Dorfbewohner berichten, wird einmal im Jahr anläßlich einer Wallfahrt darin nach Forellen gefischt. Ansonsten aber ist dort das Angeln verboten. Dies erinnert stark an den schottischen und irischen Glauben, daß bestimmte Forellen und Lachse den Feen gehören und normalerweise nicht gefangen werden dürfen. Die Tatsache, daß der See auf einem einsamen Berggipfel liegt, weist ebenfalls auf einen bevorzugten Wohnort der Feen hin.

Wenn es auch nicht immer auf den ersten Blick zu erkennen ist, so schimmert selbst hier durchaus noch die Magie der alten Religionen durch die »christliche Tünche« hindurch. Selbst in manchen Märchen sind spezifische Eigenheiten der Feen und des Feenglaubens noch bewahrt. Selten allerdings wird so offen von einer Fee gesprochen wie in einem sardinischen Märchen, das von der Fata Fortuna handelt, der »Glücksfee«.

Ein armer Schäfer namens Efis findet zufällig den Eingang zu einer Höhle in einem Berg. Und weil er neugierig ist, geht er hinein und stößt dort auf einen wunderschönen Palast, in dem eine noch schönere Fee mit langen blonden Haaren auf einem Thron sitzt. Sie ist umgeben von großen Schätzen und fordert ihn auf, sich zu nehmen, was sein Herz begehrt. Er aber begnügt sich mit einem Glöckchen für sein einziges Schaf.

Kaum hat er jedoch die Fee und ihren Palast wieder verlassen und steht vor dem Höhleneingang, als er seine Wahl bereut. Warum, denkt er, habe ich nicht von den Schätzen genommen, die mir die Glücksfee anbot? Ich werde zurückgehen und etwas anderes auswählen. Gesagt, getan. Efis kehrt in die Höhle zurück, doch so lange er auch sucht, er findet nichts als einen großen Raum, der mit Steinen und Unrat angefüllt ist. Die Fee und ihre Reichtümer aber bleiben verschwunden. Der enttäuschte Schäfer verläßt schließlich den Berg und spricht zu sich selbst: »Ja, ich weiß nun, die Gaben der Feen muß man dann nehmen, wenn sie einem geboten werden – sonst ist es zu spät.«

Die Fee dieser Geschichte lebt, wie das Kleine Volk und die Guten Leute in Irland und Schottland, in einem Berg. Sie hat blonde Haare und ist reich. Auch die Dreizahl, in der die Feen nicht selten auftraten, ist bei manchen südeuropäischen Märchen erhalten geblieben. Wie oft ist zudem in italienischen Legenden und Wundererzählungen von *drei* Marien oder Engeln die Rede, die nach Art der Feen plötzlich erscheinen und einem Menschen eine Gabe gewähren oder zu Hilfe eilen.

Doch es gibt unzählige Geschichten, die zeigen, daß

der ursprüngliche Feenglauben nicht mehr verstanden, absichtlich unterdrückt oder verfremdet wurde. Zur Illustrierung mögen zwei Beispiele genügen. Das erste Märchen stammt aus Portugal.

Auf einer einsamen Insel lebte einst die Fee Carocha, was soviel wie »Hirschkäfer« bedeutet. Sie war sehr alt, sehr böse und sehr reich. Obwohl ihr Schloß wunderschön und ihr Garten voller Blumen war, erhielt sie nie Besuch, weil sich jeder vor ihrer Macht fürchtete. Und wenn sie in ihrer Kutsche, die von Fledermäusen gezogen wurde, ausfuhr, schloß jedermann aus Angst Türen und Fenster. Wie man sich erzählte, hatte sie vor langer Zeit einmal ein kleines Mädchen gestohlen, das nun bei ihr im Palast wohnen mußte.

Eines Tages nun lud die böse Fee alle anderen Feen zu einem großen Fest zu sich ein. Da dies aber bislang noch nie geschehen war, wunderten sich die anderen Feen sehr und vermuteten zu Recht, daß irgendeine Teufelei dahinterstecke. Gleichzeitig wußten sie aber, daß sie die Einladung nicht ablehnen konnten, weil sie damit den Zorn von Carocha erregt hätten. Da erklärte die Fee der Schönheit schließlich, sie werde herausfinden, was die böse Fee im Sinn habe. Sie band sich eine Halskette aus Topasen um den Hals, die sie unsichtbar werden ließ, und begab sich in den Palast der Carocha.

Hier hörte sie, wie die böse Fee ihrem Sekretär, einem häßlichen Affen, erklärte, sie werde ihre Gäste am Ende des Festes in Skorpione und Schlangen verhexen. Die Fee der Schönheit aber besaß einen Zauberstab, das Geschenk eines Zauberers, mit dessen Hilfe sie die böse Fee in eine Schlange verwandelte und schließlich das geraubte Mädchen befreite. Das Kind blieb zunächst bei den guten Feen, heiratete später einen Prinzen und wurde mit dem Beistand seiner Wohltäterinnen sehr glücklich.

Die einzigen ursprünglichen Elemente in diesem Märchen sind die Insel, auf der die Fee lebt, der schöne Garten sowie die Erwähnung ihrer Zauberkräfte und des Kinderdiebstahls. Alles übrige geht ganz offensichtlich auf das Konto eines Erzählers oder wohl eher einer Reihe von Erzählern, die Feen allenfalls noch vom Hörensagen kannten.

Das andere Beispiel für die Verfremdung alten Glaubensgutes ist eine süditalienische Version des bekannten Märchens von *Dornröschen*. Man wird sich daran erinnern, daß zwölf Feen zur Taufe geladen waren, um das Kind zu beschenken. Die dreizehnte war jedoch vergessen oder – weil ein goldener Teller fehlte – nicht eingeladen worden, und sie verfügte aus Zorn, daß sich das Mädchen an ihrem fünfzehnten Geburtstag an einer Spindel stechen und tot umfallen würde. In Kalabrien lautet nunmehr der – etwas respektlose – Anfang des Märchens folgendermaßen:

Es lebten einmal ein König und eine Königin, die hatten keine Kinder. Deshalb blies der ganze Hof Trübsal. Das königliche Paar hatte schon alles Menschenmögliche und -unmögliche versucht, doch ohne jeden Erfolg. Die Königin betete Tag und Nacht, aber schließlich war sie mit allen Heiligen durch, und jeder von ihnen hatte sich taub gestellt. Also sprach sie eines Tages schließlich folgendes Gebet: »Gebenedeite Jungfrau Maria, schenke mir bitte eine Tochter – und mag sie dann auch mit fünfzehn Jahren an einem Stich der Spindel sterben.«

An alledem zeigt sich, daß wenigstens in Italien und Spanien die Feen weit schneller und nachhaltiger aus dem Herzen des Volkes vertrieben werden konnten als beispielsweise in Irland und Schottland. Und wenn italienische Kinder vor fünfzig oder mehr Jahren sich auch gegenseitig noch von Feen und deren Festen berichteten, so waren es doch längst die »Salonfeen« mit spitzen Hüten und Zauberstab, an die sie dabei dachten.

Immerhin sorgen einige steinerne Zeugen der Vergangenheit dafür, daß die echten Feen nicht gänzlich in Vergessenheit geraten. Hier wie in Frankreich wurden nämlich Megalithen in früheren Zeiten den Feen zugeschrieben und nach ihnen benannt. Und noch Anfang dieses Jahrhunderts kannten einheimische Hirten die – mittlerweile weltberühmten – prähistorischen Felszeichnungen der Val Camonica in Norditalien nur als »die Feenbilder«.

Das gleiche gilt für etliche Ruinen aus der Römerzeit. So werden in Italien die Überreste eines bestimmten Amphitheaters als *Tino dei Fati,* oder »Feenbottich«, andere Bauwerke als *Buche delle Fate,* »Feenlöcher« bezeichnet.

In der berühmten alten Märchensammlung *Pentamerone* des Giambattista Basile steigt ein Mädchen in ein solches Feenloch hinab. Dort findet sie drei Feen, eine schöner als die andere. Alle haben Haare wie gesponnenes Gold, Gesichter wie der volle Mond, wunderschöne Augen und einen rubinroten Mund. Nach einer Prüfung beschenken diese drei Feen das bescheidene

Mädchen ganz nach Art der Frau Holle mit allerlei erfreulichen Gaben.

Während der Glaube an Feen in weiten Teilen Südeuropas vom Christentum verdrängt oder zumindest »überzuckert« wurde, konnte er sich in abgelegenen Regionen Griechenlands, der Alpen und der Pyrenäen noch lange halten. Die Moiren werden bei den Griechen durchaus noch ernst genommen. Dies gilt natürlich sicher nicht für die Bewohner der großen Städte oder der touristischen Küstenstriche. Aber dort, wo die Hirten wie seit Jahrtausenden mit ihren Ziegenherden umherziehen, wo die Frauen spinnend vor den Häusern sitzen und der Knoblauch an den Häuserwänden trocknet – dort spielt Pan wie einst auf seiner Flöte, und dort glaubt man noch an Feen.

Auch in Katalonien wußten bis vor kurzem ältere Leute noch von den Feen zu berichten. Von den Großeltern oder Urgroßeltern hatten sie erfahren, daß die hübschen blonden Wesen früher in den Wäldern der Berge lebten und sich eng an die Menschen anschlossen. Wenn man sie treffen wollte, mußte man zu bestimmten Quellen oder anderen Gewässern gehen, wo sie sich aufzuhalten pflegten. Sie verstanden das Katalanische, besaßen jedoch eine eigene Sprache. In dem Jahr aber, da die erste Eisenbahn nach Katalonien kam, nahmen die Feen von den Menschen Abschied und verschwanden auf Nimmerwiedersehen.

Wie in Katalonien blieben die Feen in den Bergregionen der Schweiz viel länger die guten Nachbarn der Menschen, als dies in leichter zugänglichen Gegenden der Fall war. Hier ist infolgedessen eine wahre Flut an lebendigen Feenmärchen erhalten, die von einer langen

Tradition zeugen und denjenigen anderer europäischer Länder ausgesprochen ähnlich sind.

In einem Märchen aus den italienischen Alpen trifft ein Bauer, der in den Bergen herumstreift, eine wunderschöne Fee. Sie sitzt an einer Quelle, kämmt sich die blonden Haare und singt so wundervoll dabei, daß sich der Mann augenblicklich in sie verliebt.

Nachdem er sie einige Male getroffen hat, bittet er sie schließlich, seine Frau zu werden. Und als der Bauer nicht nachgibt, willigt sie schließlich in sein Begehren ein. Allerdings macht sie ihm zur Bedingung, daß er ihren Namen nicht erfahren darf. Sollte er aber eines Tages rein zufällig herausbekommen, wie sie heiße, dürfe er den Namen niemals vor ihr aussprechen.

Der Bauer willigt ein, die beiden feiern Hochzeit und verbringen einige glückliche Jahre miteinander. Eines Tages erlebt der Bauer nun rein zufällig mit, wie die früheren Feenfreundinnen seiner Frau einen Besuch abstatten und sie dabei mit ihrem Namen rufen. Seitdem aber konzentriert der Mann sich so sehr darauf, den Namen nur ja nicht auszusprechen, daß er ihm schließlich doch herausrutscht, als er seiner Frau etwas sagen möchte.

Traurig sieht die Fee ihn an, reicht ihm noch einmal die Hand und verschwindet. Weil sie ihn aber herzlich lieb hat, läßt sie ihm ihre Zither zurück. Und obgleich der Mann den Rest seines Lebens untröstlich bleibt, erinnert ihn dieses Instrument an die vergangene und verlorene schöne Zeit, und er beginnt darauf zu spielen. Und so wundersam sind die Töne, die er der Zither entlockt, so zärtlich die Melodien und so sehnsüchtig die

Worte, die er dazu singt, daß der Bauer dank der Feengabe bald zum besten Musiker und Dichter seines Landes wird.

Erfahren in der Verführung – Feen in Osteuropa

Führt man sich vor Augen, wie weitläufig und uneinheitlich die Landschaften Osteuropas sind – wozu hier nicht nur Polen und der europäische Teil Rußlands gerechnet werden, sondern zudem Ungarn, Rumänien und die anderen Balkanländer – und wie wenig sich die dort lebenden Völker gleichen, so könnte man dieselbe Vielfalt auch bei den dortigen Feen vermuten. Um so erstaunlicher erscheint, daß sich weder die Feen selbst noch die auf sie bezogenen Verhaltensweisen der Menschen in früheren Zeiten sonderlich von denen West-, Nord- und Südeuropas unterschieden. Sicher gibt es hier und da kulturbedingte Abweichungen, und insbesondere der Einfluß des Christentums hat sich in bestimmten Regionen stärker bemerkbar gemacht als in anderen.

Aus den meisten heutzutage »sehr« christlichen Gegenden stammen eine Anzahl von Märchen, in denen die Feen zu Hexen oder dämonischen Wesen mutiert sind – oder aber nur noch eine bloße Statistenrolle spielen. Ihre eigentlichen, ursprünglichen Funktionen sind längst von Mariengestalten, Engeln und Heiligen übernommen worden, deren Legenden inzwischen einen nicht geringen Prozentsatz des volkstümlichen Erzählguts der jeweiligen Länder ausmachen.

Insgesamt aber läßt sich feststellen, daß die Menschen in den ländlichen Gebieten beispielsweise Rumäniens und Ungarns selbst heute noch weit realistischere und detailliertere Vorstellungen von den Feen besitzen, als dies in den westlichen Ländern Europas der Fall ist. Sie können wesentlich mehr Angaben über ihre einheimischen Naturgeister machen, als vermutlich irgend jemand in Deutschland über die Elben zu sagen wüßte.

Der relativen Armut jener Länder steht nämlich ein vergleichsweise starkes Traditionsbewußtsein gegenüber, ein Festhalten an alten Bräuchen, Sitten und Glaubensvorstellungen. Dort, wo man seine Gemüsesuppe noch aus heimischen Pflanzen wie Brennesseln, Scharbockskraut und Sauerampfer kocht, anstatt sie aus der Tüte anzurühren, wo man Beinwelleintopf ißt und Gurken mit Ackerminze und Eichenblättern einlegt – dort hat man noch ein engeres Verhältnis zur Natur. Die Menschen wissen, daß sie auf die Pflanzen angewiesen sind und daß sie deren Wirkungen auf den Organismus kennen müssen, um sich richtig ernähren und sich gegebenenfalls selbst kurieren zu können. Das enge Zusammenleben mit der umgebenden Natur war in weiten Teilen Osteuropas bis in jüngste Zeit Bedingung für das Überleben, und so nimmt es denn nicht wunder, daß auch die Feen bei dieser Symbiose eine nicht unerhebliche Rolle spielten.

Bei den Serben, Kroaten und Ostslawen hießen die Feen *Vila* oder »Wirbelwind«, da sie sich gern als Wirbelwinde zeigten und sich in dieser Form mit rasendem Tempo durch das Land bewegten. In Bulgarien nannte man sie *Samovila* oder *Samodiva*, in Ungarn *Szepasszony*, in Rumänien und angrenzenden Gebieten *Rusalka*. Sie wurden allgemein als wunderschöne, bezaubernde Frauen beschrieben, die nach Belieben auftauchen und wieder verschwinden konnten.

Obschon die Vilen den Menschen prinzipiell wohlwollend gegenüberstanden, hielt man es in der Regel für geraten, sie nicht mit ihren wirklichen Namen zu benennen, sondern wie in Frankreich und anderen Ländern freundliche Umschreibungen zu finden, wie etwa »die Hübschen«, »die Stolzen« oder »die Süßen«.

Die Feen traten praktisch nie einzeln auf, sondern meist in Gruppen zwischen drei und elf Personen. Sie hatten lange blonde Haare, trugen manchmal Käppchen auf dem Kopf und kleine Glöckchen an den Beinen. Sie waren weiß gekleidet oder auch bis zur Hüfte nackt und nur von langen Haaren bedeckt. Zuweilen hatten sie Flügel. Manchen poetischen Überlieferungen zufolge stammten sie von Feenmüttern ab, die mit Tau geschwängert worden waren.

Sie liebten Tanz und Gesang und berührten mit ihren Füßen kaum die Erde, wenn sie im Takt der Musik im Kreis wirbelten. Wie die übrigen Feen standen sie in besonderer Nähe zur Natur, zu den Pflanzen, und hier vor allem zu bestimmten Blumen. Ihr Reich waren die Wiesen, Wälder, Berge und das Wasser. Dort hatten sie auch ihren Wohnsitz. Einige bevorzugten die Berggipfel, manche Höhlen, andere Teiche und Quellen, wieder andere bestimmte Bäume oder Sträucher wie Eiche, Walnuß und wilde Rose. Auf ihren eigenen Pfaden, die in der Regel über die Höhen führten, durchwanderten sie kreuz und quer das Land, und für keinen Sterblichen war es ratsam, ihnen auf diesen Reisen zu begegnen.

Einigen, vermutlich neueren Traditionen zufolge besaßen die Vilen auch eine Königin, mit der viele von ihnen – allerdings nicht alle – in einer Art Feenreich zusammenlebten. Die Vilen wohnten in Schlössern, die vor allem auf Bergspitzen lagen. Dort fanden ihre Feste statt, wo sie an reichgedeckten Tischen saßen und von goldenen Tellern speisten. In schon überfremdeten Märchen wie in dem folgenden aus dem südslawischen Raum ist ebenfalls von Vilenmännern die Rede.

Ein Zar hatte einmal eine wunderschöne Tochter, die ihm seit einiger Zeit großen Kummer bereitete, weil jeden Morgen ihr Kleid zerrissen und die Sohlen ihrer Stiefel durchlöchert waren. Da sie ihm den Grund dafür nicht sagen wollte, ließ der Herrscher schließlich im ganzen Reich verbreiten, daß, wer immer die Ursache herauszufinden vermöchte, die Hand der Prinzessin erhalten solle.

Viele versuchten ihr Glück, alle aber scheiterten sie – und die Zarentochter erschien weiterhin allmorgendlich mit kaputten Schuhen und zerfetztem Kleid. Schließlich wollte ein armer Bauernsohn herausfinden, ob er nicht erfolgreicher sein würde als seine Vorgänger, und machte sich auf den Weg zum Palast des Zaren. Unterwegs überlistete er drei Brüder, die sich um eine Zaubermütze, einen fliegenden Teppich und einen Zauberstock stritten, und gelangte in den Besitz dieser drei magischen Gegenstände. Mit ihrer Hilfe konnte er der Prinzessin in der nächsten Nacht ungesehen folgen, als sie über Stock und Stein bis zu einer Bergwiese lief.

Dort befand sich unter einem hohen Baum eine große Steinplatte. Die Zarentochter hob sie auf und stieg, gefolgt vom unsichtbaren Bauernjungen, in eine tiefe

Grube hinab. Ein Gang führte von hier aus immer tiefer in das Innere des Berges bis zu einem großen, prächtigen Palast. Überall gab es Edelsteine, Gold und Silber, und überall sah der Jüngling schön gekleidete Vilenfrauen und -männer, die zu einer gar wundersamen Musik tanzten. Der schönste unter ihnen aber war der Sohn des Vilenfürsten, und auf ihn lief die Prinzessin zu, umarmte ihn, speiste, trank und tanzte mit ihm nun die ganze lange Nacht, bis ihr das Kleid in Fetzen am Leib hing und die Schuhe durchlöchert waren.

Dann kehrte sie, wiederum gefolgt von ihrem heimlichen Begleiter, in den väterlichen Palast zurück. Am folgenden Morgen berichtete der Bursche dem Zaren von seinen Beobachtungen und führte als Beweis einige Gegenstände vor, die er von den Feen mitgenommen hatte. Da konnte denn auch das Mädchen sein nächtliches Treiben nicht mehr leugnen, und sie bat den Vater reumütig um Verzeihung. Der Zar aber hielt sein Wort und gab dem Bauernsohn seine Tochter zur Frau.

Die Feen bevorzugten insbesondere mondhelle Nächte für ihre Aktivitäten, doch genauso die Mittagszeit. Kein Sterblicher durfte sich erdreisten, während dieser Stunden zu singen. Ein solches Vergehen wurde mit dem Verlust der Stimme, einer Krankheit oder einem Hitzschlag – der südosteuropäischen Variante des »Feenpfeils« – geahndet.

Aber auch zu anderen Zeiten durfte man sich, anders als im eben erzählten Märchen, den Feen nicht nähern oder ihre Aufenthaltsorte betreten. Ein Bauer, der mit seinem Karren durch einen der grünen Feenkreise fuhr, erhielt von einem unsichtbaren Wesen einen Schlag ins

Gesicht. Dabei konnte er noch von Glück sagen, denn in der Regel hatten Überschreitungen dieses Verbotes ernsthafte Krankheiten wie vor allem Blindheit und Lahmheit zur Folge. Auch durfte man den Feen unter keinen Umständen bei ihren nächtlichen Festen zuschauen oder ihren Liedern lauschen, und ganz besonders gefährlich war es, ihnen zuzupfeifen oder gar mit ihnen zu sprechen.

Wenn die Feen von Menschen bewohnte Gebiete aufsuchten, was gelegentlich – hauptsächlich in der Johannisnacht – der Fall war, hatten sie auch hier ihre festgelegten Plätze, die für die Sterblichen tabu blieben. Dort durchtanzten sie ganze Nächte und kehrten erst mit dem Hahnenschrei in ihr Reich zurück. Wagte jemand es während dieser Zeit, die gesetzten Grenzen zu überschreiten und sich auf das Feenterritorium zu begeben, wurde er von den ansonsten gutmütigen Wesen unweigerlich mit großer Strenge zur Rechenschaft gezogen.

Bestraft wurden, wie gesagt, auch alle diejenigen, die den Feen bei ihren Wanderungen in die Quere kamen, unter den von ihnen bevorzugten Bäumen schliefen oder in einen Wirbelwind gerieten. Besonders unnachsichtig wurde aber der verfolgt, der ihre Quellen beschmutzte oder sich unbefugt in deren Nähe aufhielt.

Es schien also eher geraten zu sein, Abstand von den Feen zu halten, doch wird in bestimmten Märchen immer wieder erwähnt, daß der Zar oder eine andere hochgestellte Persönlichkeit sich mit einer Vila zu vermählen gedachte und deshalb jemanden aussandte, sie zu fangen. Dies aber gelang nur nach Überwindung erheblicher Schwierigkeiten und nicht selten mit der Hilfe von Tieren – wie zum Beispiel in folgendem Fall:

Der ausgesandte Jüngling konnte mit Hilfe eines Adlers den goldenen Vogel fangen, dessen Aufgabe es war, die betreffende Vila mit dem Wasser des Jordans zu versorgen. Doch als er ihm den goldenen Schnabel abriß, verwandelte sich der Vogel zu seiner großen Verwunderung plötzlich in die gesuchte Fee. Er nahm sie mit sich und brachte sie zum Zaren, der ihn aus Dankbarkeit mit Reichtümern überschüttete und ihm seine Tochter zur Frau gab.

Diese Geschichte zeigt, daß die Feen in Osteuropa – übrigens wie auch in anderen Gegenden der Welt – in einer besonderen Beziehung zu den Adlern standen. Und daß sie sich gern in diese Raubvögel oder andere – mitunter goldene – Vögel verwandelten, wird ebenfalls aus anderen Ländern und Erdteilen bestätigt.

Als Geistwesen der freien Natur bewachten die Vilen die ihnen heiligen Quellen und Bäume; darüber hinaus aber waren sie – wie die germanischen Nornen – die Beschützerinnen des Getreides. Deshalb fügten sie ohne triftigen Grund weder dem Korn noch dem Vieh eines Bauern Schaden zu. Es heißt sogar, daß es Glück und Fruchtbarkeit brachte, wenn Feen auf den Feldern ihre Reigen tanzten. Bestimmte Pflanzen und Kräuter, die zu den Feenzeiten gesammelt wurden, waren von besonderer Wirkkraft. Man verwendete sie zum Heilen von Krankheiten, zum Voraussagen der Zukunft und für ähnliche mehr oder weniger magische Zwecke.

Die von den Feen selbst hervorgerufenen Krankheiten konnten allerdings mit Kräutern in der Regel nicht geheilt werden. Wer von einem solchen »paranormalen« Leiden geplagt wurde, mußte versuchen, die Feen durch Opfergaben – in der Regel »weiße« Lebensmittel wie Milch, Eier, Käse oder auch Mehl und Salz – zu beschwichtigen und gnädig zu stimmen. Solche Opferhandlungen wurden jedoch vor allem als vorbeugende Maßnahme empfohlen, durch die man das Wohlwollen der mächtigen Naturgeister erringen konnte. Gegen die im Zorn von den Vilen verursachten Erkrankungen halfen sie jedoch nur in seltenen Fällen.

Glücklicherweise gab es bestimmte Menschen, die zu den Feen Kontakt aufnehmen und ganz nach Belieben ihren Körper verlassen konnten, um sie zu besuchen, mit ihnen zu tanzen oder sie um Rat zu fragen. Und nur diese »Schamanen« waren wirklich imstande, Leiden zu kurieren, die von den Feen herrührten. Solchen Heilern oder Heilerinnen war es allerdings streng untersagt, von ihren Erfahrungen zu sprechen, da sie andernfalls Gefahr liefen, ihre Kraft wieder zu verlieren.

Abgesehen von diesen Schamanen hatten nur einige wenige Auserwählte, vor allem aber Musiker, das Glück – oder Unglück –, mit den Feen in Kontakt zu treten. Zwar waren die Feen durchaus selbst in der Lage, herrliche Musik hervorzuzaubern, doch manchmal zogen sie es vor, ihre Tänze von irdischen Klängen und Musikanten begleiten zu lassen. Sie suchten sich zu diesem Zweck die besten Spielleute aus, häufig Schäfer, die für sie auf der Flöte blasen mußten. Ein kroatischer Pfeifer erzählte von einem solchen Feenfest: »Sie tanzten, es gab Wein und andere köstliche Getränke – einfach alles, was man sich nur wünschen konnte. Alles gab es dort im Überfluß. Sie ließen mich aber für sich spielen.«

Musikanten, die von den Feen entführt wurden, mußten zwar diese Reise mit ihrer Gesundheit bezahlen –

und bisweilen verlangten ihnen die Vilen oder Rusalkas auch noch einen Finger oder einen anderen Körperteil ab –, doch waren die Spielleute anschließend dank dieser Initiationserfahrung wahre Meister ihres Fachs, und niemand konnte sie in ihrer Kunst mehr übertreffen.

Hin und wieder geschah es, daß andere Männer von den Feen entführt wurden. Sie verschwanden für mehrere Tage und wurden dann an irgendeinem fernen Ort, nicht selten halbtot und krank, wiederaufgefunden. Trotzdem gingen diese Auserwählten gerne mit den Feen, von deren Schönheit und Liebreiz sie vollständig bezaubert waren. Manche sollen mehrere Jahre lang verschwunden geblieben sein, und als sie wieder erschienen, waren sie im Besitz besonderer Fähigkeiten, die sie von den Feen gelernt hatten. Namentlich die Kräuterheilkunde galt als eine solche Feengabe.

Mit ihren menschlichen Geschlechtsgenossinnen standen die osteuropäischen Feen offenbar auf keinem guten Fuß. Doch waren sie sehr angetan von hübschen Kindern und versuchten zuweilen, sie zu stehlen und mit in ihre Schlösser zu nehmen, um sie dort aufzuziehen. Aus vielen Märchen ist zu erfahren, daß die Feen bei Gewitter oder Sturm kamen, das Kind in ihre langen Haare wickelten und mit in ihr Reich nahmen, das hoch oben auf einem Berg lag. Anders als die Eltern freuten sich die Kinder meist über diesen Ortswechsel. Bei den Feen hatten sie stets genug zu essen, schöne Spielsachen und keinerlei Pflichten. Die Verbindung der Feen mit Erwachsenen führte dagegen meist zu keinem guten Ende, wenngleich es auch einige Ausnahmen gab, wie man an einem Märchen aus Georgien sehen kann:

Ein Mann trifft an einer Felsenquelle eine wunderschöne Fee, in die er sich sofort verliebt. Er bittet sie inständig, seine Frau zu werden, und sie willigt schließlich ein. Da er sich jedoch vor der Hochzeit von seiner Familie verabschieden möchte, läßt sie ihn ziehen. Vorher gibt sie ihm noch einen Ring und einen Hund und spricht: »Wenn du wiederkommst, so zeige diesen Ring den Felsen, und sie werden sich auftun. Der Hund aber wird dir den Weg weisen.«

Als der junge Mann später zurückkehrt, geschieht alles, wie es die Fee gesagt hatte, und sie leben fortan glücklich und zufrieden.

Andere osteuropäische Feen begnügten sich nicht damit, hübsche Sterbliche zu verführen oder ihre Zeit mit Tanzen und Singen zu verbringen, sie kümmerten sich vielmehr intensiv um die Belange der Menschen. So pflegten sie unter anderem den Kindern bei der Geburt das Schicksal vorauszusagen – ja teilweise sogar zu bestimmen: Durch entsprechende Opfergaben konnten sie nämlich dazu gebracht werden, dem Neugeborenen ein besseres Los zu verheißen. Waren sie einer Familie oder einem Menschen erst einmal gewogen, dann übernahmen sie, wie die griechischen Moiren, die Funktion eines Schutzengels. Sie behüteten Haus und Hof und wachten über die Gesundheit von Mensch und Tier. Bei den Rumänen hießen diese »Familienfeen« *Ursaie,* bei den Serben und Kroaten *Urisnica* oder *Nerusnica,* schließlich bei den Slowenen *Vesna,* was soviel wie »Frühling« bedeutet. Sie waren von außerordentlicher Schönheit, lebten wie die anderen Feen in herrlichen Palästen hoch oben auf Berggipfeln und erschienen in der Regel zu mehreren, wenn eine Geburt ihre Anwesenheit bei den Menschen erforderlich machte.

Viel von der Poesie einer alten Zeit, in der menschliche und nichtmenschliche Wesen noch in Eintracht miteinander umgehen konnten, gibt das Lied der *Schönen Frauen*, der ungarischen Feen, wieder. Ein Mann stimmte es einmal an, als er bei einem Berg spazierenging. Kaum hatte er es zu Ende gesungen, kam ein brausender Wind auf, und drei Frauen erschienen, schön wie ein Sonnenstrahl. Sie faßten ihn bei der Hand, und so tanzten und tanzten und tanzten sie …

Weizenkorn, Roggenkorn,
Zwei nach hinten, zwei nach vorn:
Froh war ich auf dem grünen Berg,
So tanzt man auf dem Sommerberg;
Froh war ich auf dem grünen Berg,
So tanzt man auf dem Sommerberg.
Ist der Tanz heut abend aus,
Backe ich auf dem grünen Berg,
Backe ich auf dem Sommerberg
Kuchen draus.

VIERTES KAPITEL

Das Gute Volk in der weiten Welt

Wo sie noch heute zu finden sind: geheimnisvolle Begegnungen auf den höchsten Bergen des Himalaja sowie in den Dschungeln und Steppen Afrikas.

Zahlreiche Forscher, die sich mit den Feen befaßt haben, sind zu der Ansicht gelangt, daß der Glaube an diese Wesen keltischen Ursprungs sei. Als Beweis für diese These werden beispielsweise die Ähnlichkeit der irischen, schottischen und französischen Feen und Feenmärchen angeführt. Die Feen sollen demnach frühere keltische Gottheiten gewesen sein, die nun zu bloßen Geisterwesen herabgesunken seien.

Andere rationalistische Wissenschaftler, darunter Sir John Rhys und David MacRitchie, vertraten dagegen die Meinung, Feen gäbe es in Wirklichkeit überhaupt nicht. Was in unseren Köpfen herumspuke, sei lediglich die Erinnerung an ein kleinwüchsiges mongolisches Volk, das in grauen Vorzeiten die Britischen Inseln und andere Teile Europas bewohnt habe und irgendwann von einem stärkeren Geschlecht in entferntere bergige und unwirtliche Landesteile verdrängt worden sei. Dort habe es versteckt und unbeachtet in Höhlen gelebt und sich kärglich von Kräutern, Pilzen und erlegtem Wild ernährt.

Diese letztere Theorie mag vielleicht eine Erklärung dafür bieten, warum sich die Feen in allen Teilen Europas so ähnlich sind und warum das Verhalten der Menschen ihnen gegenüber überall mehr oder weniger identisch ist. Nicht erklären kann sie jedoch, wie diese »kleinwüchsige mongolische Urbevölkerung« blond und blauäugig sein konnte – so werden die Feen ja einhellig beschrieben –, warum sie magische Fähigkeiten besaß, zu zaubern verstand, warum in ihrem Reich die Zeit stillstand, und vieles andere mehr.

Keine der beiden Theorien aber könnte zudem einen plausiblen Grund dafür angeben, daß die Feen in den abgelegenen Hochtälern des Himalaja ebenso wie in Neuseeland und anderen Regionen der Welt den europäischen fast aufs Haar gleichen.

Natürlich gibt es auf der ganzen Welt Gegenden, die schon früh von Europäern kolonisiert wurden, wobei die ansässige Bevölkerung manch fremdes Glaubensgut übernommen und assimiliert hat. Dies könnte beispielsweise für Nordafrika unterstellt werden – oder in einem größeren Maß auch für bestimmte Gegenden Süd- und Nordamerikas, wo es Feengeschichten gibt, die spanische bzw. irische Einflüsse aufweisen. Das gleiche gilt für modernere Feenmärchen aus Australien. Nicht sehr plausibel, aber immerhin noch möglich ist ein vergleichbarer kultureller Austausch im ostasiatischen Raum.

Kritischen Gemütern sei also zugestanden, daß sich manche Ähnlichkeiten im Feenglauben all dieser genannten und einer Reihe weiterer Regionen dadurch erklären lassen, daß europäische Reisende, Händler, Eroberer und Siedler ihre Feenmärchen mitbrachten und die Urbevölkerung diese Erzählungen übernahm und dem eigenen Sagenschatz einverleibte.

Über das Ausmaß der gegenseitigen Beeinflussung läßt sich allerdings streiten, und eines scheint festzustehen: Kein Volk könnte etwas ihm vollkommen Wesensfremdes und Kulturunspezifisches so in den eigenen Glauben, in die eigene Märchenwelt integrieren, daß man es nicht auf den ersten oder doch auf den zweiten Blick erkennen würde. Schließlich gibt es auch keine »deutschen« Märchen oder Sagen, in denen Spinnenmänner, rollende Köpfe oder Regenbogenschlangen vorkommen, um nur drei Motive zu nennen, die bei Indianern, Afrikanern und australischen Aborigines eine große Rolle spielen. Dementsprechend nimmt ein Volk wohl nur dann Elemente des europäischen oder überhaupt eines »fremden« Feenglaubens an, wenn es selbst an feenähnliche Wesen glaubt oder wenn es in diesem Land tatsächlich solche Naturgeister gibt.

Die Spreu vom Weizen trennen

Zunächst erschien es mir nicht einfach, aus der Fülle von Märchen diejenigen herauszufiltern, die mit ziemlicher Sicherheit alt und »authentisch« sind. Es zeigte sich jedoch bald, daß spätere Interpolationen und nachträgliche Veränderungen sich in auffälliger Weise wiederholen. Dies ist beispielsweise bei den christlichen »Überarbeitungen« der Fall. Hin und wieder findet sich im übrigen auch dieselbe Geschichte einmal mit und einmal ohne Zusätze – ein Umstand, der die Frage der Echtheit von selbst beantwortet.

Ebenfalls relativ leicht zu »durchschauen« sind Märchen, in denen es mit der Logik[11] hapert, die in bestimmten Einzelheiten unverstanden sind oder denen wesentliche Partien fehlen, wodurch der Sinn des Ganzen und/oder die Motive der handelnden Personen nicht mehr einsichtig werden. Die übernommenen Geschichten enthalten darüber hinaus selten typische Elemente der lokalen Kultur, sie werden undetailliert[12] und trocken wiedergegeben und wirken daher zumeist recht leblos.

Als Beispiel mag ein angeblich argentinisches Märchen dienen, das unter dem Titel *Die drei Spinnerinnen* bereits von den Brüdern Grimm her bekannt ist. Schon in der deutschen Version sind die drei Feen, um die es sich zweifellos ursprünglich handelte, zu alten Weibern geworden. In Argentinien wurde das Märchen dann weiter in christlichem Sinne umfunktioniert, und die Feen – bzw. die alten Frauen – zu Schutzengeln gemacht. Bezeichnend ist, daß die Freundlichkeit und der Beistand der Engel dann einem »frommen« Mädchen gewährt wird. In der Urfassung dürfte diese Bedingung sicherlich keine Rolle gespielt haben. So entstand letztlich ein Märchen, das nicht »rund und glatt« ist, sondern überall Kanten und Ecken aufzuweisen scheint.

Ein vietnamesisches Märchen fügt sich im Unterschied dazu harmonisch in das Bild des Landes und seiner Bevölkerung ein, es atmet deren Geist und zeigt, wie vertraut und nah die Feen den dortigen Menschen waren.

Vor mehr als fünfhundert Jahren lebte einmal ein Mandarin namens Tu Thuc, neben dessen Residenz eine alte Pagode stand. Diese war berühmt wegen einer wunderschönen Pfingstrose, die in ihrer Einfriedung wuchs. In jedem Jahr, wenn sie erblühte, wurde ein Fest veranstaltet, zu dem von nah und fern die Menschen herbeiströmten, um die Pflanze zu bewundern. Als wieder einmal gefeiert wurde, sah man ein bildhübsches Mädchen sich der Blume nähern und sie betrachten. Gerade als es eine der großen Blüten in die Hand nahm, wollte es das Unglück, daß diese abbrach. Die erzürnten Mönche ergriffen das Mädchen und wollten es nicht eher gehen lassen, bis sie für den Verlust entschädigt worden wären.

In diesem Augenblick kam zufällig der Mandarin Tu Thuc des Weges, erfuhr, was geschehen war, bot mitleidig seine Robe aus Brokat als Ersatz für die Blume an, und man ließ das Mädchen frei. Von diesem Tag an priesen alle die Güte Tu Thucs und sein weiches Herz.

Der Mandarin aber war nicht glücklich in seinem Amt, da er die Natur und die Verse mehr liebte als seine prosaischen Pflichten, und so beschloß er eines Tages, seinen Posten aufzugeben und sich in eine Region des Landes, die er wegen ihrer Schönheit besonders liebte, zurückzuziehen, um dort zu dichten und sein Leben zu genießen. Gesagt, getan. Tu Thuc bat um seine Entlassung und ließ es sich von nun an wohl ergehen. Er verbrachte seine Stunden mit Spaziergängen und dem Schreiben von Versen. Als er eines Tages wieder einmal unterwegs war, erblickte er von einer Barke aus ein wundervolles Gebirge, und von dessen Anblick entzückt, legte er an und kletterte schließlich auf einen nahen Gipfel. Dort verfaßte er, von der Schönheit seiner

Umgebung erfüllt, ein Gedicht und bewunderte dann wieder die Landschaft.

Gerade als er sich zum Gehen wandte, bemerkte er, daß sich plötzlich das Gebirge öffnete, wie um ihn zum Eintreten aufzufordern. Nachdem er hineingegangen war, schloß sich der Berg hinter ihm, und er mußte sich einen dunklen Pfad entlangtasten, der nach oben ans Licht führte.

Dort sah er sich zu seinem Erstaunen von wunderschönen Palästen umgeben, die inmitten lieblicher Haine standen, und während er sich noch umschaute, kamen zwei blaugekleidete Frauen auf ihn zu, die ihn als Bräutigam begrüßten und in einen der Paläste vor einen Thron führten, auf dem eine weißgekleidete Fee saß. Auch sie begrüßte ihn freundlich, und als er sie ein wenig verwirrt um eine Erklärung bat und fragte, wo er sich befinde, antwortete sie lächelnd:

»Du bist in der sechsten der sechsunddreißig Grotten des Berges Phi Lai. Dieser Berg, in dem wir uns befinden, treibt über die Meere, ohne je das Land zu berühren. Er ist aus Wellen und Regen geboren und erscheint und verschwindet mit den Winden. Ich bin die Fee des Berges Nam Nhac und heiße Nguy. Ich kenne deine edle Natur und die guten Eigenschaften deiner Seele. Deshalb bist du hier.«

Kaum hatte sie ihre Rede beendet, da öffnete sich eine Tür und herein kam das Mädchen, das Tu Thuc durch seine Spende aus den Händen der Mönche befreit hatte. Die Fee aber erklärte ihm, daß dieses Mädchen ihre Tochter sei, und da er ihr so großzügig und ohne Aussicht auf Belohnung geholfen habe, wolle sie das Mädchen nun zum Dank mit ihm verheiraten.

Die Hochzeit wurde mit großem Gepränge gefeiert, und Tu Thuc verbrachte ein Jahr in Glück und Freude im Feenreich. Endlich aber packte ihn das Heimweh, und als er es nicht mehr aushalten konnte, bat er seine Frau, ihn doch für kurze Zeit auf die Erde zurückzulassen, damit er sich von allen Freunden und Verwandten verabschieden könne. Die Fee versuchte ihn traurig von seinem Vorhaben abzubringen, doch ihre Bemühungen waren vergebens. Da gab sie ihm schließlich einen auf Seide geschriebenen Brief, den er erst auf der Erde öffnen sollte, und ließ ihn wehmütig ziehen.

Als Tu Thuc seine Heimat erreichte, erkannte er niemanden mehr, und alles schien verändert zu sein, und als er endlich einigen Greisen seinen Namen nannte, sagten sie ihm, er sei vor mehr als achtzig Jahren in den Bergen verschwunden.

Tu Thuc merkte nun, daß er umsonst gekommen war. Weil sich aber der Feenwagen, der ihn hergebracht hatte, plötzlich in den Vogel Phönix verwandelt hatte, wußte er nicht, wie er ins Feenreich würde zurückkehren können. Traurig öffnete er den Brief, den ihm seine Feenfrau mitgegeben hatte und las:

> Hoch unter Wolken knospte die Freundschaft des Phönix.
> Der vorjährige Bund ist jetzt schon zerbrochen.
> Wer sucht auf den Meeren die Spuren der Unsterblichen?
> Es besteht keine Hoffnung mehr auf ein künftiges Wiedersehen.

Da begriff Tu Thuc, daß sich seine Feenfrau mit diesem

Brief für immer von ihm verabschiedet hatte. Einige Zeit später ging er traurig und einsam in die Gelben Berge. Er war mit einem leichten Mantel bekleidet und trug seinen kegelförmigen Hut. Er kam nie wieder zurück, und niemand weiß zu sagen, ob er ins Reich der Feen zurückfand oder ob er im Gebirge verschollen ist.

Dieses Märchen spricht für sich selbst und ist ein guter Beleg für die Eigenständigkeit der Feen von Vietnam. Andere Regionen der Erde sind bis vor relativ kurzer Zeit allein wegen ihrer unzugänglichen Lage vor jeder europäischen Beeinflussung bewahrt geblieben. Auch Stämme oder Völker, die sich über die Jahrhunderte, wenn nicht gar Jahrtausende hinweg erfolgreich dagegen zur Wehr gesetzt haben, mit anderen Kulturen in Berührung zu kommen, konnten ihre Glaubensvorstellungen und Mythen bis in die Neuzeit verhältnismäßig unverändert erhalten. Dies trifft auf die Völker in den Hochgebirgsregionen des Himalaja zu, die Inuit (Eskimos) der Polargebiete und – bis zum vorigen Jahrhundert – auf die neuseeländischen Maori.

Eine andere Art von Beweis für einen eigenständigen Feenglauben liefern Länder wie Indien, die schon sehr früh Hochkulturen hervorgebracht und damit auch schriftliche Zeugnisse ihrer religiösen und mythischen Vorstellungen hinterlassen haben. Diesen Texten aber läßt sich entnehmen, daß es in den betreffenden Gebieten bereits lange vor unserer Zeitrechnung Feen gab.

Der indische *Rigveda* ist eine Hymnensammlung, deren älteste Teile vor über dreitausend Jahren und deren jüngste Verse zwischen 800 und 500 v. Chr. entstanden sind. In ihr ist ein Gedicht enthalten, das aus einer Wechselrede zwischen dem König Purûravas und der Wasserfee Urvashi besteht.

Purûravas war unsterblich in die Nymphe verliebt, und auf sein Drängen willigte sie schließlich ein, ihn zu heiraten. Doch stellte sie ihm drei Bedingungen, darunter die eine, daß er sich nie nackt vor ihr zeigen dürfe. Alles ging gut, bis eines Nachts *Gandharven* – männliche Feen, die Urvashi zurückhaben wollten – in den Palast eindrangen und Purûravas veranlaßten, ohne einen Fetzen Kleidung am Leib die Verfolgung aufzunehmen. Im selben Augenblick ließen die Gandharven einen Blitz am Himmel erscheinen, der das Zimmer taghell erleuchtete. So war ohne Schuld des Purûravas das gegebene Versprechen gebrochen, da Urvashi ihren Gemahl nackt erblickt hatte – und die Nymphe verschwand.

Der untröstliche Purûravas wanderte nun auf der Suche nach ihr im Land umher und gelangte eines Tages zu einem Teich, in dem Wasserfeen schwammen, welche die Gestalt von Wildgänsen angenommen hatten. Unter ihnen befand sich auch Urvashi. Flehentlich bat er sie unter Selbstmorddrohungen, zu ihm zurückzukehren, doch vergeblich. Urvashi sprach:

»Ich bin davongegangen wie die erste der Morgenröten. Purûravas, geh wieder fort nach Hause! Schwer bin ich einzuholen, wie der Wind.«

Wie die ursprüngliche Geschichte ausging, ist leider weder im Rigveda noch in einem anderen Text überliefert geblieben. Aus gewissen Andeutungen läßt sich aber schließen, daß der König endlich für seine Treue belohnt, in einen Gandharva verwandelt und mit seiner Geliebten auf immer vereinigt wurde.

Lange Zeit waren es in vielen alten Kulturen vor allem die Angehörigen privilegierter – weltlicher oder geistlicher – Stände, die lesen und schreiben lernten. Diese relativ wenigen Auserwählten hielten aber in der Regel Abstand zum gewöhnlichen Volk und dessen »erdgebundener« Religion. Der Umstand, daß die Geschichte von Purûravas und Urvashi dennoch in die Literatur der indischen Oberschicht Eingang fand, erlaubt wohl Rückschlüsse auf den Grad ihrer Beliebtheit und vermutlich auch auf die große, alle Stände umfassende Verbreitung des Feenglaubens. Aus späterer Zeit sind zudem eine Reihe weiterer indischer Dichtungen überliefert, in denen Sterbliche sich in Feen verlieben und ihnen entweder in ein Himmelsreich oder ein Land unter dem Wasser folgen. Wie selbstverständlich für die Inder die Existenz von Feen war, bestätigen außerdem die zahlreichen Darstellungen von Wasserfeen, den *Apsaras*, und Baumfeen, die sich schon auf frühen Wandmalereien und Tempelreliefs finden.

Durch die Brille der anderen Kultur

Es ist nicht immer einfach, Feenwesen außereuropäischer Länder auszumachen oder als solche zu identifizieren: Ein Vertreter eines anderen Kulturkreises kann wahrscheinlich mit unserer Frage nach einer »Fee« wenig anfangen, da ihm diese Bezeichnung nichts sagt und er sie auch nicht zu einem konkreten Objekt in

Beziehung setzen kann. So blieb und bleibt oft als einziges Kriterium die persönliche Meinung oder Vorstellung, die ein Forscher von einem Gott, einem Dämon, Geist oder einer Fee hat – zweifellos ein sehr subjektiver Maßstab.

Erleichtert wird ihm die Aufgabe, wenn es in der betreffenden Region bereits ein differenziertes Pantheon gibt und die Einheimischen selbst schon den Versuch unternommen haben, ihre Götter und Geistwesen zu unterscheiden und bestimmten Gruppen und Kategorien zuzuordnen. Doch ist eine solche Klassifizierung immer Zeichen einer relativ späten Entwicklungsphase und daher mit Vorsicht zu genießen; zum anderen ist gerade der Übergang zwischen Gottheit und Geistwesen reine Definitionssache und zum Teil selbst innerhalb ein und derselben Kultur fließend.

Götter sind im allgemeinen »abgehobener«, erhabener, das heißt: weiter vom Menschen entfernt. Sie kümmern sich im wesentlichen nur in abstrakter Weise um die Belange der Menschen und kommen entweder überhaupt nicht oder nur selten in direkte Berührung mit ihnen. Der Kontakt zu Geistern und Feen ist daher für alle Angehörigen einer traditionellen Kultur von wesentlich größerer Bedeutung, weil *sie* es sind, mit denen die Menschen leben, sich vertragen und auseinandersetzen müssen. *Sie* sind es in erster Linie, die eine Ernte verderben, Krankheiten schicken, aber auch Regen und Fruchtbarkeit bewirken können. Wenn es um die alltäglichen Probleme der Sterblichen ging, waren also die Naturgeister die richtigen Ansprechpartner – nicht so sehr die Götter.

Der Forscher, der sich nun mit einer bunten Geisterwelt und zahlreichen fremden Namen konfrontiert sieht, steht vor dem Problem, diese alle begrifflich zu fassen und sie nach europäischen Maßstäben einzuteilen, sie also als »Dämon«, »Geist«, »Nixe«, »Fee« oder was auch immer zu beschreiben.

Wie sehr eine solche Klassifizierung allerdings von den persönlichen Ansichten eines Wissenschaftlers geprägt sein kann, habe ich selbst bemerkt, als ich auf der Suche nach afrikanischen Feen bei den Afrikanisten einer namhaften deutschen Universität anrief. Der Professor, dem ich mein Problem vortrug, erklärte, als er das Wort »Fee« hörte, zunächst kategorisch, so etwas gäbe es seiner Ansicht nach in Afrika überhaupt nicht.

Auf einige bekannte Beispiele hingewiesen, meinte er dann aber überrascht: Ja, da hätten wir uns wohl mißverstanden, er habe bei »Fee« an eine Frau im langen Kleid mit einem Zauberstab in der Hand gedacht, die einem Wünsche erfülle.

Sein Bild der Fee war – wofür ihm niemand einen Vorwurf machen kann, da er als Linguist die Sprachen und nicht die Sitten und Glaubensvorstellungen der afrikanischen Völker erforscht – so eingeschränkt, daß er, wenn er die Geistwesen eines afrikanischen Stammes hätte klassifizieren sollen, wohl kein einziges mit Feen in Verbindung gebracht hätte. Da es also letztlich im Ermessen des jeweiligen Forschers liegt, welchen Namen er einem Geistwesen zuweist, wäre es nicht ausreichend gewesen, in den einschlägigen Büchern und Märchen nach dem Wort »Fee« bzw. »fairy« zu suchen. Es mußten vielmehr die Eigenschaften *aller* erwähnten Wesenheiten dahingehend überprüft werden, ob sie mit denen einer Fee übereinstimmen.

Glücklicherweise erleichterten mir einige Wissenschaftler, darunter H. Berger, K. Jettmar, C. G. Seligmann und C.-P. Zoller, diese Aufgabe dadurch, daß sie genügend Kenntnisse der europäischen Feenwelt besaßen, um selbst augenfällige Analogien aufzuzeigen. So stieß ich unter anderem auf den Bericht des bekannten Afrikanisten Canon Callaway, der gegen Ende des letzten Jahrhunderts zwischen bestimmten südafrikanischen Geistern, den *Amatongo*, und dem irischen »Kleinen Volk« Parallelen entdeckte:

»So werden zum Beispiel dem ›Guten Volk‹ der Iren in vieler Hinsicht dieselben Motivationen und Handlungen zugeschrieben wie den Amatongo. Sie rufen die Lebenden, damit sie bei ihnen wohnen sollen; sie verursachen Krankheiten, die normale Ärzte nicht heilen können; sie haben ihre eigenen Gefühle, Interessen, Vorlieben und Antipathien, und sie streiten miteinander. Das Volk nennt sie ihre Freunde oder ihre Leute, was der Bezeichnung *abakubo* für die Amatongo entspricht. Wenn in den schottischen Highlands ein Junge von den Feen entführt wurde, spricht er bei seiner Rückkehr von ihnen als von ›unseren Leuten‹, genau wie man es von den Amatongo tut. Auch heißt es von ihnen, sie lebten, wie jene, unter der Erde, und werden deshalb *Abapansi* oder Unterirdische genannt.«

Doch haben die Amazulu, der afrikanische Stamm, von dem hier die Rede ist, noch eine andere Fee, Inkosazana mit Namen, was soviel wie »kleiner Häuptling« oder »Prinzessin« bedeutet. Ein Eingeborener weiß folgendes über sie zu berichten:

»Man kann sie im allgemeinen nicht sehen. Wir haben gehört, daß dies in früheren Zeiten anders war. Heutzutage hat sie allerdings niemand mehr zu Gesicht bekommen. Sie wird stets von einer großen Gruppe von Kindern begleitet, die ihr gleichen. Wenn ein Mann ihr in seinem Garten begegnet, sagt sie zu ihm: ›Dieses Jahr wirst du zu essen haben. Die Hungersnot wird nun vorüber sein.‹ Sie gibt Befehle, und die werden von allen befolgt und nicht mißachtet. Wenn sie befiehlt, daß ein Kind entwöhnt werden soll, dann sagt sie es nicht mehreren Leuten. Sie spricht zu einem Mann, den sie auf den Feldern oder bei ihm zu Hause trifft. Und er wiederholt ihre Worte den Leuten. Jeder ist aber darauf bedacht, ihre Befehle zu befolgen, aus Angst, daß er sonst sterben könnte. Manchmal aber befiehlt sie, daß viel Bier gebraut und für sie auf dem Berg ausgegossen werden soll.«

Dieser Beschreibung läßt sich entnehmen, wie groß die Rolle der Fee im täglichen Leben der Afrikaner ist und wie ernst sie und ihr Wort genommen werden.

Auf falschem Fuß und in fremder Haut

Ein erstaunliches Merkmal der Feen überhaupt scheint eine bestimmte körperliche Deformation zu sein, an der sie zu erkennen sind, die aber auch an Sterbliche weitergegeben werden kann.

In einem Märchen aus dem Kongo hören wir von einem Jungen namens Kakutschi, der von einer Stimme in ein Baumloch gerufen wurde. Er folgte der Anweisung, kletterte durch die Öffnung und gelangte in ein großes Dorf.

Dort erblickte er viele Menschen, die vor langer Zeit gestorben waren. Kakutschi sah seine Mutter und seinen Bruder. Alle waren sehr klein. Ihre Haare fielen ihnen bis auf die Schultern herab. Die Füße aber schienen verdreht zu sein, sie zeigten nämlich mit den Hacken nach vorn und mit den Zehen nach hinten.

Diese Verstorbenen lebten zusammen mit anderen kleinen Leuten mit langen Haaren, deren Füße ebenfalls verkehrt herum angewachsen waren und vor denen der Junge sich verstecken mußte, bis er wieder nach Hause zurückkehren konnte.

Doch nicht nur in Afrika, sondern Tausende von Kilometern entfernt, nämlich in Nordpakistan und in Nordindien, haben die Feen ebenfalls nach hinten gedrehte Füße! Andere afrikanische Märchen sprechen im Zusammenhang mit Land- und Wasserfeen ebenfalls von deformierten Beinen. In einem Fall tanzt der Bräutigam trotz des ausdrücklichen Verbotes mit den Feen einen Reigen und bemerkt im Anschluß daran, daß auch sein Bein plötzlich verdreht ist. Er ist zu einem der ihren geworden. Eine andere Art von körperlichem »Fehler« weisen Feen in Märchen auf, die in den verschiedensten Variationen über die ganze Welt verbreitet sind und deren Kern stets das sogenannte *Schwanenjungfrau-Motiv* bildet. Es besteht im wesentlichen darin, daß sich ein Vogel oder ein anderes Tier sein Gefieder oder seine Haut abstreift, um in Gestalt einer jungen Frau zu baden. Die Haut wird gestohlen, und das Feenwesen lebt als Gemahlin mit dem Dieb so lange zusammen, bis es irgendwann seine Haut wiederfindet und für immer verschwindet.

Bei den Inuit ist das Tier meist ein Schwimmvogel, eine Graugans oder eine Ente, in Afrika dagegen ein Büffel oder ein anderer Vierbeiner. Hier leiten mehrere Stämme gar ihre Herkunft von solchen Feenfrauen ab, und ihre Märchen, von denen ich eines hier in freier Wiedergabe anführen will, das von dem großen Afrikaforscher Leo Frobenius aufgezeichnet wurde, gleichen sich fast bis aufs Haar.

Vor langer Zeit lebte einmal ein Jäger, der sich eines Tages auf der Suche nach Wild in den Wald aufmachte. Da kam er an eine salzhaltige Stelle, wo er die Spuren zahlreicher Büffel entdeckte, und kletterte auf einen Baum, um die Tiere zu erwarten. Nach einer Weile näherte sich auch eine ganze Herde von Büffeln der Salzlecke, darunter Kühe und Kälber. Gerade als der Jäger seinen Bogen spannen wollte, bemerkte er zu seiner Verwunderung, daß die Tiere alle ihre Haut abstreiften und sich in Menschen verwandelten. Sie aßen vom Salz, zogen anschließend die Büffelhaut wieder an und verschwanden im Wald.

Der Jäger stieg von seinem Baum herab und ging zurück in sein Dorf. Dort sammelte er eine große Anzahl von Termiten und nahm sie am nächsten Tag mit in den Wald. Wieder kletterte er auf den Baum und wartete auf die Ankunft der Büffel. Alles geschah wie am Vortag. Die Büffel warfen ihre Haut ab und begannen zu essen. Vorsichtig stieg der Jäger herunter, ging zu der Haut eines jungen Mädchens, verstreute darüber die gesammelten Termiten und versteckte sich wieder. In kurzer

Zeit hatten die Insekten die Büffelhaut vollständig aufgefressen. Bald darauf zogen alle Büffel ihre »Gewänder« wieder über und verschwanden im Wald, nur das junge Mädchen blieb weinend allein zurück. Da stieg der Jäger von seinem Baum, nahm das Mädchen mit zu sich nach Hause und heiratete es. Von ihnen aber stammen die Yed-kuni ab, und die Abkunft des Mädchens ist der Grund, warum die Angehörigen dieses Stammes bis heute kein Büffelfleisch essen.

In diesem einfachen, auf die wesentlichen Bestandteile reduzierten Märchen stellt die Fee ihrem Mann keine Bedingungen, wie das in vergleichbaren europäischen, aber auch etwa persischen Geschichten der Fall ist. Ähnlich verhält es sich mit manchen Märchen der Inuit und aus Zentralasien. Hier wie dort möchte die Fee so unbedingt ihr Kleid zurückhaben, daß sie dem Mann, der es ihr vorenthält, ohne weiteres verspricht, mit ihm zu kommen. Interessant ist bei dem soeben erzählten und anderen vergleichbaren afrikanischen Geschichten allerdings, daß eine Fee, wie zum Beispiel Melusine, zur Ahnfrau eines Stammes oder Geschlechts werden kann. Eine erstaunliche Parallele findet sich auch in Chitral, einer Hochgebirgsregion im Karakorum. Hier geht die Sage, daß vor etwa hundertfünfzig Jahren der damals regierende Herrscher des kleinen Fürstentums, Mehtar Mohtaram Shah I., eine Fee heiratete. Diese Ehe hielt er so streng geheim, daß lange Zeit niemand etwas davon wußte. Jeden Freitag begab er sich zu einem Platz nahe des Berges Tirich Mir, dem anerkannten Wohnsitz der Feen, um seine Frau zu treffen. Ein großer flacher Stein markiert noch heute diesen Ort, der von den Feen oft besucht wurde und in dessen Nähe niemand allein auf die Jagd ging. Seit dieser Zeit aber wird der bevorstehende Tod eines Mitgliedes des Herrscherhauses durch die klagenden Rufe der Feen angekündigt, die weinend den Turm des Shoghot-Forts umfliegen.

Ein Charakteristikum der Tierfrauen, das ebenfalls auf ihre Identität mit den Feen hinweist, ist, daß sie kein Fleisch essen mögen. Die Vogelfrauen der Inuit nehmen deshalb mit Gras vorlieb. In einer ihrer Geschichten folgt der Mann seiner Frau, weil er untröstlich über ihr Verschwinden ist. Er geht zunächst ihren Fußspuren nach, wobei er erstaunt feststellt, daß einer ihrer Füße Schwimmhäute zwischen den Zehen hat. Er legt eine endlos weite Strecke zurück, überquert einen See und erklimmt zuletzt einen hohen Berg. Oben auf dem Gipfel aber wohnt seine Frau mit ihren Angehörigen.

Während in europäischen und manchen asiatischen Märchen nun die goldenen, edelsteingeschmückten Paläste des Feenlandes beschrieben werden würden, sind der Ausdruck größten Reichtums für den Inuit riesige Rentierherden, die dort oben grasen. Der Mann lebt eine Weile bei dem Volk seiner Frau und kann sie zuletzt dazu überreden, mit ihm nach Hause zurückzukehren.

Ein Zusammenleben mit Schwierigkeiten

Manche Feen der Indianer, so bei den nordamerikanischen Ottawa, waren verführerisch schöne Frauen mit blauen Augen und blonden Haaren, welche die Menschen gern neckten, in die Irre führten und betörten, aber von sich aus ebenfalls keine dauerhafte Verbindung mit sterblichen Männern eingingen.

Blaue Augen und blonde Haare sind daneben auch für die Feen aus dem Hindukusch und Nordindien, für manche afrikanische Feen und für diejenigen der neuseeländischen Maori charakteristisch.

Die Bindung der Feen an sterbliche Männer, die sich in die schönen Wesen verlieben, ist ein wesentlicher Aspekt des Feenglaubens auf der ganzen Welt. Läßt sich eine Fee darauf ein, im Traum oder im Wachen mit einem Sterblichen Umgang zu haben oder ihn gar zu heiraten, macht sie nicht selten zur Bedingung, daß der Mann nur noch sie lieben, aber sonst keine Frau mehr ansehen dürfe. Andernfalls aber würde es ihm schlecht ergehen. Dies ist bei der afrikanischen Nixe Mami Wata der Fall, aber auch bei den Feen in Hunza (Nordpakistan) und andernorts im Himalaja und Karakorum.

Hierbei können die Feen außerordentlich eifersüchtig sein und sich durchaus wie irdische Frauen verhalten. Überhaupt kann man in allen Gegenden, in denen die Feen noch eng mit den Menschen zusammenleben, beobachten, daß ihnen zum Teil sehr menschliche Eigenschaften zugeschrieben werden. Darüber hinaus kann man oft feststellen, daß ein Sterblicher, dem es gelingt, zu den Feen Kontakt aufzunehmen, und der sich ihnen gegenüber angemessen verhält, in den Besitz irgendeines wunderbaren Wissens gelangt oder sonst eine übernatürliche Erfahrung macht.

Märchenfeen aus alten Kulturländern, wie Arabien und Persien, machen dabei bemerkenswerterweise fast nie Wissen, sondern Schönheit, ewige Jugend oder Reichtum zum Geschenk. Bedenkt man, wie früh der

Islam in diesen Gebieten zur beherrschenden und dominanten Religion wurde, scheint dieser Umstand und die große emotionale Distanz zu den Feen allerdings nicht mehr sehr verwunderlich. In sogenannten »unzivilisierten« Gegenden wird dagegen eher Wissen an die Menschen vermittelt. Die Maori führen ihre Kenntnisse und Fertigkeiten auf einen Vorfahren zurück, der von einem Feenoberhaupt mit in sein Reich genommen und dort über alles Wesentliche unterrichtet wurde. In Tibet sollen die *Dakinis*, die dortigen Feen, wie Alexandra David-Néel in ihrem Buch *Heilige und Hexer* ausführt, ihren Vertrauten geheime Lehren enthüllen.

In einer Geschichte aus dem schon öfter erwähnten Hunza, einem nordpakistanischen Tal, begegnet ein Hirte eines Tages in den Bergen einer *Peri*, wie die Feen dort genannt werden, die ihn fragt, ob er Hunger habe. Als er bejaht, bietet sie ihm Brot und Milch an, und er beginnt dankbar zu essen. Nach Hause zurückgekehrt, kann er mit einem Mal nicht nur eine fremde Sprache sprechen, er ist sogar zuweilen unsichtbar. Zudem vermag er es plötzlich, mit einer Art zweitem Gesicht, einen Dieb ausfindig zu machen und genau anzugeben, wo dieser seine Beute versteckt hat. Auch bleibt sein einmal geknüpfter Kontakt mit den Naturgeistern bestehen, was deutlich wird, als er einmal in den Bergen abzustürzen droht und die Feen ihn retten.

Die Erfahrungen dieses jungen Mannes und des Maori-Ahnen gleichen im wesentlichen denjenigen der Schamanen aller Länder – in Osteuropa ebenso wie in Zentralasien, Afrika und auch bei den amerikanischen Ureinwohnern.

Die Machi beispielsweise, die Schamanin bestimmter

in den südlichen Anden und Patagonien lebender Indianerstämme, nimmt zu dem Kleinen Volk Kontakt auf, um von ihm verschiedene Kenntnisse zu erlangen. Wie diejenigen Osteuropas erlernen die Schamanen Südamerikas von den Feen die Heilkunde, tanzen mit ihnen beim Mondenschein und erfahren, an welchen Krankheiten ihre Patienten leiden. Die Übermittlung von Wissen und bestimmten Fertigkeiten war also ein nicht unwesentlicher Aspekt im Verhältnis zwischen den Feen und den Menschen auf der ganzen Welt.

Tahca Ushte oder Lame Deer, ein Medizinmann der Sioux, erzählte in seinem vor etwa fünfzehn Jahren erschienenen Buch von einer wunderschönen überirdischen Frau, die, wie die alten Leute berichteten, den Sioux einst die heilige Pfeife mitgebracht und sie in deren Gebrauch unterwiesen hatte. Zuweilen war sie auch einzelnen Jägern erschienen, um ihnen eine Nachricht zu übermitteln und sich anschließend in eine weiße Büffelkuh zu verwandeln. Berührte ein Mann sie aber in unehrerbietiger Absicht, kam eine Wolke vom Himmel, umhüllte den Schuldigen und hinterließ, sobald sie sich wieder aufgelöst hatte, nur einen Haufen trockener Knochen.

Wurden die Feen bei den Indianern nicht gut behandelt, so straften sie die Menschen, indem sie das Vieh krank werden ließen oder ihnen anderen Schaden zufügten. Bei den Schoschonen, die im Nordwesten Amerikas lebten, stahlen die Feen zudem genau wie im europäischen Raum Kinder und hinterließen dafür ihre Wechselbälger. Ebenfalls wie in Europa waren die Feen dort von sehr kleinem Wuchs und hausten in Bäumen, Gewässern, Bergen, Steinen und Höhlen. Auch sie nahmen gern Tiergestalt an, und es scheint nicht zu weit hergeholt, daß die sogenannten *Naguals* zumindest in einem wichtigen Aspekt den Feen unserer Vorstellung glichen. Die Naguals sind nämlich tiergestaltige Schutzgeister, deren Aufgabe es ist, einen bestimmten Menschen sein Leben lang zu begleiten und vor Unglück zu bewahren, ihm zu raten und Anweisungen zu geben.

Von solchen persönlichen Schutzgeistern abgesehen, gab es bei den Indianern auch ein Kleines Volk, das sich mit dem gesamten Stamm identifizierte und gegebenenfalls mit diesem den Wohnort wechselte. Die Passamaquoddy-Indianer lebten an der Grenze zu Kanada mit einem solchen Feenvolk zusammen, das von sehr kleiner Gestalt und sehr häßlich war. Es litt und freute sich mit den Menschen, weinte, wenn es einen Trauerfall gab, und tanzte, wenn eine Hochzeit gefeiert wurde. Diese kleinen Leute konnten nur die Stammesangehörigen sehen, für alle anderen Menschen waren sie unsichtbar. In jedem Fall mußte man jedoch ihrem Blick ausweichen, sonst konnte es passieren, daß man erkrankte.

Hin und wieder fand man kleine Tonpfeifchen, die ihnen zugeschrieben wurden, weil diese Feen bis ins Detail die Bräuche der Menschen nachahmten. Und ebensowenig wie bei den Indianern hat das Christentum vor dem Feenvolk haltgemacht, denn es wird tatsächlich berichtet, daß sie gute Christen, ja geradezu Beschützer der katholischen Kirche geworden seien.

Als die Passamaquoddy in den dreißiger Jahren dieses Jahrhunderts in ihrem Reservat eine Kirche errichteten, habe man es daneben hämmern und klopfen hören, weil auch das Kleine Volk eine winzige Kirche gebaut habe. Und als um das Jahr 1970 der Priester in Urlaub war, brachen einige betrunkene Männer in die Kirche ein, um den Meßwein zu stehlen. Aber die Feen bemerkten es rechtzeitig und trieben die Diebe in die Flucht.

Diese christliche Note scheint mir eine nachträgliche Zutat zu sein, die mit der gründlichen Bekehrung der Indianer Hand in Hand ging. Und es ist zu spüren, daß die Indianer allmählich die enge Verbindung zu ihrem Feenvolk verlieren. Wie einige ältere Frauen dieses Stammes behaupten, sahen sie die Feen eines frühen Morgens in einem Steinkanu den neben dem Reservat gelegenen See überqueren. Sie würden, so sagten die kleinen Leute, erst dann zurückkehren, wenn wieder mehr Menschen an sie glaubten.

Zu Hause in Wellentälern und auf Bergesgipfeln

Nicht so sehr vom Christentum, sondern eher von der modernen Zeit beeinflußt ist der Glaube an manche Feen in Afrika und auf den karibischen Inseln. Ganz allgemein scheinen Wasserfeen bis auf den heutigen Tag auf der ganzen Welt sich in vielem ähnlicher zu sein als die übrigen Feen. Bei letzteren wurden in den verschiedenen Kulturen meist bestimmte Aspekte besonders hervorgehoben, wie dies ja auch bei den römischen Fata der Fall war. Daher ist es in manchen Gegenden nicht immer einfach, sie in der riesigen Schar der Geisterwesen ausfindig zu machen. Die Nixen hingegen gleichen sich fast überall so sehr, daß sie beinahe keine kulturspezifischen Besonderheiten besitzen.

Einige andere Wassergeister wurden in jüngster Zeit

zuweilen mit drolligen modernen Attributen oder seltsamen Erscheinungsformen versehen: So soll beispielsweise Sata Bo, ein afrikanischer Nöck aus Guinea, unter anderem die Gestalt eines Kanonenbootes oder die eines Europäers annehmen, der einen Tropenhelm auf dem Kopf trägt. Die weiblichen Wasserfeen besitzen hingegen immer noch ihren Fischschwanz, haben lange blonde Haare und halten einen Kamm in der Hand – wie seit eh und je.

Mancherorts haben sie aber in jüngerer Zeit einen modernen Namen erhalten: Eine Nixe aus Surinam heißt nunmehr Watur Mama, also »Wassermama«,[13] und ihr zu Ehren fanden ekstatische Tänze statt, die schließlich von den Holländern, den ehemaligen Kolonialherren, verboten wurden. Dieser Wassermama, die auf Bildern mit einem doppelten Fischschwanz dargestellt wird, brachten die Einwohner von Surinam noch in den dreißiger Jahren dieses Jahrhunderts große Opfergaben dar. Damit wollten sich die Menschen für die Hilfe der Watur Mama bei der erfolgreichen Befreiung aus der Sklaverei bedanken.

Auch in Haiti hat eine Nixe, die Frau des Wassergeistes Agoué, einen europäischen Namen bekommen, man nennt sie dort: Maîtresse La Sirène. Sie ist hellhäutig, hat lange Haare und hält zuweilen eine Trompete in der Hand, mit der sie ihre Auserwählten zum Liebesspiel ruft.

Unter den Namen Mae Sereia und Jemanja begegnet uns wiederum eine andere Wasserfee in Brasilien. Von guten Christen wird sie allerdings »Maria der Meere« tituliert, eine Bezeichnung, aus der deutlich hervorgeht, daß es sich bei ihr kaum um ein böses Wesen handeln kann. Wie in Europa wohnen die Feen in der übrigen Welt nicht nur im Wasser, sondern gern auch auf Bergen. Der nun folgende Bericht stammt aus Neuseeland, und wurde vor etwa fünfzig Jahren von dem Forscher James Cowan aufgezeichnet. Er spielt, wie der eingeborene Erzähler selbst sagt, in den grauen Vorzeiten, als die Maori noch auf den Inseln Polynesiens lebten.

»Ich möchte dir von dem geheimnisvollen Volk erzählen, das dort auf den Bergen wohnt. Sie sind das Zuhause der *Patu-paiarehe,* des Feenstamms. Dort auf der Höhe, die wir Hihikiwi nennen, steht ihre Burg. An Tagen, an denen es wolkig oder neblig ist, ziehen sie umher. Doch können nur die weisen Männer, die Tohunga, sie sehen.

Als ich noch ein kleiner Junge war, und das ist schon sehr lange her, kam eines Tages ein sehr weiser Tohunga namens Panapa zu uns, um meinen kranken Großvater zu heilen. Panapa untersuchte ihn und erklärte dann, er benötige den Saft einer bestimmten Pflanze, Aka genannt, aus dem Urwald, und ich solle ihn begleiten, um ihm zu helfen. Wir stiegen einen steilen Pfad hinauf, der in die Berge führte. Bald umgab uns dichter Wald, es war geradezu unheimlich still geworden – kein Lüftchen regte sich, und nicht einmal Vogelstimmen waren zu hören. Nach einigem Suchen fand mein Gefährte eine Aka-Pflanze, hieb sie in Stücke und verwahrte sie in einem Gefäß, während ich ein paar Bäume weiter ging und dort zufällig auch eine Aka fand und sie ebenfalls abzuhauen begann.

Kaum hatte ich jedoch den ersten Schlag getan, da erfüllte den bislang schweigenden Wald ein Getöse, als ob der Wind durch die Wipfel pfiffe und die Bäume rauschten, und alles war mit einem Mal voller unirdischer Stimmen. Mir standen die Haare zu Berge, und meine Knie wurden weich. Ich rief nach dem Tohunga und suchte ihn, als er keine Antwort gab, aber er blieb verschwunden. Ich rief noch eine ganze Weile, doch umsonst. Schließlich kehrte ich voller Angst ohne ihn nach Hause zurück und berichtete den Leuten und meinem kranken Großvater, was geschehen war. Er aber sagte nur: ›Die Patu-paiarehe!‹

Und genau das war es. Die Leute des Dorfes erzählten nun von den Feen und ihrem unberechenbaren Verhalten den Menschen gegenüber, und wir saßen um das Feuer und lauschten ihnen mit großen Augen. Da stand plötzlich Panapa in unserer Mitte – er war wieder da. Auf die neugierigen Fragen entgegnete er, er sei von den Patu-paiarehe gefangen worden, weil sie selbst den Saft der Aka als Feengetränk liebten und gerade den Platz, an dem wir sie gefunden hatten, bevorzugten. Nichts wäre jedoch geschehen, hätte ich, als Uneingeweihter, mich nicht ohne seine Erlaubnis an einer solchen Pflanze vergriffen. Diese unbedachte Handlung hatte uns den Zorn der Feenwächter des Waldes zugezogen.

Die Feen brachten ihn dann in einem Augenblick zu ihrer Burg hoch oben auf dem Hihikiwi, dem höchsten Berg des Pirongia-Gebirges. Dort saß er inmitten eines Kreises aus hellhäutigen Wesen mit Augen so blau wie Seen oder wie der Ozean im Sonnenschein. Die Frauen aber waren von erstaunlicher Schönheit. Während Panapa sich umschaute und gleichzeitig zu seinem Gott um Beistand betete, berieten die Feenoberhäupter, was nun mit ihm geschehen solle.

Panapa aber bat sie, meine unbedachte Handlung doch zu entschuldigen, schließlich kam ihm dann auch sein Gott zu Hilfe, und die Feen beschlossen, daß er nach Hause zurückkehren dürfe. Andernfalls hätten sie ihn, wie er sagte, für immer als Priester oben auf dem Berg behalten. So aber trugen ihn die Feen wie zuvor durch die Luft, und einen Augenblick später fand er sich ausgestreckt auf dem moosigen Boden liegend wieder. Benommen rappelte er sich auf, sammelte seine Gerätschaften ein und kam zu uns zurück. Mein Großvater aber wurde dank der machtvollen Aka-Pflanze wieder gesund.«

Zahlreiche typische Feenmotive sind in diesem Bericht versammelt. Es ist von dem Feenschloß in den Bergen, von der engen Verbindung der Feen zur Natur und von ihren blauen Augen die Rede. Noch einmal wird bestätigt, daß nur bestimmte Auserwählte oder Eingeweihte zu ihnen in Kontakt treten dürfen und das Recht haben, sich an »ihren« Pflanzen zu vergreifen. Und nicht zuletzt werden hier die Feen wie bei den Kelten mit dem Nebel in enge Beziehung gesetzt. So soll Avalon – die Insel der Seligen, also in etwa das keltische Paradies – durch dichten Nebel vor den Blicken der Uneingeweihten geschützt und verborgen sein. Auch bei den Maori findet sich noch eine weitere merkwürdige Übereinstimmung mit dem europäischen Feenglauben: die Existenz von Feenringen.

Als eine Maori-Frau eines Tages von einem Feenmann geraubt wird, weil er sie zur Gemahlin nehmen möchte, fliegt er mit ihr auf eine Bergspitze, welche die Form eines Kreises hat. Sobald die Maori-Frau diesen

Kreis sieht, erinnert sie sich an alles, was man ihr über die Geistwesen erzählt hat, und sie weiß, daß sie einen der Feen-Versammlungsplätze vor sich hat. Dort läßt sie der Feenmann nieder, ruft mit hoher, dünner Stimme eine Beschwörung, und sofort senkt sich dichter Nebel herab. Im nächsten Augenblick fühlt sich die Frau wieder in die Luft gehoben und wird zum Feenpalast auf dem höchsten Gipfel des Pirongia-Gebirges getragen.

Auch in Neuguinea, der – nördlich von Australien gelegenen – zweitgrößten Insel der Erde gibt es zahlreiche Feengeschlechter, darunter die *Bariaua*, die in Bäumen wohnen. Sie sind nicht imstande, selbst Boote herzustellen, und deshalb darauf angewiesen, sie zum Fischfang von den Menschen zu borgen. Die Bariaua sind sehr scheu und fürchten mehr als alles andere, von Sterblichen gesehen zu werden.

Andere Feen der Melanesier leben wie die Menschen in Gemeinschaften, haben nur eine geringe Größe und tragen die Haare in langen Locken. Sie erscheinen, so sagen die Eingeborenen, häufig nach dem Tod eines Menschen. Wieder andere sind ebenfalls von kleiner Statur, besitzen einen dicken Bauch und wohnen in Sümpfen. Beide »Arten« sind den Menschen wohlgesonnen.

Dies gilt auch für die *Taudombi*, die allerdings – anders als die eben genannten Geistwesen – unsterblich sein sollen. Sie gleichen von Aussehen und Kleidung her Europäern. Sie heiraten, halten Vieh und bewirtschaften ihren Gemüsegarten ganz wie die Menschen. Abgesehen von wenigen Eingeweihten und den Männern, mit denen sie eine Art Ehe eingehen, bekommen sie allerdings nur wenige Sterbliche zu Gesicht. Und gelingt es auch manchem, sie bei ihren fröhlichen Tänzen zu belauschen und singen zu hören, bleiben sie doch eher unwirklich – die Steine, mit denen sie aus Jux zu werfen pflegen, sind allerdings nur allzu real, wie man spürt, wenn man von einem getroffen wird.

Diese Unsitte, »zum Spaß« mit Steinen zu werfen, ist zudem von den Feen in Chitral, in den Bergen des Karakorum, bekannt. Als eine von ihnen mit diesem Verhalten ein ganzes Dorf zu drangsalieren begann, rief die verzweifelte Bevölkerung schließlich den Herrscher zu Hilfe. Dieser wandte sich daraufhin an einen weisen Mann, der mittels bestimmter Rituale und Zaubersprüche die Fee von ihrem Tun abbringen konnte

Wo die Feen noch heute tanzen

Die geographische Distanz, die zwischen Neuseeland und Melanesien, Afrika und dem Himalaja besteht, wirkt sich – anders als auf die Menschen – offenbar nicht im mindesten auf die Feen aus. Der folgende Bericht stammt aus Bangan, einer Gegend in Nordindien, mit der sich der Heidelberger Indologe Claus-Peter Zoller eingehend beschäftigt. Er erhielt die bislang unveröffentlichten Informationen, die er mir freundlicherweise zur Verfügung gestellt hat, erst in jüngster Zeit vor Ort von den Einheimischen selbst – sie sind also noch brandneu.

Die Dörfer Bangans liegen abgeschieden im Himalaja, in ausgedehnte Nadelwälder eingebettet, an den Hängen der Berge, und die Bewohner haben selbst heute noch wenig Kontakt zur Außenwelt. Sie haben nicht nur ihre überlieferten Sitten, Gebräuche und religiösen Vorstellungen bewahrt, sondern auch eine eigene archaische Sprache. Früher lebten sie weitgehend von ihren Schafen und Ziegen, heute gehen sie mehr und mehr zum Ackerbau über. Wenngleich sich selbst hier der Fortschritt, die Entzauberung der Welt, von Jahr zu Jahr stärker bemerkbar macht, spielen die Feen im täglichen Leben dieser Menschen doch immer noch eine große Rolle.

Die zwiespältige Einstellung zu den Feen ist hier übrigens überall spürbar, genauso wie in Afrika. Man versucht sie mit Hilfe von kleineren Menhiren vom eigentlichen Dorf fernzuhalten – denn sie bringen zwar Wohlstand und Segen für Mensch und Vieh, können aber andererseits, wenn sie verärgert werden, Krankheiten und Tod verursachen. Diese Menhire stehen am Eingang des jeweiligen Dorfes und markieren das Ende der sogenannten Feenstraßen, die über die Berggrate hinweg verlaufen. Die Menhire werden selbst als »Fee« bezeichnet, vermutlich, da sie mit Feenkraft aufgeladen sind. Sie sind als Symbole für die potentielle Gegenwart der Feen anzusehen und dienen diesen gleichzeitig als zeitweiliger Aufenthaltsort.

Im Umgang mit den Feen ist also Vorsicht geboten, und besondere Vorschriften sollten unbedingt beachtet werden, will man eine Bestrafung vermeiden: Frauen müssen im Wald stets ein Kopftuch tragen, Schwangere dürfen nie ihren Bauch zeigen, man darf im Wald nicht singen, und Männer dürfen nicht pfeifen.

Man bringt den Feen auch regelmäßig »weiße« Opfergaben wie Milch oder Butterschmalz, um sie bei guter Laune zu halten oder um Kindersegen zu erbitten. Typische Strafen der Feen für Vergehen oder nicht beachtete Gebote sind Hautkrankheiten, Blindheit und Unfruchtbarkeit. Die Banganis sagen zwar nicht ausdrücklich, daß eine solche Krankheit in Form von Pfeilchen geschickt werde, aber sie erklären, daß ihr Eindringen wie ein Nadelstich schmerze. Dies gelte besonders dann, wenn Frauen von Feen in Besitz genommen würden.

Es ist frappierend, wie sehr die Beschreibungen dieser Himalaja-Feen denen der irischen oder schottischen gleichen: Sie sind von kleiner Gestalt, tragen überwiegend grüne Gewänder oder Kleider aus bunten Stoffstreifen, sie sind blond und haben blaue Augen. Sie lachen und albern viel herum, spinnen und baden gern und wohnen in drei genau bezeichneten Felswänden oder – weiter im Norden – auf den Berggipfeln. Manche leben auch in bestimmten Zedern.

Das Land um solche Bäume gehört der Fee, die dort wohnt, und kein Jäger hat das Recht, ohne ihre Erlaubnis zu jagen. Alle Tiere, die hier leben, sind ihr Eigentum, und nur die Fee bestimmt, welches von ihnen der Jäger töten darf. Benimmt er sich vorschriftsgemäß, hilft ihm die Fee dabei, das gewünschte Wild zu erlegen. Dafür erhält sie die Seelenkraft des betreffenden Tieres.

Es ist natürlich streng verboten, einen solchen Feenbaum anzutasten oder gar zu fällen. Als ein Bangani einmal so unvorsichtig war, dieses Verbot zu ignorieren, weil er ein Haus in der Nähe errichten wollte, wurde er von den Feen getötet und seine Familie von Unglück heimgesucht. Die erschrockenen Dorfbewohner errichteten daher rasch einen Tempel, um den Zorn der Feen zu beschwichtigen. Solche Feentempel gibt es auch an zahlreichen anderen Stellen, und zwar meist abgelegen an einem Waldrand.

Die Feen pflegen wie in Europa auf bestimmten Pfaden zu reisen, und jeder, der ihnen dabei – zufällig oder absichtlich – in die Quere kommt, wird dafür aufs empfindlichste bestraft.

Während sich die Feen des öfteren Männern nähern, um ein Verhältnis mit ihnen anzufangen oder sie sogar in ihr Reich zu holen, fügen sie ihnen doch weit seltener Schaden zu als den Frauen. Wenn ein Mann eine Fee zu Gesicht bekommt, wird er in der Folge oft apathisch, abwesend und teilnahmslos. Seine Kraft wird ihm entzogen. Frauen dagegen geraten nicht selten buchstäblich in einen Zustand der Besessenheit.

Claus-Peter Zoller beschreibt einen solchen Vorfall, dessen Zeuge er selbst wurde: Eine Frau verhielt sich so, als tanze sie, völlig selbstverloren, mit einem oder mehreren unsichtbaren Wesen. Um diese Art der Besessenheit zu heilen, wird einmal im Jahr eine Wallfahrt zu einem Tempel durchgeführt, der einem bestimmten Gott geweiht ist. Dieser Gott ist, wie die Bewohner Bangans mittlerweile glauben, stärker als die Feen und vermag sie aus dem Körper der betreffenden Frauen auszutreiben. Verliebt sich eine Fee in einen Mann, hat dieser allerdings große Probleme, sich ihrer Zuneigung zu entziehen. Von einem Bangani, der seine Schwägerin in ein anderes Dorf bringen wollte, berichtet eine Ballade, daß er unterwegs auf eine Gruppe von Feen traf, die ihn töten und mit in ihr Reich nehmen wollten. Als er sie bat, ihm ein wenig Aufschub zu gewähren, weil er zuerst noch seine Schwägerin fortbringen und an einem bestimmten Erntefest teilnehmen wolle, stimmten die Feen zu. Sobald er aber diese beiden Vorhaben ausgeführt hatte, kamen die Feen und holten ihn ab.

Wie eingangs schon angedeutet, machte die Entwicklung auch vor Bangan nicht halt. Der männliche Gott Mahasu hat die Feen bis zu einem gewissen Grad im Bewußtsein der Bevölkerung in den Hintergrund gedrängt. Im Zuge der »Modernisierung« geht leider das Gespür und der Sinn für solche geistigen Wesen langsam verloren. Außerdem scheuen sich zunehmend mehr Menschen, gegenüber Außenstehenden zuzugeben, daß sie noch an Feen glauben, weil sie befürchten, sich mit einem solchen Eingeständnis in irgendeiner Form lächerlich zu machen. So werden also in Zukunft immer weniger Menschen von Begegnungen mit Feen berichten, und immer weniger werden ihnen Opfer darbringen.

Um den Bericht über Bangan abzurunden, sei hier noch das Wort an Claus-Peter Zoller übergeben, der dort selbst einmal eine seltsame Begegnung hatte:

»Im Jahre 1977 war ich in einem Dorf bei den Bhotiyas, einer kleinen tibetischen Volksgruppe, auf eine Hochzeit eingeladen. Am Abend des zweiten Tages gingen ein junger Bhotiya-Mann und ich von dem weit oben gelegenen Dorf einen langen Abhang hinab zu einem anderen Dorf, wo ebenfalls gefeiert werden sollte. Schon ziemlich weit unten angekommen, überquerten wir einen Bach in der Nähe eines kleinen Felsabbruchs. Plötzlich hörten wir ein Rufen und Lärmen und sahen auf dem Felsabbruch mehrere junge Mädchen stehen. Es waren keine Bhotiyas, vielmehr waren sie nach Art der Garhwalis, der Bewohner einer Region im Quellgebiet des Ganges, gekleidet. Ihr Hüpfen, Rufen und Winken irritierte uns beide, da ihr lautes Verhalten ziemlich unmöglich war. Mädchen und Frauen müssen sich immer still, sittsam und bescheiden geben, und zwar insbesondere im Umgang mit Männern. Daher war das Auftreten dieser Mädchen hier mehr als ungewöhnlich. Wir beschlossen, zu ihnen hinzugehen, und erreichten die Stelle schon nach etwa einer Minute. Doch da waren die Mädchen wie vom Erdboden verschluckt, obwohl das Gelände ganz offen und übersichtlich war. In einiger Entfernung war noch ein Garhwali-Dorf zu sehen. Wir gingen dorthin, doch wußte hier niemand von diesen Mädchen. Die Bewohner meinten allerdings, daß es Feen gewesen sein müßten, die wir gesehen hatten.«

Von Garhwal nach Hunza ist es zwar im Vergleich zur räumlichen Distanz zwischen Afrika und Indien nicht allzuweit, doch liegen zwischen den beiden Gebieten etliche Siebentausender sowie ausgedehnte Gletscher. Jeder, der versuchen würde, auf direktem Wege von Hunza nach Bangan oder umgekehrt zu reisen, würde schnell einsehen müssen, daß dies ein nahezu unmögliches Unterfangen ist. So kann man einen direkten gegenseitigen Einfluß wohl ausschließen, und daher scheint es um so bemerkenswerter, daß auch die Hunza-Feen allen übrigen gleichen.

Alle Märchen und Berichte über sie, die ich in dieses Buch aufgenommen habe, stammen aus den letzten zwanzig Jahren und spiegeln den Glauben der älteren Einwohner von Hunza wider. Hier mögen nun noch einige weitere »neue« Informationen folgen, von denen die erste mich indirekt selbst betrifft, da ich mich im Rahmen meiner wissenschaftlichen Arbeit unter anderem mit Felsbildern beschäftige, die in der Feenregion gefunden wurden. Diese Felszeichnungen sind teilweise zweitausend und mehr Jahre alt, und es ist in der Tat den Feen zu verdanken, daß sie die Zeiten überdauert haben. Die Furcht vor der Rache der Feen, die nach dem Glauben der Einheimischen für diese Felsbilder verantwortlich sind, hielt die Menschen nämlich während all der Jahrhunderte davon ab, sie zu zerstören oder zu übermalen.

Die Feen haben bis vor kurzem noch das Weltbild der Bewohner von Hunza und der umliegenden Täler bestimmt. Wie auch in Uttar Pradesh leben die Feen auf sehr hohen Berggipfeln, so auf dem über siebentausend Meter hohen Rakaposhi und dem Achttausender Nanga Parbat. Diese Bergregionen gelten als rein und den Feen geweiht, und kein Sterblicher darf sich erkühnen, ohne Erlaubnis in solche Höhen zu steigen. Frauen im zeugungsfähigen Alter, die als besonders unrein gelten, ist es gar überhaupt verboten, die Berge zu betreten. Da in der Regel aber ohnehin nur Jäger wirklich hoch hinauf in die Berge kommen, haben und hatten auch meist nur jene Kontakt zu den Feen.

Eine Handvoll weiterer Menschen sind allerdings ebenfalls in jüngerer Zeit auf einen der berühmtesten Feenberge, den Nanga Parbat, geklettert: westliche Bergsteiger. Und einer von ihnen, Reinhold Messner, der sich als einziger ganz allein dort hinaufwagte, beschrieb später ein merkwürdiges Erlebnis, das er in mehr als siebentausend Meter Höhe auf dem Berg hatte.

Erschöpft und ausgepumpt liegt er an einem Nachmittag im Schnee und kann nicht mehr die Kraft aufbringen, sein Zelt aufzubauen. Da nimmt er plötzlich wahr, daß ein Mädchen neben ihm sitzt. Er denkt, daß sie ihm ja ruhig dabei helfen könne, das Zelt zu errichten, und steht selbst auf, um den Schnee niederzutreten. Das Mädchen bleibt ruhig sitzen, und er sagt sich, daß es ihr vermutlich zu heiß ist, selbst mit anzupacken.

Als das Zelt steht, sieht er um sich herum Kinder, Männer und Frauen, mit denen er sich freundschaftlich zu unterhalten beginnt. Selbst die kleinsten Handlungen bespricht er mit ihnen, bevor er in sein Zelt kriecht, um zu kochen und Wasser zu trinken. Nach einer Weile kommt er wieder heraus, und das Mädchen ist auch da. Und diesmal spricht er mit ihr. Sie erklärt ihm, daß er am nächsten Tag den Gipfel erreichen wird. Als er entgegnet, daß dies nicht von ihm, sondern vom Wetter abhänge, meint sie, das Wetter werde schon halten. Dann weist sie ihn an, sich ausreichend Schnee ins Zelt zu holen. Im nachhinein erinnert er sich, daß das Mädchen eine schöne Stimme hatte, die er lange nicht vergißt.

Manchmal, erzählt Messner weiter, sei das Mädchen so nahe gewesen, daß sie ihn fast habe berühren können. Aber wenn er hinschaut, kann er sie nicht sehen. Er erklärt sich das Ganze damit, daß es sich ja wohl um eine Halluzination handeln müsse. Gleichzeitig aber weiß er aus eigener langjähriger Erfahrung, daß sich Halluzinationen anders »anfühlen«, nicht diesen realen Charakter besitzen, sondern eher einer Fata Morgana gleichen. Nein, er *weiß* in dem Moment, und er glaubt es auch später noch, daß er oben auf dem Nanga Parbat nicht allein war und daß diese anderen Wesen seine Freunde waren.

Bergsteiger, die allem Unerklärlichen weniger aufgeschlossen und sensibel gegenüberstanden als Reinhold Messner, wurden von den Feen des Nanga Parbat nicht so gut behandelt. Hermann Buhl fühlte sich von Stimmen und Gestalten begleitet, genarrt und beunruhigt. Er empfand ihre Gegenwart nicht wie Messner als tröstlich – im Gegenteil; doch kehrte immerhin auch er wohlbehalten zurück. Andere Bergsteiger, wie Messners Bruder, kamen weniger glimpflich davon, und im folgenden erzählt ein Einwohner Hunzas, der bei einer Ersteigung des K 2 dabei war, wie dort ein Unfall passierte.

»Ich ging mit den Amerikanern zum K 2, Houston, Hataulah, Bob, Pete, unter der Leitung von Tony, wir alle gingen, und als wir ins dritte Lager kamen, kamen zu einem Sahib die Feen. Ich sagte, warum seid ihr gekommen, Mütter? Seid ihr wegen uns gekommen, wegen der Hunza-Leute oder vielmehr wegen der Sahibs? Sie sagten, unter den sieben Sahibs und den vier Hunza-Leuten holen wir einen. Und als ich fragte, was für einen Sahib holt ihr denn, sagten sie, den Pete. Der Pete wird die Welt verlassen. Wir gingen und brachen vom dritten Lager nach oben auf. Als wir zum vierten Lager gelangten, schickten sie uns Hunza-Leute zurück. Sie sagten, übernachtet unten im Hauptlager, bleibt dort, wir werden dann zu euch kommen, und gingen selbst nach oben weiter. Schließlich, als wir dort vier, fünf Nächte verbracht hatten, fiel eine Lawine, und man konnte überhaupt nichts mehr sehen, es kam keine Kunde von ihnen.«

Schließlich wurden die Hunzas ins fünfte Lager gerufen, wo sie einen Gletscher nach dem verschwundenen Pete absuchen sollten. Sie fanden jedoch lediglich seine Tasche; er selbst aber blieb verschwunden.[14]

Alle angeführten Berichte bestätigen, daß die Feen dort, wo einheimische Kultur und Religion noch einen Großteil ihrer Ursprünglichkeit bewahren konnten, mit den Menschen in engem Kontakt stehen – mit ihnen leben, lieben und sich freuen. Und wie diese wohnen die Feen auf der Erde – sei es in Gewässern, auf Bäumen oder auf den Bergen –, ein Umstand, der den Einheimischen der betreffenden Gegenden natürlich wohl bekannt ist und in Märchen und Geschichten entsprechend vermerkt wird.

Ein Fall von Entfremdung

Ein nächster Schritt bringt uns von den stürmischen Gipfeln des Himalaja in das Reich der Mitte. Chinas Hochkultur stand schon in Blüte, als viele Teile der Erde noch völlig unzivilisiert waren. Deshalb ist hier auch in vielen schriftlich überlieferten Märchen ein deutlicher Abstand zwischen Feen und Menschen zu spüren. Nach Ansicht der gebildeten Stände leben die Feen zudem nicht mehr auf der Erde, sondern im Himmel.

Wie in Europa sind in China um einige bestimmte Feen ganze Sagenkränze entstanden. Da gibt es zum einen Hsi-wang-mu, die »Königliche Mutter des Westens«, die im Kunlun-Gebirge an der Grenze zu Tibet über ein mythisches Feenreich geherrscht haben soll.

Daneben kennen die Chinesen Ma-tsu, die Schutzfee der Fischer, deren tausendunderster Geburtstag am 14. April 1960 in ihrem Tempel in Taiwan mit großen Feierlichkeiten begangen wurde.

Weiterhin erzählt man von Ma-ku, der »Fee mit den langen Nägeln«. Sie trägt einen Stab aus Bambus, an dem ein Korb hängt, und ihre Haare wallen bis zur Taille herab. Sie soll zur Zeit des Kaisers Hsiao gelebt haben, also im 2. Jahrhundert n. Chr. Von ihr wird folgende Geschichte überliefert:

Während eines Festgelages überlegte sich der Hausherr, wie schön es doch sein müsse, von ihr den Rücken gekratzt zu bekommen. Kaum hatte er das gedacht, als er von einem unsichtbaren Peitschenhieb gezüchtigt wurde. Seit damals aber hat sich die Redensart erhalten: »So entzückend, als wenn man von Ma-ku gekratzt würde.«

Überall im Land wurden vor allem Berge und Höhlen nach Ma-ku benannt, und ihr Besuch galt als glückverheißend. Übrigens glaubt man in China, daß die Erfindung des Rückenkratzers auf die Fee Ma-ku zurückgeht.

Schließlich ist noch die Mondfee Ch'ang-ho zu nennen, die oft als vornehme Dame dargestellt wird, deren Eitelkeit so groß ist, daß sie sich ständig in einem Spiegel betrachten muß.

Während diese »Kulturfeen« den inneren Abstand der Menschen zu ihnen bezeugen, kann man doch davon ausgehen, daß die Feen beim einfachen Volk bis vor gar nicht langer Zeit in hohem Ansehen standen – ja in entlegenen Teilen des Reichs der Mitte vielleicht noch heute stehen.

Ein Märchen atmet noch diese Nähe, wenn es auch in

manchem schon Entfremdungsmerkmale aufweist. Es handelt von einem Gelehrten, der sich in die Abgeschiedenheit zurückgezogen hatte und in einem Häuschen inmitten eines Gartens wohnte, in dem er wunderschöne Blumen zog.

Eines schönen Frühlingsabends saß nun dieser Mann im Garten bei einem Glas Wein, als er plötzlich ein Mädchen in dunklen Kleidern gewahrte. Sie begrüßte ihn höflich, erklärte, sie sei seine Nachbarin, und bat um die Erlaubnis, mit ihren Herrinnen in seinem Garten verweilen zu dürfen.

Der Gelehrte stimmte bereitwillig zu, und kurze Zeit später erschien eine ganze Schar zarter, hübscher Mädchen, denen ein lieblicher Duft entströmte. Sie begrüßten ihn freundlich und erklärten ihm auf seine Fragen, sie seien Schwestern und sie wollten heute ihre achtzehn Zephirtanten besuchen. Doch habe sie sein Garten und der Mondschein zum Verweilen eingeladen. Plötzlich meldete die dunkelgekleidete Dienerin der Feen – denn um solche handelte es sich natürlich –, daß in diesem Augenblick die Tanten angekommen seien.

Nun wurden Tische und Stühle herbeigeholt, und alle nahmen an einer Tafel Platz, die auf wundersame Weise erschienen und mit den köstlichsten Speisen und erlesensten Weinen bedeckt war. Der Mond leuchtete hell am Himmel, und die Blumen strömten einen betäubenden Duft aus. Als die Gesellschaft vom Wein heiter geworden war, standen die Mädchen auf und begannen zu tanzen und zu singen. Zauberhaft schön klangen ihre Stimmen, und ihr Tanz glich dem Flug von Schmetterlingen, die Blüten umflattern.

Als der Tanz zu Ende war, setzten sich die Mädchen wieder zu dem entzückten Gelehrten an den Tisch, und plötzlich verschüttete eine der Tanten aus Versehen etwas von ihrem Wein auf das Kleid einer der Schwestern. Ärgerlich begann diese ihre Tante zu schelten, ein Wort gab das andere, und schließlich verließen die Tanten beleidigt den Garten. Sobald sie gegangen waren, verschwanden auch die Blumenfeen.

Am anderen Abend aber stellten sie sich wieder ein und erklärten dem Gelehrten, daß sie in Wirklichkeit nicht zum erstenmal am Abend zuvor zu ihm gekommen seien, sondern schon seit längerem in seinem Garten wohnten. Jedes Jahr zu einer bestimmten Zeit würden sie aber von schlimmen Winden gequält, gegen die sie bislang nur ihre Tanten zu beschützen vermocht hätten. Nach dem, was am Abend zuvor geschehen sei, könnten sie nun allerdings nicht mehr auf deren Hilfe rechnen. Sie bäten ihn deshalb, eine kleine scharlachrote Flagge im Osten des Garten aufzuziehen, auf die er zuvor Sonne, Mond und die fünf Planeten malen solle. Dann, so sagten sie, würden sie Frieden finden und vor allem Leid bewahrt bleiben.

Der Gelehrte sagte dies freundlich zu, bemalte die Flagge und hißte sie am empfohlenen Tag in seinem Garten. Bald erhob sich ein Sturm, der die Wälder beugte und die Bäume brach. Nur die Blumen in seinem Garten bewegten sich nicht. Da merkte der Gelehrte, daß die Feen seine Pflanzen waren, die achtzehn Tanten aber die Geister des Windes.

Am nächsten Abend kamen die Feen wieder zu ihm und brachten zum Dank einige leuchtende Blumen.

»Du hast uns gerettet«, sagten sie, »außer diesen Blumen haben wir aber nichts, was wir dir schenken könnten. Wenn du sie ißt, wirst du lange jung und gesund bleiben. Und auch wir Feen werden lange leben, wenn du uns jedes Jahr wie in diesem deine Unterstützung gewährst.«

Der Gelehrte tat, wie ihn die Feen geheißen hatten, und aß die Blumen. Da verwandelte sich seine Gestalt in die eines zwanzigjährigen Jünglings. Nach einiger Zeit aber erlangte er geheimen Sinn und wurde unter die Unsterblichen versetzt.

In diesem Märchen ist noch etwas von der ursprünglichen Ehrfurcht vor der beseelten Natur zu spüren, und daß die Feen bevorzugten Sterblichen ihr Wissen mitteilen, wird im letzten Satz ebenfalls zum Ausdruck gebracht. Um ein solch Auserwählter zu werden, muß ein Mensch nicht viel mehr tun, als jedes Lebewesen mit Achtung und Respekt zu behandeln. Ein solches Verhalten aber trägt bereits den Lohn in sich.

Wer mit wachem Sinn und offenen Augen durch den Wald oder über Wiesen geht, Schmetterlinge nicht jagt, um sie aufzuspießen, sondern ihnen in den ersten Frühlingstagen zuschaut, wie sie miteinander tanzen und sich auf warmen Steinen sonnen; wer die Zauneidechse betrachtet, die sich auf einem Baumstamm räkelt, in der Abenddämmerung dem süßen Gesang einer Amsel lauscht oder das schimmernde Gold in den Augen einer Erdkröte bewundert – den streift wenigstens eine Ahnung dessen, worin wirklicher Reichtum besteht, ein kleines Zipfelchen Unendlichkeit.

Die Feen halten es nicht mit denen, für die das laute Lärmen der Großstadt der einzige Lebensinhalt ist, die sich abhetzen, ständig von Menschen umgeben sein müssen, um der eigenen inneren Leere zu entfliehen, und wenn überhaupt, dann ihre Spaziergänge in der Einkaufspassage absolvieren. Die Feen lieben diejenigen Menschen, die noch imstande sind, innezuhalten und sich an den kleinen Dingen zu erfreuen – an den zarten Adern eines Lindenblattes, einem schillernden Tautropfen, dem Duft eines unscheinbaren Veilchens, das in einer Mauerritze wächst –, die dem durstigen Baum vor ihrer Haustür im Sommer Wasser geben und das Fenster öffnen, wenn die Amsel singt.

Es war natürlich unmöglich, hier alle Länder und Gegenden der Erde zu berücksichtigen, doch ist wohl klargeworden, wie ähnlich sich die Feen auf der ganzen Welt letztlich sind und daß ein gemeinsamer Ursprung des Feenglaubens nicht sehr wahrscheinlich ist. Wie sonst wäre es zu erklären, daß die Feen in den hohen Bergen Nordpakistans ebenso nach hinten gedrehte Füße haben wie die in Südafrika? Wie gelangten die Feenringe nach Neuseeland und wie die typischen blauen Feenaugen und Gewänder nach Vietnam und Hunza? Wie kommt es, daß Südseeinsulaner, die noch kaum Berührung mit Europäern hatten, von Feen erzählen, die den unseren erstaunlich gleichen, oder von einem Feenland berichten, in dem die Zeit stillzustehen scheint – wie dies in den europäischen Feenreichen der Fall ist? Und warum weissagt eine Fee in Tibet einem Kind sein Lebensschicksal auf ähnliche Weise, wie es die Fee im alten Rom oder in Frankreich tat? Für derartige Übereinstimmungen einen keltischen Ursprung anzunehmen oder gar ein »mongolisches Zwergenvolk« verantwortlich zu machen, geht sicher am Kern der Sache vorbei.

Das Märchen, das dieses Kapitel beenden und zugleich einen kleinen Vorgeschmack auf das nächste geben soll, erzählt, wie die Australier zu ihren Feen kamen. Anschließend mag es jedem selbst überlassen bleiben, sich seinen Reim auf den möglichen Ursprung der Feen zu machen!

Vor langer Zeit hatten einmal die Mädchen ein Stammesgesetz gebrochen und waren deshalb von den Medizinmännern durch Zaubergesänge in andere Wesen verwandelt worden – die einen in Nixen, die anderen in Feen.

Während die Nixen von nun an die Männer mit ihren wundervollen Stimmen und ihrer Schönheit betörten, neckten und narrten die Feen sie ganz nach Lust und Laune, indem sie die Gestalt von ihnen begehrter Frauen annahmen.

Die Yunggamurra-Nixen waren sieben Schwestern, die in einem großen Teich lebten. Eines Tages erblickte ein junger Mann namens Manbuk die Wasserfeen und hätte gern eine von ihnen gefangen. Er wußte, daß ihre Körper glitschig waren und man sie nur packen konnte, indem man sich ihre langen Haare um die Hand wickelte. Doch als er gerade dazu ansetzte, wurden sie von einem Kakadu gewarnt und tauchten unter. Nur eine von ihnen war neugierig, und als sie wieder auftauchte, um den Mann noch einmal zu betrachten, packte er sie beim Schopf und zog sie aus dem Wasser. Dann lief er mit ihr fort. Die übrigen Nixen konnten ihn aber nicht verfolgen, weil der Boden von der Sonne glühend heiß war. So blieben sie traurig zurück und stimmten ein lautes Klagelied an.

Auch Manbuk war über seine Neuerwerbung nicht sehr glücklich, denn die Fee verstand seine Sprache nicht. Doch da fiel ihm ein, daß er ja versuchen konnte, sie wieder in eine Frau zurückzuverwandeln. Er entfachte ein großes Feuer, in das er grüne Bambussprossen legte, und räucherte die Wasserfee in den dichten Schwaden, bis sich der graue Schleim von ihrer Haut löste. So wurde aus der Nixe wieder eine ganz normale junge Frau.

Eines jedoch war ihr geblieben: die übermenschlichen Gaben und Fähigkeiten. Sie vermochte es beispielsweise, die Bienen aus ihren Nestern zu locken und täuschend echt Vogelstimmen nachzuahmen, so daß Manbuk ohne Mühe den Honig sammeln und die Vögel mit seinem Wurfholz erlegen konnte. So führten die beiden schließlich doch ein glückliches und zufriedenes Leben, und Manbuk hatte nie wieder Veranlassung, seine Wahl zu bereuen.

FÜNFTES KAPITEL

Mit Fischschwanz und Seehundfell – die Wasserfeen

Als große Verführerinnen haben die Nixen schon immer eine starke Anziehungskraft auf die Sterblichen ausgeübt.

Zunächst war es eigentlich nicht beabsichtigt, die Nixen in dieses Buch mit einzubeziehen: Schließlich ist der Unterschied zwischen Nixen und Feen jedem geläufig. Je mehr ich mich aber mit der Materie beschäftigte, desto häufiger stieß ich auf Übereinstimmungen zwischen diesen Wasserwesen und den Feen. Und so bin ich schließlich zu der Überzeugung gelangt, daß sie nicht voneinander zu trennen sind und dementsprechend gemeinsam behandelt werden müssen.

Daß die Nixen allgemein als eigenständige Geistwesen betrachtet werden, liegt in der Hauptsache daran, daß ihr Lebensraum das Wasser und weniger das Land ist. Frühe Versuche, die Naturgeister zu kategorisieren und damit begreiflich zu machen, bedienten sich allein dieser »Äußerlichkeiten«, um sie zu unterscheiden.

Die mittelalterlichen Okkultisten ordneten daher die Elementargeister jeweils einem der vier Elemente zu. Dieser Klassifizierung zufolge gehören der Erde die

Gnomen und Feen an, der Luft die Sylphen, dem Wasser die Undinen oder Nixen und dem Feuer die Salamander. Auf menschliche Verhältnisse übertragen, entspräche dem in etwa eine charakterliche Beurteilung des einzelnen nach seinem jeweiligen Wohnort. Sicher spielt der Lebensraum eine nicht unbedeutende Rolle, er ist jedoch längst nicht ausschlaggebend für die innere Zugehörigkeit zu einer bestimmten »Wesensgruppe«.

Es ist in diesem Zusammenhang interessant festzustellen, daß viele Wasserfeen, wie beispielsweise die *Nereiden* und *Najaden* (und wahrscheinlich auch die *Sirenen*, jedenfalls sagt Homer nichts Gegenteiliges), menschliche Gestalt besaßen. Und es könnte durchaus möglich sein, daß der Fisch- oder Schlangenschwanz, der den übrigen Wasserfeen eigen ist, dem körperlichen Makel, also den verdrehten Füßen oder dem hohlen Rücken, der anderen Feen entspricht und als – vielleicht häufiges, aber nicht unbedingt notwendiges – Zeichen ihrer »Übernatürlichkeit« zu werten ist. Denkt man zudem an die zahlreichen Geschichten von Nixen, die zum Dorftanz gehen oder Spinnstuben aufsuchen, so gewinnt man den Eindruck, daß sie ursprünglich wirklich nichts anderes als Feen waren, die sich eben gern zeitweilig im oder am Wasser aufhielten oder dort wohnten.

Wie fließend die Übergänge zwischen den Elementen – Wasser, Erde und Luft – bei den Feen tatsächlich sein können, zeigt sich vielleicht am deutlichsten am Beispiel der indischen *Apsaras:* Auf den ersten Blick Wesen der Luft und des Himmels – ihre eigentliche Wohnstatt war das Paradies des Götterkönigs Indra, dem sie als meisterhafte Tänzerinnen und Sängerinnen dienten –, begaben sich diese bezaubernden unsterblichen Mädchen oft auf die Erde, vor allem, um Askese treibende Yogis zu verführen. Doch stammten sie, wie Schöpfungsmythen berichten, ursprünglich aus dem nassen Element, was sowohl durch die wörtliche Übersetzung ihres Namens, »Wassergeherinnen«, als auch durch frühe bildliche Darstellungen belegt wird, die sie mit einem Lotosstengel in der Hand zeigen. Der Lotos aber ist mit der Seerose verwandt und ein Symbol des Wassers.

Von der großen Vielfalt an Wasserwesen, die nach dem Glauben der meisten Völker in den Meeren, Flüssen und Seen leben, sollen hier also diejenigen behandelt werden, die den Feen in Aussehen und Verhalten so sehr ähneln, daß sie mit Fug und Recht zu deren Familie gerechnet werden können.

Bevor die Wasserfeen nun näher beschrieben werden, folgen zunächst zwei Augenzeugenberichte, die zwar nicht eben neu sind – beide stammen aus dem 18. Jahrhundert –, dafür aber genau datiert. Der erste Bericht ist einem im Jahre 1717 dem englischen König Georg I. gewidmeten naturkundlichen Werk entnommen, der andere wurde 1749 in der *Vossischen Zeitung* zu Berlin abgedruckt.

Das erstgenannte Werk enthält die Beobachtungen und Forschungsergebnisse eines gewissen Baltazar Coyett, weiland Gouverneur der heute indonesischen Insel Amboina. Coyett bildete im zweiten Band seines Buches eine Nixe mit nacktem Oberkörper, Schwimmhäuten zwischen den Fingern und sehr langem Fischschwanz ab und schrieb dazu:

»Ein Monster, das einer Sirene glich, wurde nahe der Insel Borneo gefangen. Es war etwa fünf Fuß groß und glich im Unterkörper einem Aal. An Land, in einem mit Wasser gefüllten Bottich, lebte es vier Tage und sieben Stunden. Von Zeit zu Zeit stieß es kleine Schreie aus, die denen einer Maus ähnelten. Obgleich man ihm kleine Fische, Muscheln, Krabben, Hummer und dergleichen anbot, wollte es nicht essen. Nach seinem Tod fand man einige Exkremente in dem Bottich, die denjenigen einer Katze glichen.«

Die zweite Nixennachricht lautet:

»Nykiöping auf der Insel Moors in Jütland, vom 15. August. Dieser Ort hat die Ehre, der neubegierigen Welt eine Nachricht von einem besonderen Vorfall zu erteilen, welche bisher von vielen für unglaublich gehalten worden, dessen Wahrheit aber nun deutlich zu ersehen ist. Nicht weit von hier, auf einem kleinen an der Westsee gelegenen Striche Landes, Haardbör genannt, haben 4 Fischer in der Nacht zwischen dem 11. und 12. dieses Monats, da sie ihrem Fischfange nachgegangen waren, wider alles Vermuthen, ein sogenanntes Meerweib gefangen. Dieses Meerwunder ist nach oben zu wie ein Mensch, nach unten aber wie ein Fisch gestaltet. Die Farbe des Leibes ist gelb und blaß. Es hat zugeschlossene Augen, am Kopfe lange schwarze Haare, und die Gliedmaßen, welche die Hände vorstellen, sind zwischen den Fingern mit einer Haut, wie die Füße der Gänse, zusammen gewachsen. Man hat Ursache zu glauben, daß dieses Geschöpf noch zu der Zeit, da man es fing, gelebet habe. Denn kurz vorher, ehe die Fischer bemerket, daß in ihrem Garn etwas

Besonderes verwickelt seyn müßte, haben sie eine außerordentliche Menge Dörsche und Heringe gefangen. Weil nun diese Fische sich in diesem Gewässer vorher niemals so häufig haben finden lassen, so urtheilet man, daß sie von dem Meerweibe müssen gejaget worden seyn. Man hat Mühe gehabt, dieses Meerwunder ans Land zu bringen, welches jedoch endlich, mit gänzlicher Grunderichtung des Fischergarns, bewirket worden ist. Die 4 Fischer und andere Einwohner haben seitdem ein ausserordentlich grosses Faß verfertigen lassen, dasselbe mit salzem Meerwasser angefüllet und das Meerweib darein gesetzet. Auf diese Weise hoffet man dasselbe für der Fäulung zu bewahren.«[15]

Derartige Berichte von zufällig gefangenen Nixen gibt es weit mehr als nur diese beiden – einer von ihnen, das *Speculum Regale* aus Island, datiert gar in das 12. Jahrhundert zurück.

Noch sehr viel früher allerdings, nämlich im 8. Jahrhundert vor unserer Zeitrechnung, ist in Homers *Odyssee* von den Sirenen die Rede, zwei jungfräulichen Schwestern, die der Sage nach auf einer Insel des Tyrrhenischen Meeres beheimatet waren. Als Odysseus sich anschickt, die Zauberin Kirke, deren Gast er ein Jahr lang gewesen ist, zu verlassen, warnt diese ihn vor verschiedenen Gefahren, die ihm auf seiner Heimreise begegnen werden:

Erstlich erreichet dein Schiff die Sirenen; diese bezaubern
Alle sterblichen Menschen, wer ihre Wohnung berühret.

Welcher mit törichtem Herzen hinanfährt und der Sirenen
Stimme lauscht, dem wird zu Hause nimmer die Gattin
Und unmündige Kinder mit freudigem Gruße begegnen;
Denn es bezaubert ihn der helle Gesang der Sirenen,
Die auf der Wiese sitzen, von aufgehäuftem Gebeine
Modernder Menschen umringt und ausgetrockneten Häuten.

Auch wenn die Knochenhaufen vielleicht als gelinde Übertreibung gewertet werden können, vermittelt diese Beschreibung doch einige wesentliche Eigenschaften der Wasserfeen: Sie wohnen im oder ganz in der Nähe des feuchten Elementes, sie sind mit lieblichem Gesang begabt, und sie können menschlichen Sterblichen, vor allem Männern, gefährlich werden. Odysseus ließ sich bekanntlich am Mast seines Schiffes festbinden, um sie zwar zu hören, sich jedoch nicht von ihnen betören zu lassen; seine Gefährten aber – denen er offenbar eine geringere Standfestigkeit zutraute als sich selbst –, wies er an, sich die Ohren mit Wachs zu verstopfen.

Am meisten betroffen von Begegnungen mit Nixen waren naturgemäß Seeleute und Fischer. Wenn sie mit ihren Booten unterwegs waren, konnte es ihnen passieren, daß sie an Klippen vorbeikamen, auf denen die überirdischen Wesen saßen und sangen. Ihre Lieder aber waren so süß und herzergreifend, daß die Männer vollständig unter ihren Bann gerieten. Sie achteten nicht mehr auf drohende Untiefen oder tückische Strömungen, ihre Schiffe zerschellten an Felsen, und die Besatzungen ertranken.

Zwei weitere, typische Kennzeichen der Nixen erwähnt Heinrich Heine in seinen berühmten Versen über die Lorelei:

> Die schönste Jungfrau sitzet
> dort oben wunderbar,
> ihr goldnes Geschmeide blitzet,
> sie kämmt ihr goldenes Haar.
> Sie kämmt es mit goldenem Kamme
> und singt ein Lied dabei;
> das hat eine wundersame,
> gewaltige Melodei.[16]

Die Wasserfeen scheinen also in der Regel schön zu sein, haben lange blonde Haare, und als eine ihrer Lieblingsbeschäftigungen wird immer wieder das Kämmen genannt. Um sich dabei bewundern zu können, halten sie in der anderen Hand häufig einen Spiegel. Diese »Äußerlichkeiten« weisen aber tiefer, sie haben eine durchaus symbolische, in diesem Zusammenhang auch magische Bedeutung. Wie eng diese beiden Utensilien mit ihnen in Verbindung gebracht wurden und heute noch werden, geht nicht nur aus unzähligen bildlichen Darstellungen und Portalfiguren hervor. Zahlreichen Märchen und mündlichen Berichten aus dem heutigen Afrika zufolge erlangt man Macht über die eitlen Wesen, wenn man deren Kamm oder Spiegel in seinen Besitz zu bringen vermag.

Die Mende, ein Volk im nordwestafrikanischen Staat

Sierra Leone, kennen eine Wasserfee namens Tingai, die als wunderschöne Frau mit weißer Haut beschrieben wird. Sie lebt im tiefen Wasser eines Flusses und kann zuweilen auf einem Felsen sitzend beobachtet werden, wie sie sich ihre Haare mit einem goldenen Kamm kämmt. Sie ist den Menschen durchaus wohlgesonnen, vorausgesetzt, man begegnet ihr mit Respekt. Schafft man es, ihr den Kamm wegzunehmen, bittet sie mit jeder nur denkbaren Schmeichelei um dessen Rückgabe. Auf keinen Fall aber darf man sich darauf einlassen, weil sonst Armut oder gar der Tod drohen. Statt dessen soll man den Kamm verbrennen und die Asche auf die Kochsteine im Haus streuen. Jedesmal aber, wenn die Tingai kommt, um nach dem Kamm zu fragen, empfiehlt es sich, die Bedingungen zu verdoppeln und sie mit einer Ausrede hinzuhalten. Auf diese Weise kann man von ihr erhalten, was man sich nur wünscht.

Ein schottisches Märchen vermittelt weitere Informationen über die Wasserfrauen. Hier heißt es, daß die schottische Nixe der englischen und walisischen gleiche. Sie sei ein Seewesen, halb Fisch, halb Frau, mit langem aufgelöstem Haar, das sie nachts, auf Uferfelsen sitzend, kämme. Es sei zudem bekannt, daß sie ab und zu ihre Fischhaut ablege. Jeder, der diese finde und verstecke, könne die Nixe damit daran hindern, ins Meer zurückzukehren.

Wie eingangs erwähnt, besitzen oder besaßen jedoch nicht alle Wasserfeen einen Fischschwanz; manche, wie die Lorelei, die homerischen Sirenen und die Nereiden, sahen aus wie normale Frauen. Andere hatten zeitweise einen Schlangenschwanz; wieder andere erschienen gern in Tiergestalt, als Tauben oder, häufiger, als Seehunde. Die letzteren nennt man *Selkies*, und ihre Heimat waren die Schären und Sandbänke. Von dort kamen sie, stets in Gruppen, zu küstennahen Klippen, legten hier ihre Felle ab und sonnten sich als nackte junge Frauen.

Sehr oft aber wurden die Nixen als halb Frau, halb Fisch beschrieben. Auf der ganzen Welt gibt es unzählige Märchen und Sagen von Wasserfeen, die aus irgendeinem Grund ihren Fischschwanz oder ihre sonstige »Kleidung« – Seehundfell oder Schlangenhaut – ausziehen und auf dem Strand oder einem Felsen zurücklassen. Diese Unvorsichtigkeit müssen sie in der Regel damit bezahlen, daß sie gezwungen werden, den Dieb zu heiraten, der sich ihrer Hülle bemächtigt hat. Immer aber erhalten sie durch Zufall ihre Haut wieder und kehren in ihr feuchtes Element zurück. An diesem bereits erwähnten Schwanenjungfrau-Motiv, das in ähnlichem Maße auch auf die anderen Feen zutrifft, läßt sich die wesensmäßige Identität der Wasser- und Landfeen erkennen – zumal die Nixe in solchen Geschichten ja hauptsächlich »auf dem Land« zu tun hat.

In einem griechischen Märchen beispielsweise ist von einer Nereide die Rede, welcher ein Mann, der sie heiraten möchte, das Tuch entwendet, mit dem sie sich zu umhüllen pflegt. Aber anstatt den Rat einer weisen alten Frau zu befolgen, die ihm empfohlen hatte, das Tuch in den Backofen zu werfen und zu verbrennen, versteckt er es und heiratet die Wasserfee.

Die Nereide ist von nun an immer betrübt, lacht und singt nicht mehr und macht sich auch nichts mehr aus dörflichen Festlichkeiten. Als sie ihren Mann vor einer Tanzveranstaltung wieder einmal inständig bittet, ihr doch das Tuch zurückzugeben, gibt er, der ihren Kummer nicht länger mit ansehen kann, schließlich nach. Zuvor jedoch nimmt er ihr das Versprechen ab, ihn nicht zu verlassen. Freudestrahlend zieht sie sich nun um und geht – auf einmal wieder vergnügt und lebensfroh – mit ihrem Mann zu dem Fest. Dort beginnt sie ein Lied zu singen, das so süß ist, daß es die Herzen aller ergreift, dann dreht sie sich im Tanz dreimal im Kreis, schwingt sich in die Lüfte und verschwindet auf Nimmerwiedersehen.

Die Nereiden waren nach der griechischen Mythologie ursprünglich die fünfzig Töchter des freundlichen greisen Meeresgottes Nereus, die bei ihrem Vater in der Tiefe des Wassers in silbernen Grotten wohnten und dort viele Stunden des Tages mit Spinnen zubrachten. Sie waren nicht gefährlich, halfen vielmehr den Schiffern in den verschiedensten Situationen, lotsten sie durch gefährliche Untiefen und an Klippen vorbei, pflegten aber die Menschen, vor allem die Männer, auch gerne zu necken.

Bis auf den heutigen Tag gehören die Nereiden in Griechenland durchaus zum Volksglauben. Sie wohnen nicht mehr nur im Meer, sondern vor allem in Quellen, Flüssen und Brunnen, und sie sollen, wie die anderen Feen, Kinder der Sterblichen stehlen und gegen eigene austauschen. Noch heute murmeln alte Griechinnen, wenn sie einen Wirbelwind sehen – er gilt als Verkörperung der Nereiden: »Milch und Honig auf euren Weg!« Und selbst Bauern behaupten mitunter, die Wasserfrauen gesehen zu haben, wie sie tagsüber ihre Kleider auf sonnigen Klippen trocknen und nachts im Mondenschein fröhliche Tänze auf der Wasseroberfläche veranstalten.

Doch nicht nur die Nereiden, sondern die Nixen ganz

allgemein lebten nicht nur im Meer, sondern genauso in Binnengewässern, wie Flüssen, Seen, Teichen und Brunnen. Daß auch in Deutschland die Wasserfeen gern in Quellen und Flüssen hausten, beweisen unter anderem die noch immer zahlreich vorhandenen »Nymphenquellen«, zum Beispiel der Neckar (dessen Name sich von »Nöck« herleitet, der männlichen Form von »Nixe«) und der badische Mummelsee, der nach dem gleichnamigen Flußgeist benannt wurde.

Solche Gewässer unterstanden dem besonderen Schutz der Wasserfeen, und in vielen Gegenden war es früher üblich, die »Besitzerin« einer Quelle ehrerbietig zu grüßen oder sie gar um Erlaubnis zu bitten, bevor man Wasser schöpfte. Heutzutage mag eine solche Sitte vielleicht merkwürdig anmuten, aber schwingt in ihr nicht eine gewisse Ehrerbietung für die Schöpfung mit? Quellen sind ein unschätzbares Gut, die Feen achteten sehr darauf, daß sie sauber gehalten und von niemandem mutwillig verunreinigt wurden. Ein solches Vergehen ahndeten sie mit strengen Strafen.

Wenn Wassernymphen eine engere Beziehung zu Sterblichen eingehen, so geschieht dies in der Regel auf Betreiben des Mannes hin: Er ist es zumeist, der die Verbindung wünscht, nicht die Fee. Zuweilen muß der Mensch gar nicht die Fischhaut oder das Gewand der Nixe stehlen, um diese schließlich zu gewinnen. Die Wasserfee willigt allerdings nur ein, ihn zu heiraten, wenn er ihr verspricht, sich an eine bestimmte Abmachung zu halten. Diese Vereinbarung lautet beispielsweise, daß er sie nicht mit einem eisernen Gegenstand dreimal schlagen, ihren Namen aussprechen oder sie dreimal beleidigen darf. In allen diesen Märchen geschieht – fast nie aus böser Absicht, sondern aus Zufall – genau das, was eigentlich hätte unterbleiben sollen, und die Wasserfee verschwindet wieder in ihrem Element.

Ein brasilianisches Märchen, das in manchen Teilen nicht mehr authentisch zu sein scheint, erzählt von einer Nixe, einer schönen Frau mit goldenen Haaren, die in der Nacht einem erfolglosen Fischer dabei hilft, eine große Menge Fische zu fangen. Er verliebt sich in sie, und auch sie möchte ihn gern heiraten – wenngleich unter der Bedingung, daß er sich niemals im Zorn gegen sie oder die Meeresbewohner wende.

Alles geht gut, und die beiden leben glücklich miteinander, nur ist die Nixe in bestimmten Vollmondnächten ungewöhnlich traurig und verbringt ihre Zeit damit, aufs Meer zu schauen und klagend zu singen. Eines Tages erbost sich ihr Mann über dieses Verhalten, bricht sein Versprechen und beschimpft sie. Daraufhin erhebt sich eine große Flutwelle und schwemmt das Haus mit allem, was darin ist, ins Meer. Der Mann vermag mit Müh und Not noch in die Berge zu entkommen und muß von dort aus mit ansehen, wie sein ganzes Hab und Gut vernichtet wird. Seine Frau aber bleibt verschwunden.

In dem obengenannten Märchen möchte die Nixe von sich aus den Fischer heiraten, doch in der Regel ist ein wesentliches Charakteristikum praktisch aller »echten« Geschichten dieses Typs, daß die Nixe nie auf eigenen Wunsch oder aus eigenem Antrieb einen Sterblichen ehelicht. Und fast immer ist sie froh, ihrer widerwillig eingegangenen Ehe wieder zu entrinnen – wenn sie auch häufig sehr an ihren Kindern hängt.

Frühen Texten ist dagegen zu entnehmen, daß die Nixen gerne Menschenmänner zu sich hinab in die Tiefe ziehen und dort zu halten versuchen. So schrieb der griechische Dichter Theokrit im 3. Jahrhundert v. Chr. von drei Nymphen und dem blonden Jüngling Hylas, der Wasser aus ihrer Quelle schöpfen wollte:

Nieder zur Quelle senkte der Junge den mächtigen Eimer,
wollte ihn eintauchen; aber da packten die Hand ihm die Nymphen.
Hatte doch Liebe zu dem argeischen Jüngling bei allen
zärtliche Neigung geweckt; so glitt er ins düstere Wasser ...

Doch auch in späterer Zeit erzählten Dichter immer wieder von dieser Liebe der Nixen zu irdischen Männern. Wer kennt nicht Goethes »Fischer«, der von einer Seejungfrau mit süßen Worten dazu verleitet wird, zu ihr hinabzukommen:

Das Wasser rauscht', das Wasser schwoll,
Netzt' ihm den nackten Fuß;
Sein Herz wuchs ihm so sehnsuchtsvoll,
Wie bei der Liebsten Gruß.
Sie sprach zu ihm, sie sang zu ihm,
Da war's um ihn geschehn:
Halb zog sie ihn, halb sank er hin,
Und ward nicht mehr gesehn.

Das gleiche gilt im übrigen auch für Wassermänner und Nöcks, die sich gern Bräute unter den Menschen aussuchten. Da Nixen, Undinen, Sirenen, Nereiden und andere Wasserfeen fast nur als weibliche Wesen auftreten, soll aber von den männlichen Wasserwesen hier nicht weiter die Rede sein. Es heißt zwar zuweilen, die Nixen lebten in Familienverbänden unter Wasser, oft zusammen mit einem König oder ihrem strengen Vater, dem Wassermann, doch scheinen Familie und Männer in der Regel eine zweitrangige – oft später eingefügte – Rolle zu spielen. Die Natur und alles, was mit ihr zusammenhängt, wurde früher in erster Linie als weiblich erlebt. Das Weibliche keimte und trug Frucht, es gebar und sicherte den Fortbestand von Pflanze, Tier und Mensch. Darum waren es zunächst vermutlich auch weibliche Geistwesen, welche die Schöpfung beseelten.

Ebensowenig original, und vielleicht vom Christentum beeinflußt, scheinen Beschreibungen zu sein, die Wasserfeen grüne Haare oder Zähne und ähnliche Absonderlichkeiten andichten; im allgemeinen heißt es nämlich, sie seien bezaubernd schön. Darüber hinaus werden sie in manchen Gegenden, etwa in Schlesien, als von kleiner Gestalt beschrieben, »wie Kinder, die nur bis an den Tisch reichen«. Wie sehr sie nach einigen Schilderungen den anderen Feen gleichen, sieht man an der folgenden Geschichte aus Graubünden:

Die Sennen der umliegenden Alpen hörten an schönen Abenden und in der Morgenfrühe öfter einen lieblichen Gesang. Keiner wußte, woher die anmutigen Klänge kamen, und sie glaubten nachgerade, es seien die Engel im Himmel, die sie vernähmen. Da kam ein Hütejunge und erzählte ihnen, daß sich in einem Gebirgssee einige Nixen herumtrieben und so lieblich sängen. Die Sennen aber, die von nun an häufig die Wasserfeen belauschten und ihnen bei ihren Spielen zusahen, erfreuten sich an ihrem verlockenden Gesange wie an ihren zierlichen Gestalten. Die Wasserfeen waren klein, sehr hübsch und trugen Flossen zum Schwimmen, die wie kleine Flügel aussahen.

Ihre Sprache verstand niemand, und sie ließen sich auch in keine Gemeinschaft mit den Menschen ein. Diese jedoch schätzten sie als Wetterpropheten: Wenn sie eines Tages nicht an der Oberfläche des Wassers erschienen, konnte man mit Sicherheit davon ausgehen, daß die Witterung sich zum Schlechteren wenden würde. War der Himmel hingegen ganz wolkenfrei, sah man sie auf dem blauen Wasserspiegel ihre fröhlichen Tänze aufführen, die sie immer mit ihrem herrlichen Gesang begleiteten. Ihre Ernährung aber bestand aus den Forellen, die es im See in reichlicher Menge gab.

Selten sind die Aussagen über die Sprache der Nixen, häufiger dagegen ist von der Art und der Farbe ihrer Kleidung die Rede. Hier reichen die Angaben von Weiß über Wasserblau bis, seltener, zu Rot. Die Wassernymphen oder Weißen Frauen – bei den Polen *Vodni Panny*, »Wasserherrinnen«, genannt – trugen mit Vorliebe grüne durchsichtige Gewänder.

Wenn eine Wasserfee als Frau verkleidet an Land ging, konnte sie der geübte Blick zwar untrüglich am feuchten Saum des Kleides erkennen, trotzdem aber liebten es die Nixen zuweilen, ihr nasses Element zu verlassen. Da sie nämlich mit den anderen Feen eine große Vorliebe für das Tanzen teilten und dabei nicht immer nur unter sich bleiben wollten, pflegten sie sich zu mehreren zum

Dorftanze einzufinden. Hier glänzten sie durch besonders anmutige, schwebende Bewegungen und waren deshalb, sowie wegen ihrer übermenschlichen Schönheit, außerordentlich begehrte Partnerinnen.

Die Nixen sollen bevorzugt in der Johannisnacht zum Tanzen erschienen sein: genau wie die anderen Feen – und wie die Hexen. In alemannischen und schwäbischen Märchen gingen sie allerdings statt zum Tanzboden in die Spinnstuben, um dort den Mädchen und Frauen bei der Arbeit behilflich zu sein. Sie waren lieb und freundlich, nur wollten sie nicht gefragt werden, woher sie stammten. Respektierte man diesen unausgesprochenen Wunsch nicht, kehrten sie nicht wieder.

Auch in der Neumark, östlich der Oder im heutigen Polen, wurden die Nixen mit dem Spinnen in Verbindung gebracht. Sie waren kleine Wesen in weißen Gewändern, die altmodische Spindeln in den Händen hielten. So tanzten sie auf dem Wasser und glichen dabei den Blütenköpfen der Teichrose, die deshalb auch den Namen Nixenblume trägt.

In vielen Gegenden und Ländern hielt man bestimmte Tage des Jahres für besonders gefährlich, da an ihnen die Wasserfeen oder Wassermänner ihren Tribut verlangten. Für unsere Breiten wird in diesem Zusammenhang wiederum der Johannistag am häufigsten angeführt. Es hieß, an diesem Tage sei ein Opfer gefordert, und zwar entweder ein »Schwimmer« oder ein »Klimmer«, weswegen man weder in einem Gewässer baden noch auf einen Baum klettern, über keine Brücke gehen und sich am besten überhaupt vom Wasser fernhalten solle.

Oft genug aber waren Menschen, die an solchen Tagen ertranken, selbst für ihr Schicksal verantwortlich, weil sie die Nixen geärgert oder verspottet hatten. So etwas vertrugen die Wasserfräulein genausowenig wie alle anderen Feen und reagierten ausgesprochen empfindlich darauf. In Küstengegenden zog ein solches Vergehen als Strafe häufig eine Sturmflut nach sich, die über den Landstrich, in welchem der Frevler lebte, hereinbrach. Doch rächten sich die Wasserfeen zuweilen auch an einzelnen Personen, die ihnen Ungemach bereitet hatten.

Nahe bei Girvan in Schottland stand am Meer ein altes, großes Haus. Vor diesem lag ein großer Stein direkt am Ufer. Dort pflegte nachts eine Nixe zu sitzen und sich ihr langes blondes Haar zu kämmen und dabei zu singen. Die Herrin des Hauses aber fühlte sich von dem Gesang gestört, weil sie befürchtete, daß ihr kleiner Sohn davon aufwachen würde. Schließlich fiel ihr ein, wie sie die Wasserfee vertreiben konnte, und sie befahl ihren Knechten, den großen Stein zu zertrümmern. Als in der Nacht darauf die Nixe wie gewohnt erschien und sah, was geschehen war, verfluchte sie das Kind der Übeltäterin mit den Worten:

»Weine du, Frau, um deinen Sproß,
ich weine um meinen Stein.
Dies sage ich: Kinderlos
wird Haus Knockdolion fortan sein.«

Bald darauf aber fand man die Wiege umgestürzt und das Kind tot darunter liegen. Und nicht lange danach, so erzählt man sich, erlosch auch die Familie.

Die Wasserfrau tötet in dieser Geschichte aus Rache an der Mutter das Baby; im allgemeinen sollen die Nixen nach Art aller Feen Kinder eher gestohlen und gegen eigene ausgetauscht, als ihnen geschadet haben. Solche von den Wasserfeen stammenden Wechselbälger wurden in Deutschland unter anderem als »Kielkropf«, »Wasserkopp«, »Wassertücker« oder »Wassermensch« bezeichnet. Ihr besonderes Kennzeichen war ein unförmig großer Kopf. Ansonsten glichen ihre Merkmale denen der anderen Wechselbälger. Eine solche Kindesvertauschung konnte sich meist dann ereignen, wenn die junge Mutter aus irgendeinem Grund mit ihrem Baby neben einem Gewässer weilte und einen Augenblick lang nicht aufpaßte.

Natürlich gab es verschiedene Methoden, wie man sich gegen einen solchen Übergriff schützen oder sich überhaupt gegen die Nixen zur Wehr setzen konnte. So wurden ein an der Brust getragenes Edelweiß, ein im Zimmer gehaltener Vogel oder auch an der Tür aufgehängte Zauberpflanzen, besonders Dost, Dorant und Johanniskraut, empfohlen. Sie sollten, wie der Knoblauch bei Vampiren, die Geistwesen am Eindringen ins Haus hindern.

Da die Nixen jedoch auch über magische Fähigkeiten verfügten – so konnten sie wie die anderen Feen beispielsweise die Zukunft und das Wetter vorhersagen, sich verwandeln und in gewisser Weise »hexen« –, war es auf jeden Fall von Vorteil, sich mit ihnen auf guten Fuß zu stellen. Deshalb wurden ihnen vielerorts regelmäßig Opfer dargebracht. Um sie günstig zu stimmen, warf man ihnen Blumen und Brot ins Wasser. Und jedem geläufig ist der Brauch, in bestimmte Brunnen

Münzen zu werfen, weil dies Glück bringen soll! Der eigentliche Sinn einer solchen Handlung, sich nämlich des Wohlwollens der Brunnenfeen zu versichern, ist verlorengegangen – der rituelle Akt selbst blieb, allerdings mit veränderter Bedeutung, erhalten.

Als im Jahre 1641 der Blautopf in Blaubeuren überlief, zog eine lange Prozession zu ihm hin, und man opferte der Quellnymphe goldene Becher und andere Kostbarkeiten, um sie zu versöhnen. Ein solches Verhalten war aber keineswegs etwas Ungewöhnliches und ist ebenfalls aus vielen anderen Ländern bekannt.

In Siam, auf Sumatra und in Tibet durfte man kein Gewässer überqueren, ohne vorher den Wasserfeen ein Opfer dargebracht zu haben. Aber auch in anderen Teilen Asiens und in Südamerika glaubte man, daß die Gewässer von weiblichen Wassergeistern bewohnt seien, die unseren Nixen verblüffend ähnelten und denen man zu bestimmten Gelegenheiten opfern mußte, um sie gnädig zu stimmen oder sich eine sichere Überfahrt zu »erkaufen«.

Überall auf der Welt erzählten die Menschen von Wasserfeen und von ihren Beziehungen zu den Sterblichen. In Ozeanien, an der Torresstraße zwischen Neuguinea und Australien, lebte einst eine Nixe namens Dorgai, die jede beliebige Gestalt annehmen konnte. Sie ertränkte zuweilen gutaussehende Frauen, auf die sie eifersüchtig war, weil sie die hübschen Burschen und Männer ganz für sich allein haben wollte.

Auch in antiken Reiseberichten werden immer wieder Nixen erwähnt. Nearchos, der Jugendfreund und Flottenbefehlshaber Alexanders des Großen, berichtet von einer Insel im Indischen Ozean, auf der eine Nereide leben sollte. Und sowohl der römische Philosoph Seneca wie sein nicht minder berühmter Landsmann Ovid erwähnen in ihren Werken die Najaden – Wassernymphen, die in Brunnen und Quellen lebten und ständig darauf aus waren, sterbliche Männer zu verführen.

So könnten für alle Gegenden der Welt Aussagen angeführt werden, die letztlich alle nur eines zeigen: Gleichgültig, ob sie Nixen, Sirenen, Nereiden, Najaden, Undinen, See- oder Meerjungfrauen heißen, um nur einige der in Europa gebräuchlichen Namen zu nennen, die Wasserfeen gleichen sich vom Charakter, vom Äußeren her und hinsichtlich ihres Verhaltens in verblüffender Weise – und gleichzeitig auch ihren auf dem Land wohnenden Schwestern. Wie lebendig der Glaube an sie aber in manchen Teilen der Welt heute noch ist, in welch engem Kontakt die Menschen immer noch zu ihnen stehen, zeigen die nun folgenden Abschnitte, die Nixen aus Schwarzafrika, darunter vor allem der Wasserfee Mami Wata, gewidmet sind.

Mami Wata ist in mehr als achtzehn Ländern Afrikas von Senegal bis Tansania bekannt.[17] Überall dort wird sie verehrt und gefürchtet. Sie wirkt in gleicher Weise ausgesprochen anziehend wie furchterregend – und besitzt eine weiße Hautfarbe.

In Palästen auf dem Meeresgrund soll sie hausen und dorthin bestimmte Auserwählte mitnehmen, die sie mit köstlichen Speisen und Getränken bewirtet. Glücklich ist ein derartig Bevorzugter, solange er nicht versucht sich dem Einfluß der schönen Nixe zu entziehen. Jeder, der ihre Gunst zu verschmähen wagt, wird nämlich mit Krankheit oder gar dem Tod bestraft.

Inzwischen ist in zahlreichen Ländern ein regelrechter Kult entstanden, der es dem von Mami Wata »Befallenen« mit Hilfe eines Priesters oder Schamanen ermöglichen soll, sich auf glimpfliche Weise von der gefährlichen Zuneigung der Fee zu befreien.

Mami Wata ist aber keineswegs die einzige noch heute auf dem schwarzen Kontinent lebende Wasserfee, sondern lediglich eine der bekanntesten. Überall in Schwarzafrika gibt es Nixen; sie sind unter verschiedenen Namen bekannt, ähneln sich aber im großen und ganzen sehr und haben sich im Bewußtsein der Einheimischen höchst lebendig und gegenwärtig gehalten.

Doch bleibt die Beziehung der Menschen zu ihnen zwiespältig. Zwar gewähren sie den von ihnen Bevorzugten ein langes Leben, Reichtum, Schutz und übernatürliche Kräfte, dafür verlangen sie aber regelmäßig – wie praktisch alle Feen auf der Welt – »weiße« Opfer: Tücher, Reismehl, Kalkstaub und Hühner. Werden ihre Wünsche nicht peinlich genau beachtet, stürzen sie den unseligen Auserwählten ins Unglück.

Deshalb meiden die meisten Menschen die Plätze, an denen die Nixen mit Vorliebe auftauchen – vor allem Flußmündungen. Träumt jemand von einem weißen Fisch, so bedeutet dies, daß eine dieser Nixen etwas von ihm möchte, und der Betreffende tut gut daran, schleunigst einen weisen Mann aufzusuchen, um Näheres über die Wünsche der Wasserfee zu erfahren. Diese Nixen zeichnen sich fast alle durch helle Haut und blaue Augen aus, und ihre Haare sind lang und blond. Sie können sich nach Belieben in Tiere oder andere Wesen verwandeln, und nicht selten verlangt es sie danach, einen Sterblichen zu ehelichen.

Doch zurück zu Mami Wata.[18] Wie es heißt, erhalten manche Auserwählte von dieser Wasserfee die Fähigkeit, sich in Windeseile von einem Ort zum anderen zu begeben, und neben anderen Gunstbeweisen manchmal die Gabe, die Zukunft vorauszusehen. Hauptsächlich wegen dieser angenehmen Geschenke – und trotz aller damit verbundenen Risiken und Gefahren – wird Mami Wata durchaus nicht von allen gemieden.

Manche Männer erkundigen sich sogar bei dem einen oder anderen Medizinmann, auf welche Weise sie mit ihr in Kontakt treten können. Dieser rät ihnen dann zum Beispiel, sich von Frauen fernzuhalten und Tabak oder Alkohol zu meiden. Zuweilen gibt er ihnen einen kleinen Kamm, mit dem man, wie er sagt, Mami Wata anlocken und von ihr bestimmte Güter erlangen kann.

Mami Wata erscheint den Menschen auch häufig in Träumen. So erklärte ein Liberianer, daß sie ihm in Form einer Schlange erscheine, die sich dann in eine wunderschöne weiße Frau verwandle. Immer aber bringe sie Geld mit.

Ein Priester erzählte dem Ethnologen Tobias Wendl vor wenigen Jahren folgende interessante Geschichte über seine Begegnung mit Mami Wata:

»Ich ging noch zur Schule, da mußte ich eines Tages im Unterricht immer lachen. Die anderen haben mich angesehen, und auch ich habe gemerkt, daß ich lache, aber ich wußte nicht warum. Außerdem konnte ich nichts dagegen tun. Dann kam eine weiße Frau in unser Klassenzimmer. Niemand außer mir konnte sie sehen. Sie war wunderschön. Wir haben uns angesehen und lange gelacht. Als die Frau ging, bin ich ihr gefolgt bis zu einem Fluß, wo sie verschwand. Ich habe überall nach ihr gesucht, aber ich konnte sie nirgends mehr finden. Erst Monate später sah ich sie wieder, diesmal am Meer. Plötzlich stieg sie aus der Brandung empor. Vor ihr gingen zwei Diener, die auf einer Sitar indische Liebeslieder spielten. Die Frau begrüßte mich und fragte, ob ich mit auf ihr Schiff kommen wolle. Ich willigte ein. An Bord wimmelte es von Schlangen, von großen und kleinen. Die Frau servierte mir ein köstliches Mahl. Anschließend bereitete sie mir aus bunten Tüchern ein Bett, und wir machten Liebe.«

Ein anderer Priester hatte seine erste Vision von Mami Wata als junger Soldat, während eines Kampfes:

»Mitten im Gefecht, die Rebellen waren ganz nahe, verspürte ich unsäglichen Durst. Ich stahl mich von der Truppe weg und kroch auf dem Bauch an einen nahen Bach. Ich bückte mich und begann zu trinken. Plötzlich wurde mir schwindlig, und ich sah eine wunderschöne weiße Frau vor mir. Sie sagte, ich solle ruhig weitertrinken, sie selbst würde mich beschützen.«

Erst dreißig Jahre später hatte derselbe Priester eine zweite Begegnung mit Mami Wata, die ihn bei der Hand nahm und ihm offenbarte, daß sie es gewesen sei, die ihm während der ganzen langen Zeit zur Seite gestanden und dafür gesorgt habe, daß es ihm nie an etwas fehlte. Jetzt aber solle er ihr dafür dienen. Auf seine Frage schließlich, wer sie sei, nannte sie ihren Namen. Am selben Abend suchte der Mann Rat bei einer weisen Frau.

Ein letzter Bericht am Ende dieses Kapitels zeigt, daß Mami Wata sich auch an eine ganze Familie, nicht nur an eine Person, binden kann:

B's Vater hatte Mami Wata erstmals gesehen, als er eines Nachmittags ein Feld rodete. Mami Wata forderte ihn auf, ihr zu folgen. Er tat es, und sie hatten Geschlechtsverkehr. Danach kam Mami Wata jede Freitagnacht in die Hütte des Vaters und machte ihn reich. Der Vater wurde ein vermögender Mann, er wurde Klanoberhaupt, konnte sich zwanzig Ehefrauen leisten und brachte es so auf eine stattliche Nachkommenschaft von beinahe sechzig Enkeln. Zweimal jährlich brachte der Vater Mami Wata ein Opfer am Flußufer dar: Er tötete ein weißes Schaf und ließ das Blut ins Wasser fließen; das Fleisch wurde von den Frauen anschließend zubereitet, und die Familie hielt ein Festmahl. Im Jahre 1942 starb der Vater früh und unerwartet. Und man argwöhnte, er habe eines von Mami Watas Geboten übertreten. B. war zu diesem Zeitpunkt ein Schuljunge. Er berichtet, daß in den Folgejahren immer wieder ein Familienmitglied von Mami Wata heimgesucht wurde. Im Jahre 1960 traf es schließlich ihn selbst. Er war bereits verheiratet und arbeitete als Regierungsinspektor. Mami Wata erschien ihm und forderte ihn auf, mit ihr zu kommen. Sie war jung, hübsch und weißhäutig, und ihr langes wallendes Haar fiel weit über den Nacken. B. folgte ihr, und sie brachte ihn in ein Unterwasserhaus, wo sie Geschlechtsverkehr hatten. Bei ihrem Abschied verlangte Mami Wata, daß B. in Zukunft weder rauche noch trinke.[19]

Als er doch weiter Alkohol trank, bekam B. so großen Ärger mit Mami Wata, daß er schließlich einen Priester konsultierte, um sich von der Wasserfee zu befreien. Dessen Behandlung jedoch schlug fehl, und B. rührte künftig weder Tabak noch Alkohol an und hielt sich von sterblichen Frauen fern.

SECHSTES KAPITEL

Berühmte Feen in Leben und Literatur

Frühe schriftstellerische Ehren: Feenpersönlichkeiten wie Melusine, Morgane und Titania betreten die Bühne der Öffentlichkeit.

Für alle Naturgeister gilt im wesentlichen, daß zwar bestimmte – auch noch so kleine – Gruppen von den Menschen einen Namen erhalten haben, den einzelnen Individuen aber, die diese Gruppen ausmachen, nur selten eine eigene Persönlichkeit zugeschrieben wurde. Man spricht von *den* Selkies, *den* Nixen, *den* Gnomen, Wilden Fräulein, Elfen und Zwergen. »In diesem Berg lebte ein Zwerg ...« oder »Zu dieser Familie kamen des Nachts die Heinzelmännchen ...« sind gängige Formulierungen älterer Märchen oder Berichte. In – gemessen an der Gesamtzahl – sehr wenigen »echten« Erzählungen hat der Gnom oder das Heinzelmännchen einen eigenen, persönlichen Namen. Ist dies aber der Fall, wie beispielsweise bei Rumpelstilzchen, kann man in der Regel davon ausgehen, daß die Geschichte in späterer Zeit überarbeitet worden ist.

In Gegenden, in denen der Glaube an Feen noch lebendig ist, spricht man von *den* Feen, die im Wasser, auf Bergen oder Bäumen leben – nicht von einer bestimmten Fee, die einen Namen besitzt und sich durch ein bestimmtes Verhalten oder gar eine besondere Biographie vor den anderen auszeichnet. Eine solche Personifizierung setzt eine Weiterentwicklung des ursprünglichen Stoffes voraus: Sie hebt diese eine Fee aus der Masse der übrigen heraus und umgibt sie mit einer eigenen Geschichte.

»Am Anfang«, bei uns also in längst vergangenen Tagen, stand sicherlich das Wissen, daß sich an einem bestimmten Platz eine oder mehrere Feen aufhielten. Diese schlichte Feststellung wurde im Laufe der Zeit mit Berichten über ihr Treiben und über die Erlebnisse ausgeschmückt, die Sterbliche mit ihr oder ihnen hatten. Noch später entwickelte sich daraus dann eine regelrechte Geschichte, eine Art Lokalsage, in der die »Hauptfee« einen individuellen Charakter und einen Namen erhielt.

Sobald man schließlich dazu überging, derartige Sagen schriftlich zu fixieren, stattete man die jeweilige Fee noch stärker mit individuellen Zügen aus, um ihre Person und Geschichte für den Leser interessanter zu machen. Nach und nach und von Autor zu Autor kam dann ein wenig mehr Material hinzu, neue Elemente wurden in die Erzählung integriert, und die Beschreibung der Fee geriet immer ausführlicher und entfernte sich zunehmend vom Urstoff.

Bei alledem läßt sich dennoch erkennen, daß die aus dem Herzen des Volkes stammenden Feenmärchen trotz aller Zusätze viel von ihrer Ursprünglichkeit und ihrer Echtheit bewahren konnten. Und ebenfalls ganz generell läßt sich sagen, daß je naturverbundener und weniger vom modernen naturwissenschaftlichen Denken beeinflußt ein Volk ist, desto »echter« sind auch seine Geschichten. Nicht umsonst stammen die meisten in diesem Buch zitierten europäischen Märchen aus Irland und Schottland. Sobald die Menschen aber anfangen, sich ihrer Traditionen zu schämen, weil sie sie für altmodisch und hinterwäldlerisch halten, macht die ursprüngliche Natürlichkeit in den Märchen gekünstelter Leblosigkeit Platz.

Wieviel mehr aber gilt dies für die Literatur, die nicht mehr direkt aus dem Volk kommt, sondern für die höheren, gebildeten Schichten geschrieben wurde – und teilweise noch wird. Obschon es natürlich gerade in früheren Zeiten durchaus der Fall war, daß sich ein Schriftsteller im Wald oder Garten erging oder seinen täglichen Morgen- oder Abendspaziergang vor den Toren seines Heimatortes zu machen pflegte, hatten doch nur sehr wenige von ihnen einen so engen Kontakt zur Natur wie beispielsweise die Bauern. Alles, was sie daher über Feen schrieben, stammte sozusagen aus zweiter Hand und wurde so lange umgearbeitet, bis es ihren literarischen Ansprüchen genügte.

So sind es strenggenommen »literarische« Feen, von denen im folgenden die Rede sein soll, doch dürften den meisten Erzählungen alte Feenmärchen zugrunde liegen, die sich an einen bestimmten Ort und eine bestimmte Fee knüpfen.

Es ist natürlich vollkommen unmöglich, in einem einzigen Kapitel einen Überblick über sämtliche Werke zu geben, in denen Feen eine Rolle spielen. Deshalb wurden hier – in größtenteils chronologischer Reihenfolge – besonders charakteristische Beispiele ausgewählt, die mitunter zeigen, daß die Feen je nach Zeit und Autor zu den unterschiedlichsten Zwecken in die Literatur integriert wurden und dabei auch als Allegorie, als Ideal und als Stilmittel dienen konnten.

Unerwähnt bleiben dabei zwangsläufig eine ganze Reihe von Werken, die von »namenlosen« Feen handeln, wie etwa Ludwig Tiecks *Elfenmärchen* oder Christoph Martin Wielands *Pervonte*, daneben einige Phantasiefeen, wie Tinker Bell (»Glöckchen«) in Sir James Matthew Barries *Peter Pan* und Rosabelverde in E. T. A. Hoffmanns *Klein Zaches*, sowie einige allzu schöpferisch »bearbeitete« Feen – wie beispielsweise die französische Vouivre, über die Marcel Aymé einen Roman schrieb. Von ihr, deren Name »Schlange« bedeutet, sagte man, sie habe immer eine Krone mit einem großen leuchtenden Rubin im schwarzen Haar getragen und in den Seen und Flüssen Frankreichs gebadet. Niemand habe ihr den Edelstein wegnehmen dürfen, sonst sei er sofort von Tausenden von Schlangen verfolgt worden.

Auch auf die Fee Peri Banu, deren Geschichte in den Märchen aus Tausendundeiner Nacht erzählt wird, soll hier nicht weiter eingegangen werden. Sie gehört zwar zu den bekannten Feen, und das von ihr herbeigezauberte handtellergroße Zelt, unter dem doch ein ganzes Heer Platz findet, ist schon beinahe sprichwörtlich geworden – doch spielt sie im Rahmen des sehr umfangreichen Märchens doch eher eine untergeordnete und recht leblose Rolle. Und da ihre Person und die sich um sie rankende Erzählung für die Entwicklung des Feenglaubens eher unwesentlich sind, schien es vertretbar, sie zu übergehen.

Melusine – eine Wasserfee von wahrem Adel

Die möglicherweise von der Insel Zypern stammende Sage über die Fee Melusine wurde vermutlich zum erstenmal um das Jahr 1200 von Gervasius von Tilbury erzählt. Bereits Anfang des 14. Jahrhunderts führte das französische Adelsgeschlecht Lusignan eine Nixe in seinem Wappen und beauftragte Jean d'Arras, ein Gedicht über die sagenhafte Ahnfrau der Familie, die »Mère Lusine«, zu schreiben.

Sehr schnell fand die Geschichte der Wasserfee durch Volksbücher Verbreitung, erfreute sich außerordentlicher Beliebtheit und gelangte durch eine Übersetzung des Berner Ratsherren Thüring von Ringoltingen im 15. Jahrhundert in den deutschsprachigen Raum. Mehrere andere Dichter benutzten in der Folgezeit die Vorlage zu eigenen Bearbeitungen. Die berühmteste stammt von Ludwig Tieck, dessen Melusine-Märchen die Grundlage dieser Nacherzählung bildet.

Es war einmal ein junger Mann namens Raymund, der eines Tages mit seinem Vetter im Wald auf die Jagd ging. Als der Vetter von einem Wildschwein verletzt wurde, versuchte Raymund das Tier mit Pfeil und Bogen zu erschießen, traf aber unglücklicherweise statt dessen den bereits Verwundeten und tötete ihn. Verzweifelt und unschlüssig, was er nun tun solle, irrte Raymund im Wald umher und ließ sein Pferd laufen, wohin es wollte.

So gelangte er zu einer Quelle, die neben einem Felsen entsprang, dort standen auf einem idyllischen freien Platz drei weißgekleidete Frauen mit langen blonden

Haaren, eine schöner als die andere. Die schönste aber sprach den traurigen Mann an, kannte erstaunlicherweise bereits seinen Namen und wußte auch von dem Tod des Vetters und seinen anderen Lebensumständen. Sie tröstete ihn mit zärtlichen Worten, versprach, ihm zu helfen, und prophezeite ihm, er würde mit ihrem Beistand reich und mächtig werden.

Als Raymund sie verwundert fragte, was er denn tun müsse, um eine solche Gabe zu verdienen, antwortete sie: »Raymund, Ihr sollt mir schwören, daß Ihr mich zum ehelichen Gemahl nehmen wollt, aber an keinem Sonnabend weder nach mir fragen dürft, noch Euch sonst um mich bekümmern, sondern diesen Tag muß ich ganz ausdrücklich für mich behalten, worauf ich Euch aber wieder schwöre, nichts zu tun, noch mich am selbigen Tage irgend an einen Ort zu verfügen, der Eurer Ehre nachteilig sein könnte.«

Nun, Raymund versprach ihr freudigen Herzens, was sie verlangte, die schöne Fee half ihm, den Tod seines Verwandten als Jagdunfall hinzustellen, und kurz darauf feierten sie eine prächtige Hochzeit, denn Melusine war über die Maßen reich. Sie ließ als erstes ein großes Schloß erbauen, dem sie den Namen Lusinia gab, und dort wohnte das Ehepaar viele Jahre glücklich miteinander. Die Fee gebar Raymund im Laufe der Zeit zehn Söhne, die alle große Ritter wurden, nur waren sie – bis auf zwei – sämtlich mit einem körperlichen Makel behaftet. So hatte einer einen riesigen Zahn, bei einem zweiten lag das eine Auge höher als das andere, und ein dritter besaß eine Wolfshaut auf der Nase.

Während dieser ganzen langen Zeit hatte sich Raymund streng an sein Versprechen gehalten und seine

Frau nie danach gefragt, wo und womit sie ihre Samstage verbringe. Eines Sonnabends nun hatte er unter anderen vornehmen Gästen auch seinen Bruder zu sich eingeladen, und dieser erkundigte sich bald, wo denn seine Gattin bleibe. Als Raymund ihre Abwesenheit entschuldigte, nahm der Bruder ihn beiseite und erklärte ihm, man munkele schon lange in der Nachbarschaft, daß Melusine an den Samstagen ihrem Gatten untreu werde. Darüber erboste Raymund sich sehr, und von dem heftigen Wunsch getrieben, sich selbst von der Unschuld seiner Frau zu überzeugen, gedachte er nicht mehr ihres Schwurs, ihn niemals zu entehren, vergaß auch sein eigenes Versprechen, niemals nachzuforschen, und begab sich zu dem einen Zimmer des Schloßes, das seit jeher für ihn verboten war und das er daher nie betreten hatte.

Mit der Spitze seines Schwertes bohrte er eine kleine Öffnung in die Tür und spähte hinein.

Als Raymund nun stand und durch die Öffnung schaute, verwunderte er sich über die Maßen, denn er sah Melusinen im Bade, wie sie von oben bis auf den Nabel ein schönes Weib sei, dann aber in den Schweif einer bunten Schlange endigte, der azurblau war und mit Silberfarben darunter gesprengt, so daß diese Farben wundersam ineinander schimmerten. Das Zimmer war eine tiefe Grotte, die Wände waren mit allerhand seltsamen Muscheln ausgeziert, und ein Springbrunnen, in welchem sich Melusina befand, war in der Mitten. Von oben ergossen sich auch Wasserstrahlen und tröpfelten wie Perlen durcheinander, bei welchem wunderbaren Getöse Melusina sang, indem sie eine Zither in der Hand hielt.

Bei allem Erstaunen über diese seltsamen Enthüllungen freute sich Raymund doch über die Treue seiner Frau und erinnerte sich mit Schrecken an das von ihm gebrochene Versprechen. Als sich Melusine aber anderentags genauso freundlich verhielt wie zuvor, atmete er erleichtert auf. Kurz danach geschah es jedoch, daß einer ihrer Söhne den eigenen Bruder tötete, und der zutiefst entsetzte Raymund beschuldigte, völlig von Sinnen, seine Gattin, daß sie kein menschliches Wesen sei, wie er inzwischen wohl wisse, und daß sie daher solche Mißgeburten hervorgebracht habe.

Melusine aber wurde totenblaß bei diesen Worten, warf ihm, als er geendet hatte, den Bruch seines Versprechens vor und weissagte ihm traurig Armut und Unglück. Darauf schwang sie sich auf das Fenster und schoß hinaus, während sich ihr Unterleib wieder in den einer Schlange verwandelte. Dreimal umfuhr sie mit fürchterlichem Geschrei das Schloß, dann war sie verschwunden. Nur in der Nacht kam sie, wie die Ammen ihrer beiden jüngsten Kinder zu berichten wußten, heimlich in deren Kammer, säugte sie und verließ sie wieder, solange es noch dunkel war.

Aus Kummer verließ Raymund nach einiger Zeit das Schloß, pilgerte nach Rom und zog sich schließlich als Eremit in die Einsamkeit zurück, wo er endlich gebrochenen Herzens starb.

Die Söhne aber begründeten das mächtige Haus Lusignan, indem sie sich durch Heirat mit den Königen von Frankreich verbanden und einer von ihnen König von Zypern, ein anderer von Armenien wurde.

Bei jedem Todesfall in der Familie aber erschien, wie es heißt, Melusine wehklagend auf einem hohen Turm des Schlosses in Trauerkleidern, bis auf Befehl des Herzogs von Montpensier dieser Turm im Jahre 1574 abgerissen wurde. Da zeigte sie sich noch einige Male, um den Turm zu retten, und verschwand schließlich für immer.

Der zwiespältige Ruf der Morgane von Avalon

Seit das allgemeine Interesse an den Kelten, ihren Mythen, Sitten und religiösen Vorstellungen wieder zu neuem Leben erwacht ist, dürfte die Fee Morgane den meisten zumindest mit Marion Zimmer-Bradleys phantasievoller Nacherzählung der Artussage ein Begriff sein. Bei näherer Betrachtung wird allerdings deutlich, daß sich nicht nur *eine* Geschichte mit ihr befaßt, daß es offenbar auch nicht nur *eine* Morgane gibt, sondern mehrere. Das Problem beginnt schon damit, daß es umstritten ist, woher der Name »Morgane« eigentlich stammt und – als Folge davon – was er bedeutet. Die einen leiten das Wort von dem kymrischen *mor gwynu* ab, »weiße Maid«, andere vom kymrisch-britannischen *mor-gan*, »meergeboren«. Wieder andere setzen es mit dem arabischen Wort für »Koralle«, *morzhan*, in Verbindung. Wie das häufig bei solchen seit frühen Zeiten überlieferten Namen der Fall ist, wird sich wohl niemals genau klären lassen, ob die eine oder die andere Auslegung die richtige ist. Welcher Zusammenhang allerdings zwischen einer Fee, die allgemein im keltischen Raum angesiedelt wird, und dem arabischen Ausdruck für »Koralle« bestehen soll, ist nicht ganz einsichtig.

Das nächste Problem stellt die Persönlichkeit der Fee Morgane, Morgaine oder Morgue dar – wie sie je nach Region genannt wird –, da keine Urversion, kein »kanonischer Text« der Artussage existiert. Bekannt ist, daß der englisch-walisische Geschichtsschreiber Geoffrey von Monmouth zu Anfang des 12. Jahrhunderts eine ausführliche Version der Artussage verfaßte und dort erstmals eine Fee Morgane erwähnte, die eine wichtige Rolle als Herrscherin über die Feeninsel Avalon spielte. Laut dieser Fassung lebte sie auf Avalon zusammen mit ihren acht Schwestern, von denen sie die schönste und gelehrteste war. In der Kräuterheilkunde außerordentlich bewandert, nahm sie sich König Artus' an, als er nach einer Schlacht schwer verwundet zu ihr kam. In dieser Version der Sage ist Morgane eine gute, freundliche Fee, ohne irgendwelche bösen Charakterzüge.

Wie man weiß, bediente sich aber Geoffrey von Monmouth alter Chroniken, um ein völlig neu konzipiertes Werk mit einer Vielzahl zusätzlicher Personen und Episoden zu schaffen. So läßt sich vermuten, daß auch die Fee Morgane erst durch ihn zur Herrscherin von Avalon wurde. Geht man nun der Frage nach, ob diese Fee frei erfunden ist oder ob Geoffrey aus einer alten Sage schöpfte, die sich um eine gleichnamige Fee rankte, so bieten sich wiederum verschiedene Antworten an.

Fest steht, daß es in Wales einen See gibt, Llyn Fawr mit Namen, an dem früher zuweilen eine Fee namens Morgan beobachtet wurde, wie sie am Ufer saß und sich die langen blonden Haare kämmte. Sie soll der walisischen Landschaft Glamorgan ihren Namen gegeben haben. Aber auch in Irland gab es eine Seejungfrau, die unter anderem Muirgen genannt wurde – ein Name, der mit »Morgaine« zusammenhängen soll. Diese Wasserfee wohnte auf dem Grund des Lough Neagh und verwandelte sich gelegentlich in einen Lachs.

Eine dritte Fee Morgane wohnte in Zeeland, und eine weitere Überlieferung stammt aus der Bretagne. Dort gibt es eine Insel namens Ile Molène, die einst hauptsächlich von Fischern besiedelt war. Sie erzählten von einer Fee Morgane, die in einem prunkvollen Schloß unter dem Meer lebte und die Königin zahlreicher anderer Feen war. Sie blieb immer jung und schön und hatte es ganz besonders auf sterbliche Männer abgesehen. Nachts pflegte sie sich den Fischern nackt zu zeigen, während sie ihre langen blonden Haare mit einem goldenen Kamm kämmte und klagende Lieder dazu sang.

Nach anderen Überlieferungen war Morgane ursprünglich die düstere keltische Kriegsgöttin Morrigan, die sich nach Belieben in eine Schlange oder eine Krähe verwandeln konnte; es wird auch behauptet, sie sei einstmals eine Muttergottheit gewesen. Und so ist die Verwirrung perfekt.

Am wahrscheinlichsten scheint zu sein, daß Geoffrey von Monmouth aus einheimischen Quellen geschöpft hat, zumal sein eigenes Land ebenso reich an Feen war wie beispielsweise Irland oder Frankreich. Seine Charakterisierung von Morgane läßt die Theorie einer Kriegs- oder gar Muttergöttin nicht sehr plausibel erscheinen. Ihre Eigenschaften stimmen vielmehr mit denjenigen einer Fee überein. Morgane ist schön und in allerlei geheimen Künsten bewandert. Auch wohnt sie nicht allein, sondern mit anderen Jungfrauen zusammen – gleichfalls ein typisches Feenmerkmal. Dazu kommt noch der ganze Handlungsrahmen: Ihre Insel ist ähnlich abgeschieden gelegen, wie die Berge es sind, in oder auf denen die Feen für gewöhnlich leben.

Spätere Autoren, die das Thema der Artussage behandelten – allen voran der altfranzösische Dichter Chrétien de Troyes –, spannen die Geschichte weiter aus und fügten neue Themenkomplexe ein. Sie ließen Morgan-le-Fay, wie sie in Frankreich genannt wurde, von Merlin, dem Zauberer, erziehen, der sie auch in allen magischen Künsten unterwies. Von ihm lernte sie, sich zu verwandeln und eine beliebige Gestalt anzunehmen. Gleichfalls von ihm erhielt sie die Gabe der Weissagung.

Hier hat sich bereits die Persönlichkeit der ursprünglichen Morgane, die wie alle Feen aus eigener Macht heraus über wunderbare Fähigkeiten verfügt, grundlegend gewandelt. Sie vermag nicht mehr von selbst zu zaubern – sie bedarf dazu eines Mannes, der es ihr beibringen muß.

Im Laufe der folgenden Jahrhunderte, in denen die Artussage sich einer wachsenden Beliebtheit erfreute, schmückte man die Erzählung mit immer neuen Ranken aus. Gleichzeitig damit – und infolge des immer stärker werdenden Einflusses des Christentums – wurde die Person der Morgane zunehmend vermenschlicht und ihres Feencharakters entkleidet. Morgane steht zwar noch in enger Beziehung zu den Feen, gehört aber nicht mehr wirklich zum Kleinen Volk. Doch damit nicht genug: Morgane ist nicht mehr gut, sie besitzt nun eine gehörige Portion Boshaftigkeit, Verschlagenheit und andere negative Eigenschaften.

Bei Sir Thomas Malory, dessen um 1470 entstandenes Werk *Le morte Darthur* unsere Vorstellung von der Artussage entscheidend geprägt hat, herrscht Morgane nicht mehr über Avalon, sondern ist eine Priesterin mit höchst menschlichen Gefühlen und Leidenschaften, und nur von Zeit zu Zeit hat sie noch die Gabe, in die Zukunft zu sehen. Ansonsten aber umgibt sie sich mit einer ganzen Reihe von Geliebten, die sie zu verschiedenen Verrätereien und anderen üblen Taten anstiftet. Daneben läßt sie auch selbst kaum eine Gelegenheit aus, Unfrieden zu säen oder jemandem Böses anzutun.

So stiehlt sie König Artus, der inzwischen zu ihrem Halbbruder avanciert ist, sein berühmtes Schwert Excalibur, und als er sie verfolgt, reitet sie mit ihrem Gefolge, wie es bei Malory heißt, schnell durch den Wald bis zu einer Ebene, und von dort, als sie bemerkt, daß sie Artus nicht entkommen kann, zu einem nahen See. Hier läßt sie das Schwert an der tiefsten Stelle ins Wasser fallen, damit Artus es nicht bekommt.

Später in der Geschichte schenkt sie ihm einen wundervollen juwelenbesetzten Mantel, bei dem sich schließlich herausstellt, daß derjenige, der ihn umlegt, auf der Stelle zu Asche verbrennt – um nur eine ihrer weiteren Missetaten zu nennen.

Auch ist kein Mann vor ihren Nachstellungen sicher. Unter anderem verliebt sie sich unsterblich in den edlen Lancelot, und weil sie ihn nicht bekommen kann, versucht sie sich an ihm zu rächen. Sogar Tristan, dessen Sage ebenfalls in den Artusstoff integriert wurde, macht sie schöne Augen. Sie ist eine »Priesterin der Schwarzen Kunst« geworden, eine – böse – Hexe.

So blieb von der ehemals schönen blonden und guten Fee nicht mehr viel übrig. Wie sehr sich die ursprüngliche Morgane von der späteren unterscheidet, zeigt die bereits erwähnte moderne Nacherzählung der Artussage, *Die Nebel von Avalon* von Marion Zimmer-Bradley. Morgane besitzt auch hier fast alle bereits genannten negativen Charaktereigenschaften und wird nicht mehr als schön beschrieben, sondern im Vergleich zu anderen Menschen als klein und unansehnlich. König Artus' Frau, Gwenhwyfar (Guinevere), dagegen ist blond und hübsch. Bei der ersten Begegnung mit ihr sieht Morgane sich selbst als »häßliche kleine Fee«, mit dunkler Haut, nackten Armen und zerzausten Haaren. Sie gefällt sich überhaupt nicht und ist neidisch auf die lichte blonde, »christliche« Schönheit der anderen, während sie selbst »barbarisch und heidnisch« wirkt.

Diese Morgane hat in der Tat nicht mehr viel mit der ursprünglichen Fee zu tun – selbst wenn man hinsichtlich ihrer wahren Identität immer auf Vermutungen angewiesen sein wird. Vielleicht sind ihre vielfältigen »Verkörperungen« so zu deuten, daß die Feen zwar nicht als unsterblich, aber doch als sehr langlebig gelten. Wie sonst wäre es wohl zu erklären, daß die Fee Morgane ebenfalls in dem von Raimbert de Paris Ende des 12. Jahrhunderts verfaßten Epos *Ogier de Danemarche* auftritt? Ogier wurde übrigens später zum dänischen Nationalhelden Holger Danske stilisiert.

Bei Ogiers Geburt erscheinen drei Feen, unter ihnen Morgane, die weissagt, daß sie einstmals seine Geliebte sein wird. Als der Held hundert Jahre alt geworden ist, beschließt Morgane, daß es nun an der Zeit sei, ihn zu sich nach Avalon zu holen. Dies gelingt allerdings erst, nachdem der Däne, dessen Schiff im Sturm gestrandet ist, eine Reihe von Schwierigkeiten gemeistert hat. Die Fee steckt ihm daraufhin einen Ring an den Finger, der ihn wieder in einen starken und schönen Dreißigjährigen verwandelt, und in der idyllischen Umgebung der Insel erholt er sich schnell von allen Strapazen.

Auf Avalon leben aber auch schon König Artus und Oberon, und alle lassen es sich mit Hilfe der Feen nach Kräften gut gehen. Auf diese Weise vergehen einige hundert glückliche Jahre, doch als ein Krieg in Frankreich und Italien ausbricht, muß Morgane ihren Helden ziehen lassen, damit er die Ungläubigen besiegen kann. Sie schenkt ihm das Pferd Papillon und verabschiedet sich unter Tränen von ihrem Geliebten. Als Ogier aber den Krieg erfolgreich beendet hat, holt sie ihn, bevor er seine Absicht, die Königin der Heiden zu heiraten, ausführen kann, wieder heim nach Avalon.

In späteren dänischen Versionen des Epos wird Ogier von Morgane immer dann nach Dänemark geschickt, wenn dort Not am Mann ist und das Volk seine Hilfe und seinen Beistand benötigt.[20]

Die Fee am walisischen See Llyn Fawr dürfte inzwischen längst verschwunden sein, und kein Augenzeuge kann mehr von ihr berichten. Auch die Fischer der bretonischen Ile Molène werden vermutlich nicht mehr von einer verführerischen Fee in ihr Verderben gelockt, und die Feeninsel Avalon ist hinter undurchdringlichen Nebeln verborgen. Und so bleibt nur die Feststellung, daß alles, was man von Morgane weiß, bei genauerer Analyse zwischen den Fingern zerrinnt. Eines allerdings blieb von ihr bis heute erhalten, und selbst das ist ungreifbar und trügerisch: die Fata Morgana.

Die tugendhafte Feen-Queen aus der Feder Edmund Spensers

Fairy als Bezeichnung für »Fee« wurde in England erst durch ein literarisches Werk populär, das nicht nur unvollständig geblieben ist, sondern dessen Inhalt auch mit den wirklichen Feen nicht viel – ja eigentlich überhaupt nichts – zu tun hat. Die Rede ist von Edmund Spensers *The Faerie Queene*, einem Buch, das um das Ende des 16. Jahrhunderts entstand und ursprünglich zwölf Gesänge umfassen sollte. Es handelt von der Fee Gloriana, die als Sinnbild des Ruhmes, aber vor allem als eine symbolische Verherrlichung der Königin Elisabeth I. gedacht war.

Diese Fee hält zwölf Tage lang eine offene Tafel und bietet dabei täglich einem der anwesenden Ritter die Gelegenheit, sich auszuzeichnen. Die Abenteuer jedes einzelnen Ritters, alle in höchstem Maße allegorisch zu verstehen, bilden den Inhalt der sechs Gesänge, die vollendet wurden. Die Helden, Musterbeispiele an Standhaftigkeit, Treue und Tapferkeit, müssen sich allen nur erdenklichen Gefahren stellen, mit feurigen Drachen kämpfen, keusche Jungfrauen aus den Händen böser Ritter befreien, angehexten sündigen Träumen widerstehen und den Reizen übelwollender Zauberinnen entrinnen.

Wie sich bereits wegen des stark allegorischen Charakters des Werkes vermuten läßt, spielen die Feen im gesamten Opus kaum eine Rolle. Die »Fee« Gloriana dient lediglich als roter Faden, der die einzelnen Episoden miteinander verknüpft. Als Verkörperung des Ruhms thront sie über allen vorgestellten Tugenden.

Schon Walter Scott bemerkte, Spenser habe lediglich ein einziges Motiv aus dem Volksglauben entlehnt: Zwei seiner Helden werden nämlich in ihrer Kindheit von Feen gestohlen und in der Feenwelt aufgezogen. So heißt es von einem der beiden Ritter:

> Er wohnet in dem Feenland, doch ist
> Kein Fee-Geborner er, und nicht verwandt
> Den Elfen, sondern erdentsprossen nur,
> Und ehemals von Feen weggestohlen,
> Als er noch in den Kinderwindeln war;
> Auch ist ihm andres nicht bis jetzt bekannt,
> Als daß von einem Elfen er und einer Fee erzeugt.

Wie wenig insgesamt der Titel *Feenkönigin* auf das ganze Werk paßt, wie wenig sich der Autor mit Feen beschäftigt hat und wie sehr er seiner Phantasie freien Lauf ließ, zeigt auch die eingangs gegebene Erklärung zum angeblichen Ursprung der Feen und zu deren Identität:

> Denn einen Mann erschuf Prometheus
> Aus vielen Teilen, die vom Tier entlehnt;
> Den so erschaffnen Menschen nannt' er Elfe,
> Den ersten Zeuger des Geschlechts der Elfen;
> Den, durch die Welt mit müdem Fuße wandernd,
> Einst in den Gärten des Adonis fand
> Ein lieblich Wesen, das nicht erdgeboren
> Er wähnte, aber wohl für einen Geist
> Oder auch Engel hielt, Urheberin
> Des ganzen weiblichen Geschlechts auf Erden.
> Und demzufolge nannte er die Fee,
> Von der die Feen all' in rechter Linie stammen.

Ein großes Volk entsprang gar bald aus diesen
Und mächt'ge Könige, die die Welt bekriegten
Und alle Nationen unterjochten.

Spensers Gloriana ist keine wirkliche Fee. Sie ist ein reines Produkt dichterischer Phantasie, eine Allegorie auf edles Verhalten. Spenser war nicht daran gelegen, auf etwaige volkstümliche Erklärungen zur Abkunft der Feen zurückzugreifen, er wollte kein realistisches Bild von ihnen zeichnen. Da die Feenkönigin in Wirklichkeit Königin Elisabeth darstellen sollte, wäre ein »naturgetreues« Bild weit weniger »edel« gewesen und damit für seine Zwecke unbrauchbar. So ist der Titel des Werkes mehr als irreführend, und es scheint doch recht verwunderlich, daß gerade dieses Buch der »Fairy« zum Durchbruch verhelfen sollte.

Irrungen und Wirrungen in einem Sommernachtstraum

Eingehender mit den volkstümlichen Ansichten über das Kleine Volk befaßte sich William Shakespeare, in dessen Werken immer wieder Feen auftauchen und bekannte Feenmotive dargestellt werden. In *Macbeth* beispielsweise werden die in Ringen tanzenden Feen erwähnt, und im *Wintermärchen* wird einem alten Schäfer prophezeit, daß er durch die Feen reich werden würde. Als er ein ausgesetztes Baby findet, erklärt er einem Gefährten, es sei wohl ein Wechselbalg und das bei dem Kind liegende Gold Feengold.

Eine tragende Rolle spielen die Feen allerdings eigentlich nur in Shakespeares Stück *Ein Sommernachtstraum*, in dem mehrere Handlungsstränge parallel laufen und schließlich zu einem allgemeinen Happy-End miteinander verknüpft werden. Der vermutlich von dem anonymen Versepos *Huon de Bordeaux* entlehnte Feenkönig Oberon wurde – merkwürdig genug – in dieser Komödie von Shakespeare samt seiner Frau Titania nach Athen verpflanzt.

Ausgangspunkt für die das gesamte Stück durchziehenden Verwicklungen und Verwechslungen ist der Umstand, daß die Feenkönigin für sich selbst einen schönen Edelknaben aus Indien geraubt hat und diesen nicht an ihren Gatten, der ihn ebenfalls begehrt, abtreten will. Schon allein dieses sehr an degenerierte höfische Sitten erinnernde Motiv zeigt, daß Shakespeares Oberon und seine Titania nicht echten Feen nachempfunden sind, sondern Adligen seiner Zeit. Diese menschlichen Vorbilder wurden zu Feen umfunktioniert, weil Shakespeare damit die Möglichkeit erhielt, Unfug und Zauberei, aber auch ein gutes Quantum an Satire in Szene zu setzen.

Aus Rache für die Weigerung seiner Frau, ihm den Knaben zu übergeben, läßt Oberon ihr, als sie schläft, von dem Feerich Puck einen magischen Saft in die Augen träufeln. Dieser bewirkt, daß sie sich beim Erwachen in das erstbeste Wesen verliebt, das sie erblickt. Wie es der Zufall so will, ist dieses »erstbeste Wesen« der Handwerker Zettel, den Puck aus Mutwillen kurz zuvor mit einem Eselskopf ausgestattet hatte. Puck ist übrigens das einzige Feenwesen im ganzen Stück, das Shakespeare auch realistisch als solches beschreibt. Von ihm heißt es nämlich, daß er Wanderer irreleitet, gern Milch stiehlt, die Mädchen neckt und freundlich Gesinnten Liebes tut.

Die Gattin des Elfenkönigs verliebt sich also zur Freude ihres Ehemanns blindlings in den eselsköpfigen Zettel. Sie betraut ihre winzigen Bediensteten damit, Zettel aufzuwarten und ihm mit Schmetterlingsflügeln den Mondenschein vom Auge fernzuhalten. An anderer Stelle erhalten diese Miniaturfeen ähnlich bizarre andere Aufgaben, wie zum Beispiel:

> Ihr tötet Raupen in den Rosenknospen;
> Ihr andern führt mit Fledermäusen Krieg,
> Bringt ihrer Flügel Balg als Beute heim,
> Den kleinen Elfen Röcke draus zu machen!
> Ihr endlich sollt den Kauz, der nächtlich kreischt
> Und über unsre schmucken Geister staunt,
> Von uns verscheuchen! Singt mich nun in Schlaf!
> An eure Dienste dann und laßt mich ruhn!

Da Titania nun an nichts anderes mehr als an ihren geliebten Zettel denken kann, überläßt sie Oberon ohne Widerstreben den indischen Edelknaben. Darüber ist ihr Gemahl so erfreut, daß er sich wieder mit ihr versöhnt, und alle übrigen Verwechslungen werden wieder in Ordnung gebracht.

Oberon und Titania sowie alle anderen Feen sind reichen, eitlen und dem Müßiggang ergebenen Menschen und deren Bediensteten nachempfunden. Sie werden als kindisch, albern, eifersüchtig und untreu charakterisiert – ihre Späße, wie das Anzaubern eines Eselskopfes, gehen wohl auch über das »gewöhnliche« Feenmaß hinaus. Die Winzigkeit der Feen wird zudem geradezu karikiert, indem von Schmetterlingsfächern, Eichelnäpfen und Perlen, die in Primelohren gehängt werden, die Rede ist.

Die gleichzeitige Veralberung und Verniedlichung der Feen bzw. der Elfen bei Shakespeare war sicherlich in nicht geringem Maße dafür verantwortlich, daß für das Volk – das seinen Theateraufführungen gern beiwohnte – und die höheren Stände die Fee eine andere wurde. Je weniger die Menschen mit wirklichen Feen Kontakt hatten, desto mehr waren sie auf das angewiesen, was ihnen über sie erzählt wurde und was sie durch Lesen in Erfahrung bringen konnten. Und wenn sie sicherlich auch nicht immer alles für bare Münze nahmen, was man ihnen berichtete – ein bißchen davon blieb doch hängen. Vielleicht, ja wahrscheinlich trug aber dieses wenige zum schiefen Bild der Elfen bei, das viele Menschen heute von ihnen haben: Sie sehen sie als niedliche Zwergwesen mit Schmetterlingsflügeln!

Ein Feenkönig als literarischer Handlanger

Feen spielen immer wieder eine mehr oder weniger wichtige Rolle in den Werken von Christoph Martin Wieland, einem älteren Zeitgenossen Goethes. Auch bei ihm – dem es als Kind der Aufklärung vielleicht gar nicht möglich war, die Feen als solche ernst zu nehmen – waren sie häufig lediglich Mittel zum Zweck, um Phänomene wie Wunscherfüllung und Zaubern problemlos in einer Geschichte unterbringen zu können. Es geht ihm also nicht so sehr um die Fee, sondern um die eine oder andere ihrer Eigenschaften; die Wesenheit selbst aber bleibt gleichsam hinter dieser Funktion verborgen und spielt keine aktive Rolle mehr.

In des Dichters wohl bekanntestem Stück, *Oberon*, wurden die Feen im wesentlichen dazu benutzt, Dinge, die an sich unmöglich sind, zu bewerkstelligen, ohne daß sich der Leser allzusehr darüber verwundern muß. Da die Feen zaubern können und obendrein im Gegensatz zu Hexen und Zauberern im allgemeinen dem Menschen wohlgesonnen sind, eigneten sie sich hervorragend für alle Spielereien, die dem Dichter in den Sinn kamen. So muß der Held, der aus Versehen den Sohn Karls des Großen tötet, als Sühne einen der Emire des Kalifen von Bagdad erschlagen und vor den Augen des Vaters die Kalifentochter küssen. Auch soll der Kalif ihm freiwillig Haare aus seinem Bart und vier seiner Backenzähne aushändigen.

Um diese ambitionierte Aufgabe für seinen Helden Hüon lösbar zu machen, holte Wieland die Feenwelt zu Hilfe. Oberon, der Feenkönig, steht dem Helden bei, besorgt – wie auch immer – die Backenzähne und die Barthaare und überreicht sie Hüon, samt einem Schiff für die Rückkehr. Titania, die wieder einmal mit ihrem Elfengatten entzweit ist, hilft ihrerseits der edelmütigen Heldin Amanda.

Auf einer steinigen Oase finden die Schiffbrüchigen mit einem Mal ein wahres kleines Paradies, ebenfalls ein Werk der Feen, und Amanda wird auf wunderbare Weise von einem Kind entbunden. Später wird Hüon, weil es die Handlung nun einmal erfordert, von den mächtigen Wesen kurzerhand durch die Luft von der

Insel nach Afrika verfrachtet. Das Kind aber, das zeitweilig nicht recht unterzubringen war, bewahrt Titania im Feenreich gut auf, bis es wieder in Aktion treten darf.

Gerade an letzterem wird offensichtlich, wie praktisch die Einbeziehung von Feen für den Dichter war. Während sich andere Schriftsteller den Kopf zerbrechen müssen, um ihre Handlung logisch und schlüssig zu machen, brauchte bei Wieland bloß die Fee einzugreifen, und schon war jedes Problem gelöst.

Wie aus einem Elfenkönig der Erlkönig wurde

An der ungewollten Erschaffung einer neuen »Naturgeisterart« ist Johann Wolfgang von Goethe maßgeblich beteiligt. Wer mußte ihn in der Schule nicht auswendig lernen, den *Erlkönig*? Aber wer hat sich selbst oder den Lehrer gefragt, wer oder was bitte schön ein »Erlkönig« eigentlich ist?

Goethes Beschreibung nach besitzen er und seine Familie einige Ähnlichkeit mit den Feen. Dem Kind, das anders als der Vater imstande ist, den Erlkönig zu sehen, erzählt dieser von den Verlockungen seiner Welt und von seinen schönen tanzenden Töchtern. Diese Angaben passen durchaus auf die Feen. Daß der Knabe von seinem Vater weggeholt werden soll, ist ein weiteres Indiz. Nicht ganz feenmäßig erscheint hingegen der Umstand, daß der König selbst das Kind haben möchte, und auch der dramatische Schluß stimmt mit der Art der Feen nicht recht überein. Nun, es gibt schließlich auch böswillige Feen, und so mag es hingehen.

Bleibt immer noch die Frage, was der Erlkönig mit Feen zu tun hat. Entsprang er ganz und gar der Phantasie Goethes? Die Antwort lautet nein. Er verwendete nämlich als Vorlage das Werk eines anderen deutschen Dichters – Johann Gottfried Herders, den Goethe als junger Mann sehr bewunderte. Dieses Gedicht heißt *Erlkönigs Tochter* und ist wiederum die freie Nachdichtung eines dänischen Textes. Die Ballade beginnt mit den Versen:

Herr Oluf reitet spät und weit,
Zu bieten auf seine Hochzeitleut;

Da tanzen die Elfen auf grünem Land,
Erlkönigs Tochter reicht ihm die Hand.

»Willkommen, Herr Oluf! Was eilst von hier?
Tritt her in den Reigen und tanz mit mir.«

»Ich darf nicht tanzen, nicht tanzen ich mag,
Frühmorgen ist mein Hochzeittag.«

Die Fee versucht nun, ihn mit unterschiedlichen Geschenken zu bestechen, doch er bleibt fest. Da droht sie ihm mit Krankheit, schlägt ihn auf die Brust, und am nächsten Morgen ist er tot.

Obgleich sich Herder nicht sklavisch an das dänische Original hielt und aus Gründen des Metrums und des Reims auch manches änderte, ist dieses Gedicht insgesamt »echter« als Goethes *Erlkönig*. Es ist den Feen zuzutrauen, daß sie den Versuch unternehmen, einen hübschen jungen Mann zum Tanzen zu verführen, und daß sie ihn, falls er sich weigert, aus gekränkter Eitelkeit sterben lassen. Ein Kind dem Vater buchstäblich aus den Armen zu reißen ist dagegen wesentlich melodramatischer und nicht unbedingt Feenart.

Um nun aber endlich das Rätsel um den Namen »Erlkönig« aufzulösen: Es war ganz einfach so, daß Herder das dänische Wort *Eller* aus *Ellerkonge* – also »Elfenkönig« – fälschlich als »Erle« verstand und daraus den Erlkönig konstruierte. Ohne diese neue Bezeichnung zu hinterfragen, übernahm sie Goethe wiederum für seinen *Erlkönig*. Und da Goethes Worte hierzulande offenbar als kanonisch gelten, findet sich in Pierer's Universallexikon aus dem Jahre 1858 unter dem Stichwort »Erlkönig« der Eintrag: »fabelhaftes deutsches Wesen, welches Kindern nachstellt«. Und so wissen wir jetzt nicht nur, was ein Erlkönig ist – sondern auch, wie man die deutschen Naturgeister um eine neue Spezies vermehrt!

Eine anspruchsvolle Persönlichkeit – die Krümelfee

In der *Krümelfee* von Charles Nodier, einem französischen Zeitgenossen E. T. A. Hoffmanns, wird die Fee nicht als bloße Staffage, als Symbol oder als nützliche *Dea ex machina* in ein Werk integriert, sondern beinahe zu einem Engel hochstilisiert.

Die Fee in der Geschichte Nodiers ist eine arme, alte, häßliche, aber von allen geliebte und geachtete Frau, die das gute Herz eines Zimmermannes mehrfach auf die

Probe stellt, indem sie sich von ihm im Laufe der Zeit insgesamt dreimal dessen ganze Ersparnisse geben läßt. Der brave Mann besteht nicht nur diese Probe, er verspricht eines Tages gar, die alte Frau zu heiraten, weil sie so gescheit ist und ihm immer mit Rat und Tat zur Seite steht. Gleichzeitig erhält er ein Medaillon von ihr mit dem Bildnis einer wunderschönen Fee, in die sich der junge Mann sofort verliebt. Die Krümelfee erklärt ihm, das sei sie selbst, Balkis, die Königin von Saba.

Noch mehrere Male stellt die Fee nun das Herz ihres Liebsten auf die Probe, aber immer bleibt er standhaft und nur ihr treu. Als sie schließlich heiraten, besteht die Fee auf getrennten Schlafzimmern, besucht ihn aber des Nachts in Gestalt der Balkis und macht ihn so zum glücklichsten Mann der Welt, zumal sie natürlich in Wirklichkeit auch noch steinreich ist.

Nach etwa sechs Monaten des Glücks bemerkt der Zimmermann, daß Balkis immer trauriger wird. Auf seine Fragen erfährt er, daß seiner Gattin nur ein Jahr des Glücks auf Erden beschieden ist, falls es ihm nicht gelingt, eine singende Alraune zu finden und sie weiterhin treu zu lieben. Sofort macht sich der Zimmermann auf die Suche, wird nach einigen Abenteuern in ein Irrenhaus gesperrt, und dort sehen Beobachter ihn eines Tages in Höhe des Kirchturms in der Luft schweben, eine Blume in der Hand haltend, die wunderschön singt. Seitdem aber hat man weder von der Fee noch von ihm jemals wieder etwas gehört.

Die Krümelfee stellt an einen Menschen eine schier übermenschliche Forderung. Sie ist häßlich, sie ist alt, sie ist arm, und sie verlangt von einem hübschen jungen Mann, daß er sie nicht nur für immer und allezeit liebt, sondern ihr treu bleibt und sie noch dazu heiratet. Er soll ihr dreimal eine große Menge Geld aushändigen, obgleich er dann selbst nichts mehr besitzt, und ihr keine Vorwürfe machen, wenn sie alles jedesmal wieder auf die eine oder andere Art verliert. Und als ob das noch nicht genug wäre, wird er obendrein durch junge Mädchen in Versuchung geführt.

Die Fee wirkt wie ein von Gott zur Prüfung des Menschen geschickter Engel – und noch dazu ein Engel, der Ansprüche an das ethische und moralische Verhalten eines Sterblichen stellt, denen vermutlich keiner von uns gerecht werden könnte. Die Feen sind zwar bestimmt nicht schlechter als wir selbst, aber sicher auch keine Engel und Muster an Tugendhaftigkeit. Der moralisch erhobene Zeigefinger ist ihre Sache nicht, und es scheint sehr die Frage zu sein, ob sie selbst einer solchen Prüfung standhalten würden – und ob sie sich wirklich in der Rolle von Treue und Standhaftigkeit belohnenden himmlischen Wesen gefallen würden.

Wenn Nixen zu sehr lieben

Einige der schönsten Märchen des dänischen Schriftstellers Hans Christian Andersen, wie zum Beispiel *Die Nachtigall, Das Mädchen mit den Zündhölzern* und manche Feenmärchen, sind in einem einfühlsamen, weichen Ton geschrieben, der unbewußt schwermütig stimmt. Und anders als die Volksmärchen haben seine Geschichten meist ein trauriges Ende. Dies trifft vor allem auf die berühmte *Kleine Meerjungfrau* zu.

Sechs Nixenschwestern dürfen im Alter von fünfzehn Jahren zum ersten Mal an die Oberfläche des Meeres schwimmen und das Land sehen. Als die Reihe an die kleinste Nixe kommt, erblickt sie einen schönen Prinzen auf einem Schiff und verliebt sich in ihn. Nachdem sie ihm bei einem Sturm das Leben gerettet hat, wünscht sie sich, wie er ein Mensch und ihm nahe zu sein. Eine Unterwasserhexe verschafft ihr Beine statt des Fischschwanzes und verlangt dafür die Zunge und die liebliche Stimme der Nixe. Außerdem muß die arme Meerjungfrau anschließend bei jedem Schritt auch noch wie auf Nadeln laufen. Als sich herausstellt, daß der Prinz längst in eine andere Frau verliebt ist, die er zudem schließlich heiratet, muß die Meerjungfrau als Schaum auf den Wellen vergehen.

Sie wird dann zwar unter die Luftgeister aufgenommen und segelt auf einer Wolke davon, doch wird durch diese wehmütige Geschichte ein anderes Bild einer Nixe aufgezeigt, als es »authentische« Berichte und Märchen vermitteln. Andersen hat aus der kleinen Meerjungfrau eine wahrhaftige Literaturfee gemacht.

Das Lachen der schönen Lau

Die Erzählung von der schönen Lau stammt von Eduard Mörike, der sie in sein *Stuttgarter Hutzelmännchen* integrierte. Sie ist jedoch nicht vollkommen seine eigene Erfindung, sondern beruht vielmehr auf einer alten Sage, nach welcher einstmals der Blautopf, ein tiefer, dunkelblauer Teich bei Blaubeuren am Südrand der Schwäbischen Alb, von einer Wasserfee bewohnt wurde. Ihr brachte man, immer wenn das Wasser sehr hoch oder aufgewühlt war und drohte, die Stadt zu überschwemmen, allerlei Geschenke und Opfergaben dar. Dieser Brauch hatte erst dann ein Ende, als die Mönche des nahe gelegenen Klosters diese Sitte als heidnisch verdammten und schließlich gänzlich untersagten.

Doch lassen wir Mörike selbst einige Worte zur Einführung sprechen:

»Der Blautopf ist der große runde Kessel eines wundersamen Quells bei einer jähen Felswand gleich hinter dem Kloster. Gen Morgen sendet er ein Flüßchen aus, die Blau, welche der Donau zufällt. Dieser Teich ist einwärts wie ein tiefer Trichter, sein Wasser von Farbe ganz blau, sehr herrlich, mit Worten nicht wohl zu beschreiben; wenn man es aber schöpft, sieht es ganz hell in dem Gefäß.

Zuunterst auf dem Grund saß ehemals eine Wasserfrau mit langen fließenden Haaren. Ihr Leib war allenthalben wie eines schönen, natürlichen Weibs, dies eine ausgenommen, daß sie zwischen den Fingern und Zehen eine Schwimmhaut hatte, blühweiß und zärter als ein Blatt vom Mohn.«

Wie die Einheimischen sehr wohl zu berichten wußten, stammte die schöne Lau nicht aus der Gegend. Ihre Eltern hatten sie nämlich mit einem Donaunöck vom Schwarzen Meer vermählt. Doch weil sie von Natur aus traurig war, gebar sie nur tote Kinder, und ihr Mann wurde darüber sehr ungehalten. Seine Mutter weissagte der Wasserfee, sie würde erst dann lebende Kinder zur Welt bringen, wenn sie fünfmal herzhaft gelacht habe. Das fünfte Mal aber dürfe weder sie noch ihr Mann den Grund dafür wissen.

Sosehr sich jedoch ihr ganzer Hofstaat und ihr Mann auch darum bemühten, es gelang ihnen einfach nicht, die schöne Lau zum Lachen zu bringen. Schließlich verlor der Wassermann die Geduld und schickte sie in den Blautopf, wo seine Schwester zu Hause war.

Dort wohnte die schöne Lau in einem prächtigen Schloß auf dem Grund des Teiches zusammen mit Zofen und Mägden, die, wie die gewöhnlichen Nixen, alle Entenfüße besaßen. Auch einen Zwerg hatte sie zum Spielgefährten, der sein Bestes tat, um seine Herrin zum Lachen zu bringen – doch vergebens. Einmal pro Jahr kamen Boten vom Wassermann zum Blautopf, um sich nach dem Stand der Dinge zu erkundigen. Sie begrüßten die Feen und sprachen dann:

»Der König schickt!
Gebt uns wahrhaftigen Bescheid,
Was Guts ihr habt geschafft die Zeit!«

Traurig pflegten darauf die Nixen zu erwidern:

»Wir haben die ferndigen Lieder gesungen
Und haben die ferndigen Tänze gesprungen,
Gewonnen war es um ein Haar! –
Kommt, liebe Herren, übers Jahr.«

Direkt am Blautopf aber hatte die dicke, freundliche Wirtin Betha vom Nonnenhof ihren Küchengarten, und als sie eines schönen Frühlingstages dort wirtschaftete, fiel ihr ein häßlicher Schutthügel neben dem Teich ins Auge. Kurz entschlossen riß sie das darauf wachsende Unkraut aus und steckte einige Kürbiskerne in die Erde, die bald keimten und sich zu prächtigen Pflanzen mit großen Früchten entwickelten. Darüber freute sich die schöne Lau sehr, wenn sie ihren Kopf aus dem Wasser steckte, und eines Tages erschien sie im Brunnen der Wirtschaft, der sich im Keller des Hauses befand.

Der wunderliche Gast sprach diesen Gruß:

»Die Wasserfrau ist kommen
Gekrochen und geschwommen,
Durch Gänge steinig, wüst und kraus,
Zur Wirtin in das Nonnenhaus.
Sie hat sich meinethalb gebückt,
Mein' Topf geschmückt
Mit Früchten und mit Ranken,
Das muß ich billig danken.«

Die Nixe schenkte der Wirtin einen Kreisel aus wasserhellem Stein, der, wie die schöne Lau der dicken Betha erklärte, wenn er in Gang gesetzt wurde, eine wunderliche Musik erklingen ließ und die Trunkenheit der Gäste in Schach hielt. Wie sich später herausstellte, lockte er auch von nah und fern die Gäste an, und die Wirtschaft gedieh besser als jemals zuvor.

Von nun an erschien die Wasserfee öfter im Brunnen des Hauses, um mit der Wirtin und ihren Töchtern ein kleines Schwätzchen zu halten. Bei einer dieser Gelegenheiten fragte Betha sie, ob sie nicht Lust habe, sich im Haus umzusehen. Als die Nixe, die noch nie eine menschliche Wohnung von innen gesehen hatte, begeistert zustimmte, lieh ihr eine von Bethas Töchtern ein Kleid, und die schöne Lau besah sich neugierig alles ganz genau. Besonders gefiel ihr ein merkwürdiges »gläsernes Stühlchen«, auf dem der kleine Enkel des Hauses saß und einen Apfel kaute. Noch während sie es lobte, begann sie plötzlich die Nase zu rümpfen, und die anwesenden Frauen fingen an zu kichern. Als die schöne Lau von der Ursache des Geruchs in Kenntnis gesetzt wurde, brach sie in ein herzhaftes Lachen aus, und alle waren sehr vergnügt, weil dies nun das erste Mal war, daß die Wasserfee wirklich gelacht hatte.

Kurz darauf hatte die Nixe einen Traum, in dem sie den Abt vom benachbarten Kloster die Wirtin so laut küssen hörte, daß es in der ganzen Stadt widerhallte. Dem Abt fiel vor Schreck seine Kappe in den Blautopf, und als der Herrgott aus dem Kloster kam und ihn fragte, wieso seine Mütze naß sei, gab der Geistliche zur Antwort, er habe vor einem Wildschwein Reißaus genommen und sei deshalb ins Schwitzen geraten. Die schöne Lau aber mußte über ihren eigenen Traum so sehr lachen, daß der See über ihr Wellen schlug.

Zum dritten Mal wurde sie zum Lachen gebracht, als Bethas Sohn Vorsorge gegen eine vom Blautopf her drohende Überschwemmung treffen sollte, aber als rechter Schalk statt dessen mit seinem Bettgeländer an den Teich trat und so tat, als wolle er, ganz beflissener Diener, die schöne Lau davor bewahren, aus ihrem »Wasserbett« zu fallen.

Doch bald schon rückte die Zeit heran, da die Boten des Wassermannes vom Schwarzen Meer der Nixe ihren jährlichen Besuch abstatten sollten. Die dicke Betha wußte, daß die schöne Fee deshalb immer trübseliger gestimmt wurde, und lud sie eines Tages ein, an ihrem Spinnabend teilzunehmen. Da saß die Nixe denn in einem Winkel auf dem Boden und lauschte den Gesprächen der spinnenden Frauen. Als schließlich eine von ihnen eine Anekdote zum besten gab, in der ein Zungenbrecher eine Rolle spielte, versuchten alle nacheinander den schwierigen Vers aufzusagen. Schließlich kam die Reihe auch an die schöne Lau, die möglichst langsam begann:

»'s leit a Klötzle Blei glei bei Blaubeura,
glei bei Blaubeura leit a Klötzle Blei.

Die Wirtin rief ihr zu, so sei es keine Kunst, es müsse gehen wie geschmiert! Da nahm sie ihren Anlauf frisch hinweg, kam auch alsbald vom Pfad ins Stoppelfeld, fuhr buntüberecks und wußte nimmer gicks noch gacks. Jetzt, wie man denken kann, gab es Gelächter einer Stuben voll, das hättet ihr nur hören sollen, und mitten draus hervor der schönen Lau ihr Lachen, so hell wie ihre Zähne, die man alle sah!«

Doch während sie noch alle lachten, kam die Kunde, daß der Wassermann vom Schwarzen Meer selbst im Anmarsch sei, und vor lauter Schreck fiel die schöne Lau in Ohnmacht. Da trug sie der Sohn der Wirtin rasch auf seinen Armen zum Blautopf. Doch als er sie behutsam am Ufer niederließ, bekam er große Lust, die schöne Frau zu küssen. Denn schließlich hielt er, wie er sich sagte, nicht jeden Tag eine Nixe in den Armen. Sobald er seine Absicht aber ausgeführt hatte, erhielt er so viele unsichtbare Ohrfeigen, daß es in der ganzen Stadt widerhallte. Und während er sich beschämt davonschlich, lachte die schöne Lau in ihrer Ohnmacht herzlich auf. Und so war auch die Bedingung erfüllt, daß sie beim fünften Mal nicht wissen durfte, warum sie lache.

Ihr Mann, der von seiner Mutter bereits erfahren hatte, daß die Weissagung erfüllt sei, kam, um seine schöne Frau wieder mit zurück ins Schwarze Meer zu nehmen. Bevor sie jedoch den Blautopf verließ, verabschiedete sich die Wasserfee von der freundlichen Wirtin, beschenkte sie und die Ihren reichlich und versprach ihr, von Zeit zu Zeit zurückzukommen, um sie zu besuchen.

»Frau Betha hielt bis an ihr Lebensende die Ordnung der guten Lau heilig, und ihre Nachkommen nicht minder. Daß jene sich nachmals mit ihrem Kind im Nonnenhof zum Besuch eingefunden, davon zwar steht nichts in dem alten Buch, das diese Geschichten berichtet, doch mag ich es wohl glauben.«

SIEBENTES KAPITEL

Eigenschaften und Eigenheiten

Das Psychogramm der Feen zeigt, daß sich die Kleinen Leute überall auf der Welt in Aussehen, Temperament und Wesen ähnlich sind.

Auf den luft'gen Bergen
Tief im feuchten Kolk,
Traun wir uns nicht zu jagen
Aus Furcht vorm Kleinen Volk;
Kleinvolk, Gutvolk,
Es tummelt sich ein jeder;
Jacke grün, Mütze rot,
Und weiße Eulenfeder.

Nachdem nun so manches über die Feen auf der ganzen Welt gesagt wurde, ist es an der Zeit, ein ungefähres Bild von der Fee als solcher zu zeichnen: ein Bild, wie es aus den vielen Berichten und Beschreibungen, aus den einzelnen Puzzleteilchen von Information zusammengefügt werden kann.

Diese Darstellung wird nicht vollkommen sein, ja, sie *kann* überhaupt nicht vollkommen sein, weil es ebensowenig wie *den* Menschen auch *die* Fee an sich gibt. Und ebenso wie sich die Menschen jedes Kontinents und jedes Kulturkreises voneinander unterscheiden und in vielen Punkten voneinander abweichen, gab es und gibt es natürlich Unterschiede bei den Feen. Dabei bleiben solche Abweichungen nicht nur auf das Aussehen oder gewisse Verhaltensweisen beschränkt, auch manche Tätigkeiten sind an eine bestimmte Umgebung gebunden, so etwa das Spinnen.

In einigen Gegenden der Erde war und ist das Spinnen eine geradezu lebenswichtige Beschäftigung, während es unter anderem bei sehr ursprünglichen Stämmen in Südamerika oder Afrika nicht die geringste Rolle spielt, weil es dort weder Baumwolle noch Schafe oder Ziegen gibt bzw. weil diese Kunst dort einfach unbekannt ist.

Zudem hält jedes Volk bestimmte Charaktereigenschaften oder Tätigkeiten in besonderen Ehren, während es andere für eher nebensächlich oder nicht bemerkenswert erachtet. Dementsprechend könnte man sich vorstellen, daß auch die Feen geographisch und kulturell bestimmte Prägungen aufweisen und zum Beispiel in Irland andere Vorlieben entwickeln oder Tätigkeiten bevorzugen als in Südafrika. Trotzdem ähneln sich die Feen in grundsätzlichen Charakterzügen – auch die Menschen haben schließlich eine ganze Reihe von Eigenschaften, die durchaus als universell zu bezeichnen sind!

Zunächst gilt es aber noch einmal festzuhalten, daß auf der ganzen Welt männliche Feen und ganze Feenfamilien erwähnt werden. Gerade dort, wo die Menschen von den Feen als einem »Miniaturmenschenvolk« sprechen, ist immer von Männern, Frauen und Kindern zugleich die Rede. Dennoch überwiegen ganz eindeutig überall die weiblichen Feen – und zwar an Zahl und Bedeutung. Und dies ist sowohl in den mündlichen wie auch in den schriftlichen Überlieferungen der Fall.

Das äußere Erscheinungsbild der »Schönen«

Was das Aussehen der männlichen oder weiblichen Fee betrifft, so wird zumeist – und zwar bei den Indianern ebenso wie in Afrika und Irland – erklärt, die Feen seien von sehr kleiner Statur. Oft wird ihre Größe mit der von Kindern verglichen und ab und an auch hinzugefügt, sie seien sehr zierlich. Besonders die Frauen sollen sehr hübsch und nicht selten blauäugig sein und häufig lange blonde Haare haben.

Als ein armer Schotte einmal beim Torfstechen war, stand plötzlich die kleinste Frau vor ihm, die er in seinem ganzen Leben gesehen hatte. Sie war nur wenig mehr als einen halben Meter groß, in ein grünes Gewand und rote Strümpfe gekleidet, und ihre langen blonden Haare fielen ihr offen auf die Schultern herab. Sie drohte ihm mit dem Finger und sprach: »Wie würdest du es finden, wenn man dir plötzlich dein Haus abdeckte? Ihr Sterblichen denkt, ihr könntet euch einfach alles erlauben.« Dann stampfte sie mit dem Fuß auf und befahl ihm, sofort den Torf zurück an seinen Platz zu legen. Andernfalls werde er es bereuen.

Der arme Mann, der sein Leben lang von dem Volk der Feen hatte erzählen hören, wußte nun, wem er gegenüberstand. Und da ihm auch bekannt war, daß diese Wesen sehr zornig werden konnten, wenn man sie beleidigte, ging er unverzüglich daran, all seine Arbeit wieder rückgängig zu machen. Jedes Torfstück legte er möglichst genau dorthin, wo er es hergenommen hatte, und als er fertig war, sah er sich nach der Fee um. Die aber war verschwunden.

In diesem schottischen Märchen wird die Kleidung in Übereinstimmung mit den meisten älteren Märchen als grün beschrieben. Daß es in manchen Ländern, wie etwa in Vietnam und Hunza, heißt, die Feen seien *blau* gekleidet, steht hierzu in keinem Widerspruch, da beide Farben leicht ineinander übergehen können und in vielen Sprachen zwischen Grün und Blau begrifflich überhaupt nicht unterschieden wird.

Der große irische Dichter William Butler Yeats erzählt in einer Geschichte, die in Gruppen lebenden Feen trügen grüne, diejenigen aber, die allein leben, rote Kleider. Grün ist aber die Farbe der Druiden, sie symbolisiert mystischen Schriften zufolge ewige Jugend und steht in enger Verbindung mit der Natur. Die Feen der Maori sollen gar in Blätter der Urwaldbäume gekleidet sein. Unter anderem in Chitral, im Hindukusch, sprechen Augenzeugen allerdings auch von weißer Kleidung.

Die Gewänder werden zunächst oft als (grüne) Mäntel beschrieben, in späteren Märchen sind es dann bei den Frauen lange, bis auf den Boden reichende Kleider. Dazu tragen die Feen meist irgendeine Art von Hut, der vielerorts als kleine rote Kappe überliefert wird.

Die Kopfbedeckung ist offenbar von so großer Bedeutung, daß selbst die ansonsten nackten norwegischen

Feen einen breitkrempigen Hut tragen sollen. Irische Feen benutzen Fingerhutblüten als Haube, wieder andere tragen spitze Hüte. Von einem überlangen spitzen Zauberhut, wie ihn die Fee in Disney-Filmen und auf Abbildungen in Märchenbüchern trägt, ist allerdings in den »echten« Berichten praktisch nie die Rede!

Nur mit Hilfe ihrer Kopfbedeckung sollen sich mancherorts die Feen unsichtbar machen können, und eine solche Tarnkappe taucht auch in zahlreichen Märchen und in der Literatur auf. Der Zwerg Alberich des *Nibelungenliedes* trägt eine derartige Mütze, bis sie ihm schließlich von dem Helden Siegfried weggenommen wird. Damit geht die Macht des Zwerges gewissermaßen auf Siegfried über, und Alberich wird zu seinem Diener. War er früher der Besitzer des Nibelungenhortes, ist er nunmehr lediglich zu seinem Hüter geworden.

In zahlreichen Märchen fällt einer Fee beim Tanzen ihr Mützchen vom Kopf, und zwar rein zufällig in die Nähe eines Menschen. Wenn es diesem gelingt, das Käppchen aufzunehmen, bevor er von den Feen entdeckt wird, haben diese keine Macht mehr über ihn. Im Gegenteil: Da sie ohne ihre Mützen von den Sterblichen gesehen werden können, liegt ihnen verständlicherweise sehr viel daran, die Tarnkappe zurückzuerhalten, und sie offerieren dem geschickten Dieb dafür große Reichtümer.

Ein Junge namens Johann Dietrich begibt sich nach einem Bericht aus Pommern während der Mittsommernacht zu den Hügeln, in denen, wie er weiß, die Feen leben. Dort versteckt er sich im Gras und wartet von zehn Uhr abends bis nachts um zwölf. Als die Uhr Mitternacht schlägt, wimmelt der Berg mit einem Mal von kleinen Leuten, die lustig tanzen und ihre Mützchen in die Luft werfen. Eines von ihnen fällt in Johanns Nähe, und rasch greift er danach und setzt es sich selbst auf. In diesem Augenblick erlangt er Gewalt über die Feen und folgt ihnen in ihren Berg.

Obgleich oft erklärt wird, die Feen könnten sich nur mit einem solchen Zauberkäpplein unsichtbar machen, gibt es doch Berichte, nach denen die Feen ganz aus eigener Kraft dazu fähig sein sollen. Es scheint auch wenig wahrscheinlich, daß Wesen, die nach Belieben zaubern und sich verwandeln können, ausgerechnet auf Hilfsmittel wie eine Tarnkappe angewiesen sein sollten, um unsichtbar zu werden. Übrigens könnte man sich fragen, ob für Feen – wie für andere Geister – die Unsichtbarkeit nicht eher der »Normalzustand« ist, so daß es richtiger wäre zu sagen, sie seien imstande, nach Bedarf sichtbar zu werden.

So gut wie nie werden Mützen, Hüte oder Kappen im Zusammenhang mit den Wasserfeen erwähnt; bei ihnen werden dafür mehr als bei den übrigen Feen die langen blonden Haare und die Vorliebe für das Kämmen betont. Auch von einer richtigen Bekleidung ist bei ihnen im Gegensatz zu den auf dem Land lebenden Feen nicht sehr oft die Rede.

Im allgemeinen aber gleicht die Feenkleidung nicht dem Gewand, das vom einfachen Volk der jeweiligen Epoche und Gegend getragen wurde, sondern wirkt in irgendeiner Weise fremdartig oder vornehm auf den Betrachter. Gleichzeitig ist jedoch häufig von der großen Schlichtheit der Feengewänder die Rede. Deshalb haben offenbar besonders hübsch gearbeitete Schuhe oder Kleidchen eine so große Anziehungskraft auf das Kleine

Volk. In Wales wiederum heißt es, die dortigen Feen, die *Tylwyth Teg*, seien eleganter gekleidet als sterbliche Frauen. Daher sagte man von besonders modisch oder auffallend angezogenen Mädchen, sie sähen aus wie die Tylwyth Teg. Im Norden des Landes wußte man sogar zu berichten, die Feen trügen bei ihren nächtlichen Tänzen mit Vorliebe blaue Unterröcke!

Wie konkret und detailliert solche Beschreibungen zum Teil auch sein mögen, so darf doch nicht vergessen werden, daß man es bei den Feen mit *ätherischen Wesen* zu tun hat und daß die Menschen sie immer nur durch ihre kulturspezifischen und persönlichen »Brillen« sehen. Aber es ist wohl eine Tatsache, daß Feen in jeder beliebigen Form erscheinen, genausogut jedoch auch unsichtbar bleiben können, und daß sie dann nur noch – von besonders sensiblen Menschen – etwa als Energiekonzentrationen oder Kraftströme wahrzunehmen sind.

Praktisch auf der ganzen Welt wird erzählt, daß die Feen, wenn sie sich in menschlicher Gestalt zeigen, irgendeinen körperlichen Makel aufweisen – vielleicht als augenfälliges Zeichen dafür, daß sie keine Sterblichen sind. Dieser Makel kann beispielsweise ein nach hinten gedrehter Fuß sein, wie aus dem Hindukusch und manchen Teilen Afrikas belegt, oder aber ein hohler Rücken (Skandinavien); dazu kommen noch Schwimmhäute zwischen den Zehen eines Fußes (Nordpolarregion), zuweilen extreme Häßlichkeit (Amerika) oder Ziegenfüße, wie sie die *Dialen*, die Feen der Alpenländer, besitzen sollen. Den Feen in Chitral fehlen die Knie oder Fußgelenke, und zudem sind ihre Füße verdreht. Daß sich ein solcher Mangel sogar auf die Nachkommen einer Fee und eines Menschen übertragen kann, läßt sich dem

Sagenstoff um Melusine entnehmen, deren Kinder fast alle einen mehr oder weniger auffälligen körperlichen Fehler besaßen.

Beim Aussehen der Feen gilt es noch auf einen speziellen Punkt einzugehen, der schon einige Diskussionen ausgelöst hat: Haben die Feen Flügel, oder haben sie keine? Bei frühen Märchen und Berichten ist nur hin und wieder von ihnen die Rede. In Ländern, in denen die Feen für die Menschen noch eine Realität darstellen, wird ebenfalls nur sehr selten von Flügeln gesprochen. Aus dem europäischen Raum gibt es zu Anfang dieses Jahrhunderts Berichte über Feensichtungen, wobei deren Flügel als überaus zart und durchscheinend beschrieben werden, wie bei Libellen oder Schmetterlingen.

Ein Engländer aus der Gegend des Lake District behauptete im Jahre 1922, er habe Feen zu Gesicht bekommen, die an einem Fluß tanzten. Ihre Kleidung sei blaßblau gewesen, und ihre Flügelchen hätten bei der raschen Bewegung geflattert. Einige von den ungefähr fünfzehn Zentimeter großen Wesen hätten einen losen Gürtel getragen, von dem so etwas wie ein Horn herabgehangen sei. Diese Schilderung scheint jedoch stark durch zeitgenössische bildliche Darstellungen beeinflußt zu sein.

Dasselbe gilt vermutlich auch für die im Jahre 1917 in Cottingley in England aufgenommenen angeblichen Fotos von Feen, die selbst Sir Arthur Conan Doyle für echt hielt und in seinem Buch *The Coming of the Fairies* erwähnte. Die Feen auf diesen Fotografien haben kleine Flügelchen, sind sehr winzig und nach der Mode der Zeit gekleidet.

Nach einem Bericht aus Melanesien besitzen die Feen Flügel, »so fein und zart wie diejenigen von Fledermäusen«. Sie schweben vom Himmel zur Erde herab, um zu baden. Eines Tages beobachtete sie ein junger Mann namens Tagaro dabei, wie sie gerade ihre Flügel abnahmen. Schnell schnappte er sich ein Paar und versteckte sich. Als die anderen Feen wieder ihre Flügel befestigt hatten und zurück zum Himmel geflogen waren, blieb nur die eine übrig, deren Flügel Tagaro an sich genommen hatte. Er brachte die Fee in sein Haus und heiratete sie. Ihre Flügel aber vergrub er im Garten.

Als nun eines Tages seine Frau das Unkraut jätete, riß sie aus Versehen auch einige reife Jamswurzeln aus, und Tagaros Brüder, die ihr dabei zusahen, schalten sie deswegen. Da setzte sie sich traurig auf die Erde und weinte. Ihre Tränen aber schwemmten den Erdboden weg und tropften auf ihre darunter verborgenen Flügel. Glücklich nahm die Fee sie wieder an sich und flog in den Himmel zurück.

Solche vereinzelten Berichte können jedoch unmöglich begründen, wieso in der späteren Literatur und vor allem in der Kunst die Elfen und die britischen »Fairys« fast immer mit zarten, durchsichtigen Flügelchen versehen wurden.

Diese Entwicklung läßt sich vielleicht folgendermaßen erklären: Geistwesen, wie die Feen, können fliegen, ohne daß sie dafür ein so unbeholfenes Mittel wie Flügel benötigen würden. Je stärker aber die Feen im Laufe der Zeit in den Märchen-, Sagen- und Literaturschatz eines Volkes eingingen und je mehr ihnen diesseitige, menschliche Züge und Verhaltensweisen zugeschrieben wurden, desto mehr sah man sich vor die Notwendigkeit gestellt, ihre übernatürlichen Fähigkeiten irgendwie rational zu deuten, und so fanden sich die »Engelsflügel« (ähnlich wie die Tarnkappen) nach und nach ganz von selbst ein.

In allen Sprachen der Welt zu Hause

Eine Frage, die ebenfalls des öfteren gestellt wurde, lautet, welcher Sprache sich die Feen eigentlich bedienen? Und auch hier geben Märchen und Berichte verschiedene Auskünfte. Zum einen sollen sich Menschen jeder Nation mit »ihren« Feen verständigen können, die Feen das jeweilige Landesidiom beherrschen. Gelegentlich sollen sie sogar, ebenso wie sie vornehme oder besonders feine Kleidung tragen, die Sprache der »besseren Leute« benutzen.

Die Bevölkerung Garhwals, in Nordindien, meint, die Feen würden nicht die Stammes-, sondern die Amtssprache Hindi verwenden, und auch in Hunza teilen sie sich nicht in der Landessprache Burushaski mit, sondern in Shina oder dem offiziellen Urdu. Ihr menschlicher Gesprächspartner scheint bei der Unterhaltung plötzlich imstande zu sein, die jeweilige Hochsprache zu verstehen und selbst zu sprechen.

Giraldus Cambrensis berichtet von einem Ereignis, das etwas andere Informationen liefert. Dieser Geistliche, auch Gerald von Wales genannt, lebte im 12. Jahrhundert und widmete einen Großteil seines Lebens der Abfassung historischer Schriften. In seinem Werk *Itinerarium Cambriae* berichtet er von einem Mönch namens Eliodorus, der als kleiner Junge aus Angst vor seinem Lehrer häufig die Schule schwänzte.

Als er sich nun einmal lange Zeit in einer Höhlung am Ufer eines Flusses versteckt hatte, erschienen plötzlich zwei kleine Männlein, die er sofort als Feen erkannte, und nahmen ihn mit sich fort in ihr wundervolles Reich. Von nun an besuchte der junge Eliodorus die Feen immer wieder, und eines Tages bat ihn seine Mutter, der er von seinem Erlebnis erzählt hatte, ihr doch etwas von dem Gold des Kleinen Volkes mitzubringen. Doch wie er versuchte, den goldenen Ball des Feenprinzen zu stehlen, wurde er erwischt und fand von nun an auch den Weg in das Feenland nicht wieder.

So war Eliodorus erneut gezwungen, die verhaßte Schule zu besuchen, und einige Jahre später wurde er schließlich zum Priester geweiht. Eines Tages berichtete er einem Bischof von seinen Kindheitserlebnissen, nicht ohne in der Erinnerung daran Tränen zu vergießen. Auf die Fragen des hohen Geistlichen erklärte er unter anderem, die Feen äßen weder Fleisch noch Fisch, sondern Milchspeisen, die mit Safran gewürzt seien und als eine Art Brei zubereitet würden. Was nun aber die Sprache der Feen angehe, so habe er selbst, Eliodorus, sie gelernt. Es handle sich um eine Sprache, die der seinen, also dem Keltischen oder Walisischen, sehr ähnlich sei. Sie erinnere allerdings auch ein wenig an das Griechische.

Soweit also die Aussage eines Augenzeugen aus dem 12. Jahrhundert! Hier ist etwas zur Ernährung der Feen gesagt, das mit den meisten anderen Berichten übereinstimmt. Nur ausnahmsweise kann man nämlich hören, daß sie Fleisch essen. Fast immer werden »weiße« Nahrungsmittel wie Milch, Mehl, Sahne, Butter und dergleichen mehr bevorzugt. Doch auch Brot – am liebsten helles – mögen sie gern, und offenbar sind sie sogar selbst imstande, hervorragende Backwaren herzustellen.

Vergleichsweise wenige Märchen oder Erzählungen enthalten Angaben zur Sprache der Feen – da sie den Menschen offenbar entweder verständlich war oder eben nicht besonders bemerkenswert oder auffallend zu sein schien. Hin und wieder berichteten Landleute von durchziehenden, ungewöhnlich aussehenden kleinwüchsigen Fremden, die in einer unverständlichen Sprache miteinander redeten und mit großer Wahrscheinlichkeit zum Kleinen Volk gehörten. Solche Berichte sind aber doch die Ausnahme. Und so kann man wohl davon ausgehen, daß Feen im Prinzip die Sprache der Einheimischen beherrschen – oder, allgemeiner formuliert, sich mit den Menschen verständigen können.

Die Kraft der Musik des Guten Volkes

Welches Idioms sich die Feen nun auch bedienen mögen, sie tun es jedenfalls mit einer melodischen Stimme und, wie es zuweilen heißt, in leisem Ton. Nur äußerst selten hört man von lautem Geschrei oder Gekreisch. Oft genug ist jedoch zu erfahren, daß die Feen jeglichen Krach und Lärm verabscheuen. Dafür lieben sie überall auf der Welt Musik, Tanz und Gesang. Dabei sind sie durchaus selbst imstande, schöne Musik zu machen. In vielen Märchen wird ausdrücklich die überirdisch liebliche Feenmusik erwähnt, welche die

Menschen in ihren Bann zieht und dazu bringt, sich unter die Feen zu mischen und dabei alle irdischen Belange vollkommen zu vergessen.

Noch zu Anfang dieses Jahrhunderts berichteten schottische und irische Gewährsleute, daß die Feen, wie sie selbst mehrfach gehört hätten, Dudelsack und Flöte liebten.

Sie beschränkten sich allerdings nicht darauf, Instrumente zu spielen, sie sangen auch sehr gern. Hier sei die irische Version einer Geschichte erzählt, die in abgewandelter Form zudem aus Schottland und Frankreich bekannt ist und in mancher Hinsicht für die Feen typisch erscheint.

Es lebte einmal ein armer Korbflechter, der war durch einen enormen Buckel verunstaltet und daher so häßlich, daß sich die Leute vor ihm fürchteten. Man nannte ihn Fingerhütchen, weil er allezeit auf seinem Hut einen Zweig dieser Pflanze trug. Als der Korbflechter eines späten Abends auf dem Weg nach Hause war, kam er an einem Hünengrab vorbei und beschloß, dort Rast zu machen und sich ein wenig auszuruhen.

Mit einem Mal vernahm er eine fremdartige, wundersame Musik, die aus der Erde zu ihm heraufdrang. Er blieb überrascht stehen, um zu lauschen, und er meinte, noch nie in seinem Leben etwas so Schönes gehört zu haben. Es waren mehrere einzelne Stimmen, die harmonisch zusammenklangen, und sie sangen die folgenden Worte: »*Da Luan, Da Mort, Da Luan, Da Mort, Da Luan, Da Mort*.« Dann folgte eine kleine Pause, bevor die Musik wieder von vorne anfing.

Der Korbflechter, der anfangs voll Verwunderung

gelauscht und deutlich gehört hatte, daß der Gesang aus dem Hünengrab kam, fand es endlich doch ermüdend, immer wieder dasselbe vernehmen zu müssen. Als schließlich die unsichtbaren Sänger wieder einmal bis zum dritten »*Da Mort*« gekommen waren, ergänzte Fingerhütchen das Lied, indem er weitersang: »*Augus Da Cadine.*«

Die kleinen Feen im Hügel freuten sich außerordentlich, als sie den Zusatz zu ihrem Lied hörten, und beschlossen sogleich, das Menschenkind, das ihr Lied derart bereichert hatte, zu sich herabzuholen – und Fingerhütchen wurde mit der Schnelligkeit des Wirbelwindes zu ihnen getragen.

Die Feen waren von ihrem neuen alten Lied aber so begeistert, daß sie dem Korbflechter, als er später eingeschlafen war, zum Lohn seinen Buckel abnahmen und ihn obendrein noch mit neuen Kleidern ausstatteten. Als Fingerhütchen erwachte und bemerkte, was geschehen war, wußte er sich vor Freude kaum zu fassen, lief nach Hause und erzählte jedem, der es hören wollte, von dem außergewöhnlichen Ereignis.

Ein anderer Buckliger aber, der von Fingerhütchens Erlebnis gehört hatte, und auf die gleiche Weise seine Behinderung loswerden wollte, wurde von den Feen statt dessen mit einem weiteren Buckel bestraft. Er hatte nämlich nicht, wie der Korbflechter, die Pause im Lied abgewartet, sondern unhöflich einfach mitten hineingesungen und damit den Zorn der Unterirdischen erregt.

Dieses Feenlied könnte auch das Lied der Wochentage genannt werden, da *Da Luan* »Montag«, *Da Mort* »Dienstag« und das vom Korbflechter hinzugefügte *augus da Cadine*[21] »Mittwoch« bedeutet. Ein solch einfallsloser Text will allerdings nicht recht zu den Feen passen, von denen behauptet wird, sie seien in allen Dingen sehr geschickt. Hübscher sind da schon die folgenden beiden Strophen eines Liedes, das, wie ein Märchen Auskunft gibt, die Feen in Wales sangen, wenn sie nachts in ihren Ringen tanzten:

Singend, singend, durch die Nacht
Tanzen wir mit unsrer Macht,
Wo auf dem Moor das Mondlicht wacht:
Immer glücklich wir!

Fröhlich ohne Unterlaß,
Sorglos tanzen wir fürbaß,
Tanzen auf dem grünen Gras
Immer munter wir!

Doch die Feen ersannen keineswegs nur in Europa ihre eigenen Lieder. An die beiden nächsten Strophen erinnerte sich beispielsweise ein Eingeborener von den Fidschiinseln, weil sie ihm so außerordentlich gut gefallen hatten:

Bereit zum Ausgraben sind *rukuruku* und *raurau*;
Und im Überfluß bereit ist mein geliebtes *toarau*;
Und zur selben Zeit bereit ist die Jamswurzel von Nggalau.
Die Unermüdlichen, ye!

An einem Bach an den Gipfel des Berges gebunden;

An zwei Bächen an den Gipfel des Berges
gebunden;
Seht, der Ozean hat wieder zu seiner Quelle
gefunden!
Die Ebben, ye!

Der Mann versicherte dem Forscher Thomas Williams mit leuchtenden Augen, er habe mit eigenen Ohren die Feen dieses Lied des öfteren singen hören. Zu diesem Zweck aber hätten sich die kleinen Leutchen in Gruppen auf den Berggipfeln versammelt.

Schließlich mag hier noch der Text eines kurzen Liedes folgen, das, wie die Maori zu berichten wissen, die Feen auf Neuseeland zu singen pflegten:

Ausgebreitet unten liegt der Rotorua-See;
Wie still und ruhig liegt er!
Das ist unser Tag für Tanz und Gesang.
Wie weit der Schall wird tragen!

Offenbar hatten die Feenlieder, wenn schon nicht übermäßig geistreiche Texte, so doch eingängige Melodien, denn eines von ihnen wurde in Schottland offenbar regelrecht populär:

Eines schönen Abends machte sich eine Bäuerin nach dem Melken mit ihren Eimern auf den Weg nach Hause, während ihr Hund neben ihr her trottete. Da bemerkte sie auf einmal, wie er den Weg verließ und zu einem grünen Hügel lief. Dort warf er sich auf den Boden und preßte sein Ohr gegen die Erde.

Die erstaunte Frau stellte ihre Eimer ab und ging zu

dem Tier hin, um seinem seltsamen Betragen auf den Grund zu gehen. Bei ihm angekommen, hörte sie verwundert, wie unter ihr eine Frau Butter stampfte und dabei ein Lied sang, dessen Refrain stets mit dem Ausruf »Hu!« endete. Die Bäuerin war von dem Lied so angetan, daß sie es sich gut einprägte, während sie ihren Weg nach Hause fortsetzte. Und durch sie wurde es weithin als das *Lied vom Hügel* bekannt.

Der Faktor Zeit im Feenreich

Die Feen sollen, wenn sie schon nicht ewig jung bleiben, dann doch bedeutend langsamer altern als wir Menschen. Diese Aussage stimmt mit dem oft überlieferten Phänomen überein, daß die Zeit im Feenreich ungleich langsamer zu vergehen scheint als in der übrigen Welt. Dazu paßt außerdem, daß die Feen offenbar eine Art »Zwischenwesen« darstellen: Sie sind keine Menschen, aber auch keine Götter. Dementsprechend bleiben sie, bei all ihrer Überlegenheit uns gegenüber, doch gleichfalls dem Faktor Zeit unterworfen – wenngleich in einer anderen Weise, in anderem Maße als wir selbst: Was für uns ein Jahr ist, kann für sie vielleicht nur eine Minute sein.

Zur Frage, ob Feen sterben können, gibt es widersprüchliche Ansichten. Manche – darunter Wilhelm Mannhardt in seinem Buch *Wald- und Feldkulte* – behaupten, daß sie sich im Alter in Steine und Bäume verkriechen und mit diesen verwachsen und eins werden. Zwar werden in Märchen hin und wieder ein Feenbegräbnis oder kranke Feen erwähnt, insgesamt stellen solche Berichte aber doch die Ausnahme dar.

Da die Feen aber eben keine transzendenten Götter sind, ist wohl anzunehmen, daß auch sie einmal sterben müssen. Robert Kirk, der bereits erwähnte schottische Feenforscher, ist der Ansicht gewesen, daß sie einfach irgendwann dahinschwinden und vergehen. Wenn also bisher zur Abgrenzung vom Kleinen Volk von »den Sterblichen« gesprochen wurde, so ist dieser Gegensatz nicht absolut zu verstehen: Die Menschen sind, verglichen mit den Feen, in dem Sinne »sterblich«, daß sie ungleich kürzer leben.

Sterben müssen die Feen aber aller Wahrscheinlichkeit nach ebenfalls. Ihr Tod dürfte allerdings nicht – wie christlich eingefärbte Märchen durch die Behauptung, Feen hätten keine unsterbliche Seele, suggerieren – als endgültiges Verschwinden und vollständige Auflösung zu verstehen sein. Wenn Feen sterben, dann nur, um der übrigen Natur gleich irgendwann und in irgendeiner Form von neuem zu erscheinen.

Vom Reichtum des Handwerks und der Viehwirtschaft

Da die Feen sehr viel länger leben als wir Menschen, steht ihnen natürlich erheblich mehr Zeit zur Verfügung, um sich in allen möglichen Tätigkeiten zu vervollkommnen. So sind sie nicht nur ausgezeichnete Musikantinnen und Tänzerinnen, sondern auch hervorragende Spinnerinnen und Weberinnen.

Sie spinnen jedoch nicht nur Wolle und Leinen: Unsere *Holzfräulein* etwa spannen das zarte Miesmoos, das sie anschließend von einem Baum zum anderen aufhängten. Von diesem Garn verschenkten sie an bevorzugte Sterbliche Knäuel, welche die Eigenschaft besaßen, daß sie nie ausgingen. Dieses sogenannte Holzfräuleingarn wanden die Feen zum Aufbewahren um bestimmte Äste, und war ein Sterblicher so glücklich, eine solche »Spule« zu finden, nahm er sie mit nach Hause und hob sie sorgfältig auf, da sie, wie man glaubte, dem Haus Glück bringen würde.

Einer der typischen Scherze der Feen bestand darin, ihre dünnen Gespinste quer durch den Wald zu ziehen und damit den Wanderer in die Irre zu führen. Wenn sie sich jedoch nicht auf Unfug verlegten, halfen sie Frauen und Mädchen, denen sie wohlgesonnen waren, fleißig in den Spinnstuben, standen ihnen mit Rat und Tat zur Seite und wachten überhaupt über alles, was mit dieser wichtigen hausfraulichen Tätigkeit zusammenhing. Daß sie aber nicht nur die Menschen beim Spinnen und Weben unterstützten, sondern gelegentlich auch deren Geräte für sich selbst benutzten, erzählt ein schottisches Märchen:

Es lebte einmal ein Weber, der ein von allen geachteter ehrlicher und fleißiger Mann war. Eines Nachts nun erwachte er von einem ungewohnten Lärm und Getöse, das von seiner Arbeitsstube herauftönte. Er erhob sich erschrocken und schlich auf Zehenspitzen zur Tür, um der Sache auf den Grund zu gehen.

Wie erstaunte er aber, als er das Zimmer voller kleiner Feen fand, die sich mit der größten Selbstverständlichkeit seines Handwerkszeugs bedienten! Sie hatten einen Sack Wolle bei sich und waren nun eifrig damit beschäftigt, diese zu kämmen, zu krempeln und anschließend zu spinnen. Das fertige Garn wurde sodann eilends gewebt und gefärbt, und noch vor Tagesanbruch verschwand die ganze Gesellschaft mit einer großen Menge fertigen Tuchs aus der Werkstatt des verdutzten Webers.

Doch auch in anderen Handwerken sind die Feen bewandert. Sie können hervorragendes Brot backen, kennen sich in der Heilkunde weit besser aus als jeder Arzt, fertigen feine Lederarbeiten an und gehen, wie schon die *Edda* berichtet, sehr geschickt mit Metall um. Dieses Metall darf aber unter keinen Umständen Eisen sein, gegen das sie eine unüberwindliche Abneigung hegen. Interessant in diesem Zusammenhang ist, daß fast alle übrigen Geistwesen ebenfalls Eisen nicht ausstehen können – und das überall auf der Welt.

Mit ihrer Vorliebe für die Verarbeitung von Metall, das sie ja aus der Erde beziehen, geht offenbar der große Reichtum einher, der ihnen allenthalben zugeschrieben wird. Wie ihre Verwandten, die Zwerge, sollen sie Gold und Edelsteine horten. Auch soll es bestimmte Plätze, in Wales beispielsweise den Berg Moel Eilian, geben, unter denen die Feen Schätze aufbewahren. In den Alpen glaubte man noch bis vor kurzer Zeit, daß die Dialen, bildhübsche Feen mit Bocksfüßen, in ihren unterirdischen Wohnungen unermeßliche Mengen von Silber und Edelsteinen angehäuft hätten.

Zwar sollen die Paläste der Feen ausgesprochen reich mit Edelsteinen, Gold und Silber verziert sein, gleichzeitig scheinen aber die Feen auf ihren Reichtum nicht stolz zu sein, sich darauf etwas einzubilden oder ihn auch nur besonders hoch zu achten. Die Feen betrachten ihre Edelsteine – falls sie tatsächlich dergleichen besitzen – als etwas Hübsches, das ihre Wohnungen genauso schmückt, wie beispielsweise Blumen dies täten. Und den Streitereien, die gelegentlich zwischen verschiedenen Feengeschlechtern stattfinden sollen, liegen wohl kaum solch niedere materialistische Ursachen wie Besitzstreben und Habgier zugrunde.

Diejenigen Feen, die in Familienverbänden wohnen, leben offenbar im Prinzip nicht anders als die Menschen: Sie ziehen ihre Kinder auf, bepflanzen ihre Gärten und halten ihr eigenes Vieh. Die Rinder und anderen Haustiere der Feen sind wegen ihrer vorzüglichen Eigenschaften berühmt, und eine ganze Reihe von Geschichten rankt sich um sie. Sie sollen sehr schön, manchmal sehr groß, in anderen Gegenden aber recht klein und von grauer, blauer oder rotweißer Farbe sein. Die blauen Kühe der deutschen Feen wußten im voraus, wenn Feinde sich näherten, und zeigten den Menschen rechtzeitig sichere Verstecke.

Das Feenvieh ernährt sich nicht immer von Gras, sondern zum Teil auch von Tau. Andererseits wird oft behauptet, die Kühe der Feen fräßen das schöne saftige Gras von den Weiden und fügten den Bauern dadurch Schaden zu. Auf keinen Fall aber darf man solche Kühe vertreiben, da man sich sonst den Zorn der Feen zuzieht – und manch einer wurde schon bettelarm, nachdem er diese frevelhafte Tat begangen hatte.

Stille Freunde von Flora und Fauna

Doch die Feen besaßen nicht nur eigenes Vieh, sie hatten auch eine besondere Beziehung zu manchen anderen Tieren, darunter besonders zu Hirschen und Rehen, in Japan und China zu den Füchsen und in Gebirgsregionen zu Gemsen und Steinböcken. Eine sowohl in Korea wie in Japan bekannte Geschichte erzählt von einer Fee in Hirschgestalt, die von einem Jäger verfolgt wird und einen Holzhacker um Hilfe bittet. Dafür zeigt sie sich später erkenntlich, indem sie ihm eine Feenfrau verschafft. Legion sind außerdem die Märchen aus der ganzen Welt, in denen eine verzauberte, oftmals weiße Hirschkuh eine Rolle spielt.

Die Feen standen aber gleichfalls den Adlern, Krähen und Raben, den Gänsen und Schwänen sowie den Fischen sehr nahe – darunter, wenigstens in Europa, besonders den Forellen und Lachsen. Bei den Maori waren es dagegen rote Aale, die man unter keinen Umständen fangen durfte, weil die Feen den Übeltäter sonst schnurstracks auf ihren Berg mitgenommen hätten. Bei den Kelten hieß es, daß Lachse ins Wasser gefallene Haselnüsse fraßen und für jede Nuß einen weißen Flecken auf ihrer Haut erhielten. Der Genuß eines solchen Lachses aber gewährte mystisches Wissen und Einsicht in verborgene Dinge.

Schließlich gibt es bestimmte Tiere, welche die Feen aus irgendeinem Grund nicht ausstehen können. Hierzu gehören im kaschmirischen Astortal die Hühner. Die Feen vernichten dort, wie die Einwohner erzählen, mit Vorliebe deren Eier und sorgen dafür, daß die Vögel schon kurz nach der Anschaffung sterben.

Wie in die bereits erwähnten Hirsche konnten sich die Feen ebenfalls in alle möglichen anderen Tiere verwandeln. Einer ihrer Favoriten war dabei in vielen Gegenden der Welt die Katze, die ein Spiegelbild ihres Charakters ist: gleichzeitig unabhängig und häuslich, verspielt und gefährlich, verschmust, kratzbürstig, rachsüchtig und unberechenbar – aber nicht bösartig.

In einem irischen Märchen sitzt eine Frau nachts noch spät an ihrem Spinnrad. Da klopft es mehrmals an die Tür, und als sie öffnet, tritt eine schwarze Katze ein, der zwei weiße kleine Kätzchen auf dem Fuße folgen. Sie legen sich alle drei neben das Feuer, putzen sich und schnurren laut. Schließlich beginnt die schwarze Katze zu sprechen. Sie warnt die Frau davor, abends so lange aufzubleiben, da sie die Feen dadurch daran hindern würde, in das Haus zu kommen. Und wenn sie nicht so freundlich zu ihr selbst und ihren Kindern gewesen wäre, dann wäre sie jetzt nicht mehr am Leben. Nun möge sie ihnen noch eine Schüssel Milch hinstellen, und dann würde sie mit ihren beiden Töchtern wieder verschwinden.

Die Frau tut wie geheißen, die Katzen trinken die Milch und schießen dann durch den Schornstein davon. In der Asche aber lassen sie zum Dank ein blinkendes Silberstück zurück.

Die Katze ist von jeher auch mit den Hexen in Verbindung gebracht worden – ebenso übrigens wie die Ziege und der Ziegenbock, zu denen die Feen gleichfalls in enger Beziehung stehen. In den Bergen Europas wie beispielsweise im Himalaja galten die Feen – und gelten zum Teil noch heute – als Hüterinnen und Herrinnen der Bergziegen und Steinböcke, und niemandem war es erlaubt, ohne ihre Einwilligung eines dieser Tiere zu schießen.

Gleichzeitig aber konnten sie sich, wenn sie es wollten, durchaus auch selbst in einen Steinbock oder ein anderes Bergtier verwandeln. Wenn ein Jäger ein solches Tier erbeutete, durften er und seine Familie zwar das Fleisch essen, die Knochen jedoch mußten ohne Ausnahme heil und vollständig bleiben. Der Fee durfte nicht ein Knöchlein fehlen, damit sie den Steinbock wieder zusammensetzen und lebendig machen konnte.[22]

Waren die Feen in Chitral aus irgendeinem Grund ungnädig, konnte es dem Jäger beim Zielen geschehen, daß er plötzlich eine Frau oder einen Adler ins Visier bekam. Setzte er die Flinte ab, war das Spukwesen wieder verschwunden. Zielte er erneut, wiederholte sich die Erscheinung. Nahm er dann jedoch die Warnung nicht zur Kenntnis und schoß, so erkrankte er mit großer Wahrscheinlichkeit binnen kurzem oder starb gar. Daher hielten sich die Jäger aller Gebirgsgegenden – in den Alpen wie im Hindukusch – üblicherweise an die Gebote der Feen.

Die Feen fühlen sich aber nicht nur zu Tieren, sondern auch zu Pflanzen besonders hingezogen, ja zur gesamten Natur. Sie beschützen Blumen, Felder, Wälder und die Gewässer. In Gebieten, in denen es ohnehin wenig Bäume gibt, achten sie streng darauf, daß die wenigen vorhandenen erhalten bleiben. Sie lieben Felsen, Steine, Quellen, Flüsse und Seen. Darüber hinaus gebieten sie über das Wetter, und zwar vor allem über den Regen. Sie können schlechtes Wetter vorhersehen und -sagen, Regen herbeirufen oder aber hinwegzaubern.

Wenn es in Chitral viele Tage hintereinander regnet,

bringen die Bergbewohner den Feen ein Opfer. Sie gießen Schmelzbutter über Fladenbrote, häufen glühende Holzkohle darüber und stellen dann das Ganze in den strömenden Regen. Auch werfen sie Speisen aus »weißen« Lebensmitteln wie Mehl, Butter, Milch und Salz in einen Bach, damit die Feen die Sonne wieder scheinen lassen. Die Menschen dort glauben fest daran, daß die Feen unbefugtes Eindringen in ihre Bereiche mit Hagel, Sturm und Schnee bestrafen.

Wie stark die Menschen selbst in unseren Breiten früher davon überzeugt waren, daß Feen für Regen sorgen konnten, zeigt Theodor Storms *Regentrude.* Hier weiß die alte Großmutter noch ein Sprüchlein, mit dem man die Regentrude wecken und dazu bewegen kann, das kühle Naß über die Erde auszugießen. Zu ihrer unterirdischen Behausung gelangt man durch einen hohlen Weidenbaum. Unter der Erde lebt sie inmitten blühender Gärten neben einer Quelle. Wenn Storms Märchen auch erfunden ist, basiert es doch auf altem Wissen, von dem er Kenntnis hatte und aus dem er schöpfte.

Selbst zu den Winden stehen die Feen in enger Beziehung. Eine ihrer Lieblingsbeschäftigungen überhaupt scheint es ja zu sein, sich in einen Wirbelwind zu verwandeln. Sei es, um auf diese Weise bestimmte Personen zu bestrafen, um schnell zu verschwinden, zu reisen – oder einfach nur so zum Spaß.

Als Helga Venzlaff, eine Professorin für Orientalistik, vor etwa zwanzig Jahren mit dem Auto und zwei einheimischen Begleitern Marokko bereiste, sah sie eine Windhose auf sich zukommen. Die beiden Marokkaner baten sie inständig anzuhalten, weil in diesem Wirbelwind ein Dschinn, ein Naturgeist, reise und es sehr gefährlich sei, ihm, zumal mit einem eisernen Auto, in die Quere zu kommen. Sie erzählten ihr, daß ein Freund von ihnen sie bei einer ähnlichen Gelegenheit wegen dieses angeblichen Aberglaubens ausgelacht und mutwillig mit dem Messer in die Windhose gestochen habe. Da sei plötzlich Blut geflossen und der Freund verletzt zu Boden gefallen.

In einem indianischen Märchen will ein Mann eine Fee heiraten, sie aber warnt ihn vor sich, denn sie heiße Wirbelwind. Als er nicht hören will und nach ihr greift, verwandelt sie sich in eine Windhose und nimmt ihn mit sich fort. Dann setzt sie ihn an einer weit entfernten Stelle ab und empfiehlt ihm, sich diese Erfahrung eine Lehre sein zu lassen. Früher brauchte man den Menschen aber nicht erst zu sagen, daß mit Wirbelwinden nicht zu spaßen ist, weil jedermann um deren wahre Natur wußte.

Früher mußte man die Menschen auch nicht davor zurückhalten, eine weiße Forelle zu fangen, weil es ja schließlich möglich war, daß sich in dieser Gestalt eine Fee verbarg. Wenn ein solches Tier gesichtet wurde, traute sich niemand, sich an ihm zu vergreifen.

In Irland aber geht die Sage, daß sich einmal ein Soldat nicht an dieses ungeschriebene Gesetz hielt, sondern eine weiße Forelle fing. Er nahm sie triumphierend mit nach Hause und warf sie dort in die Pfanne, um sie zu braten. Die Forelle schrie auf, doch der Soldat lachte nur. Zu seinem Erstaunen bemerkte er aber, als er sie nach einiger Zeit umwendete, daß sie kein bißchen angebräunt war. Auch die andere Seite blieb so weiß wie zuvor. Da ärgerte sich der Soldat und nahm sich vor, den Fisch eben so zu essen, wie er war – braun oder nicht. Er stellte also die Pfanne auf den Tisch und wollte gerade den ersten Bissen abschneiden, als ein mörderisches Kreischen ertönte. Der Mann fuhr erschrocken zurück und sah schreckensstarr, wie der Fisch auf den Fußboden sprang und sich dort in das schönste Mädchen verwandelte, das er je gesehen hatte. Es trug ein weißes Kleid und ein goldenes Band in den langen Haaren, und Blut rann ihm an einem Arm herunter.

Die Schöne sprach den Soldaten an und forderte ihn auf, sie sofort wieder zurück in den Fluß zu werfen, da sie vorher dort auf ihren Liebsten gewartet hätte. »Falls ich ihn aber deinetwegen nun verpaßt habe, werde ich dich zur Strafe in eine Elritze verwandeln!«

Kleinlaut versprach der Mann, ihren Wunsch sofort zu erfüllen, und tat auch wirklich wie geheißen, sobald sich das Fräulein wieder in die weiße Forelle zurückverwandelt hatte.

Bis auf diesen Tag aber ist an der Seite der Forelle, dort, wo der Soldat sie geschnitten hatte, eine kleine rote Wunde zu sehen.

Er selbst war seitdem wie verwandelt; er kündigte seinen Dienst und zog sich als Eremit in die Einsamkeit zurück. Und man sagt, er habe den Rest seines Lebens für die Seele der weißen Forelle gebetet.

ACHTES KAPITEL

Vom Nutzen und Frommen der Feenpflanzen

Seit jeher geschützt: heilige Blumen, Feenkräuter und Freibäume, denen zum Teil magische Eigenschaften zugesprochen werden.

Bevor die Menschen anfingen, sich ganz auf ihren »Verstand« und ihre »Vernunft« zu verlassen und sich einzubilden, damit ginge eine grundsätzliche Überlegenheit über alle anderen Lebewesen einher, brachten sie der Natur Achtung und Respekt entgegen. In einer Gesellschaft, in der der Großstadtbewohner kaum noch nachvollziehen kann, woraus das Brot besteht, das er täglich ißt, Kinder nie in ihrem Leben ein Reh in freier Wildbahn zu Gesicht bekommen oder eine Lerche über ihren Köpfen singen hören, ist der Kontakt zu Pflanzen und Tieren dagegen praktisch völlig aufgehoben.

Die selbstverständliche Folge eines solchen entwurzelten und naturfernen Lebens ist aber, daß es viele Menschen beispielsweise recht wenig kümmert, welchen Chemikalien zahlreiche Gemüse das erstaunlich gesunde Aussehen und die Frische verdanken oder ob infolge des Einsatzes von Unkraut- und Insektenvertilgungsmitteln Maikäfer, Mohn und Kornblumen aus unseren Breiten verschwinden.

Ebensowenig aber wie ein Wüstenbewohner jemals einen der wenigen Trinkwasserbrunnen verunreinigen oder ein Inuit nur um des Felles willen Tausende von Robben töten würde, hätte der Mensch früherer Zeiten es gewagt, sich mehr als unbedingt notwendig an den Pflanzen seiner Umgebung zu vergreifen. Das Holz, das er zum Heizen benötigte, kaufte er nicht hübsch verpackt und handlich zugeschnitten im Supermarkt, er war vielmehr gezwungen, selbst einen Baum zu fällen. Auf unsere heutige Situation übertragen, heißt das, wir müßten, um an einen veritablen Sonntagsbraten zu kommen, schon selbst die Kuh, das Schwein oder den Truthahn hierfür töten, schlachten und zerlegen.

Daß der Baum für den früheren Menschen ein beseeltes Wesen war, belegen zahlreiche alte Holzfällerausdrücke: Der Baum *ächzt, stöhnt, blutet*, ist *verwundet* und *stirbt*. Die Holzfäller pflegten daher jeden Baum um Verzeihung zu bitten, bevor sie ihn schlugen. Einen lebenden Baum zu schälen galt ehemals als ähnlicher Frevel wie einen Menschen bei lebendigem Leib zu häuten.

Im *Oberurseler Weistum* steht dazu geschrieben: »Wer das täte, dem soll man sein Nabel aus seinem Bauch schneiden und ihn mit demselben an den Baum nageln und denselben Baumschäler um den Baum führen, so lang, bis sein Gedärm alle aus dem Bauch auf den Baum gewunden seien.« Und nach dem *Wendhagener Bauernrecht* mußte derjenige, der eine Weide schälte, mit seinen Gedärmen den Schaden bedecken: Wenn der Baum das verwand, dann konnte auch er es verwinden.

So waren also zunächst einmal alle Bäume als lebendige Wesen zu betrachten und zu respektieren. Hinzu kam aber noch, daß bestimmte Bäume und andere Pflanzen – vorzugsweise weiblichen – Naturgeistern als zeitweiliger Aufenthaltsort dienten.[23] Dieser Umstand war nicht nur dem einfachen Volk bekannt, sondern auch der Obrigkeit: Gewisse »Freibäume« standen nämlich unter absolutem Schutz und durften nicht angetastet werden, denn, wie es in Schweden ausdrücklich hieß, »die Bewohnerin will nicht gehauen sein«.

Ob diese Baumgeister nun je nach Region als Nymphen, Holzfräulein, Skogsnufva, Ellepige, Dryaden, Elfen oder Elben bezeichnet wurden, spielt keine wesentliche Rolle. Sie alle haben nämlich gewisse Merkmale gemeinsam, die sie als Angehörige jener Gattung von Wesen ausweisen, die hier unter dem Überbegriff »Fee« zusammengefaßt sind.

Überall war es so, daß die Baumfeen in einem derart engen Verhältnis zu ihrem jeweiligen Baum standen, daß sie mitunter geradezu mit ihm identifiziert wurden. Aus manchen Gegenden ist überliefert, daß die Feen nachts in Gestalt bestimmter Bäume umherwanderten. In einem schwedischen Bericht aus dem 17. Jahrhundert, den Wilhelm Mannhardt anführt, ist von einem Knecht die Rede, der eines Tages einen schönen schattenspendenden Wacholder umlegen wollte. Da hörte er eine Stimme, die ihm zurief: »Schlage den Wacholder nicht!« Und als er trotzdem mit der Axt ausholte, wurde der Ruf noch eindringlicher wiederholt. In einem anderen Fall, der sich ebenfalls in Schweden zutrug, soll aus einer vom Holzfällerbeil verletzten Baumwurzel eine Stimme gerufen haben und Blut geflossen sein.

Doch nicht nur in Schweden haben sich die Baumbewohnerinnen gegen solche Attacken gewehrt: Als ein Bauer sich aus einem Zweig eines Kirschbäumchens, das neben der Barbarakirche von Herrenalb im Schwarzwald wuchs, eine Rute schneiden wollte, schrie das Bäumchen zweimal »Au weh!« und war am anderen Tage verschwunden.

Häufig standen solche »bewohnten« Bäume dicht bei einem Haus oder Gehöft, und die Feen machten es sich zum Anliegen, die Menschen zu beschützen, die sie selbst und den Baum in Ehren hielten. Damit war das Schicksal der Familie aufs engste mit dem Gedeihen des Baumes verknüpft: Verließ die Fee aus irgendeinem Grund auf Dauer ihre Pflanze, verdorrte und starb diese, und mit ihr starben die Menschen, deren Glück vom Wohlwollen dieser Fee abhing.

So kam es vermutlich auch zu dem Glauben an einen »Lebensbaum«, dessen Gedeihen mit dem eigenen Leben eng verknüpft sein soll: Noch heute ist man vielerorts davon überzeugt, daß der Tod mancher Pflanzen, ganz besonders aber eines Salbeis, den Tod eines Familienmitgliedes anzeige.

Daher war es in jedem Fall ratsam, die »eigene« Fee bei Laune zu halten, ihr regelmäßige Opfer von Milch oder anderen Gaben darzubringen und ihren Lebensraum – den Baum oder die Pflanze – zu hegen und zu pflegen. An bestimmten Tagen hütete man sich, in der Nähe eines Feenbaumes laute Geräusche zu machen, um die Feen nicht zu erzürnen. Auf gar keinen Fall aber durfte man von einem solchen Baum einen Ast absägen oder ihn gar umschlagen.

Als sich ein schwedischer Bauer einmal nicht daran

hielt, sondern seinen »Hausbaum« absägte, hörte man mehrere Stimmen singen: »Wir verloren unser Haus, wir verloren unser Haus, auch du sollst das deine verlieren.« Am nächsten Tag brannte das Haus des Bauern ab.

Die Feen halten sich dabei oft nicht direkt im Baum selbst auf, sondern unter seiner Wurzel. In Südschweden hauste eine Familie der kleinen Leutchen unter einem uralten Apfelbaum. Oft sah man sie bei schönem Wetter ihr kleines Leinenzeug am Baum zum Trocknen aufhängen. Als einmal ein Hirtenbub vorbeikam, hieb er sich von dem Baum einen grünen Stecken. Sofort bekam er furchtbare Bauchschmerzen, die so lange anhielten, bis er sich bei den Feen entschuldigt hatte.

Ebenfalls aus Schweden sind Aufzeichnungen eines gewissen Herrn Hultin erhalten, der die Geschichte einer Bäuerin erzählt, die eines Tages in den Wald ging, um Holz zu holen. Sie hieb einen Baumstumpf mit der Wurzel heraus und wurde sofort so krank, daß sie kaum noch heimgehen konnte. Niemand wußte, was ihr fehlte, bis ein kluger Mann erkannte, daß sie wahrscheinlich einer Fee geschadet hatte. »Erholt sich die Fee«, sagte er, »so erholt sich die Bäuerin, stirbt sie aber, so stirbt die Bäuerin ebenfalls.«

Die Frau erkannte nun, daß eine Fee im Baumstamm gewohnt haben mußte, und starb kurz darauf, denn die Fee konnte nicht mehr leben, da der Stubben mit den Wurzeln aus der Erde gerissen worden war.

Auch an diesem Bericht zeigt sich wieder deutlich, wie eng die Verbindung zwischen Baum und Fee empfunden worden ist. Eine in den Bergen Nordpakistans in einen Stein geritzte Felszeichnung aus dem 7. Jahrhundert n. Chr. veranschaulicht diese Symbiose in idealer

Weise: Eine Baumfee kommt mit dem Oberkörper aus einem Baumstamm hervor, während der Unterkörper offenbar mit dem Baum identisch ist. Ebenfalls von den griechischen Dryaden sagte man, daß sie einerseits als Baum geboren würden und das Laub ihr Gewand sei, daß sie andererseits aber denselben auch umtanzten und umspielten und dazu lieblich sängen.

Bestimmte Bäume wurden von den Feen als Aufenthaltsort bevorzugt. In Deutschland und England waren dies vor allem Eichen, Linden und der Holunder.

Ein bekannter englischer Reim lautet: »*Fairy folks are in old oaks*«, also: Feen sind in alten Eichen. Auf der dänischen Insel Seeland stand eine Eiche, die sich jede Nacht in ein ganzes Feenvolk verwandelt haben soll. Der Baum trug zwar kein Laub mehr, doch durfte man ihn nicht schlagen, weil man sich erzählte, daß die Feen oft ihre Zusammenkünfte darunter abhielten.

Noch Heinrich Heine wußte offenbar um die Verbindung der Feen zu den Eichen, denn in dem Gedicht *Waldeinsamkeit* heißt es:

> Wo ist die Fee mit dem langen Goldhaar,
> Die erste Schönheit, die mir hold war?
> Der Eichenbaum, worin sie gehaust,
> Steht traurig entlaubt, vom Winde zerzaust.

Als ein englischer Holzfäller gerade im Begriff war, eine schöne alte Eiche zu fällen, wurde er mit einem Male von einer Stimme eindringlich aufgefordert innezuhalten. Und wie er aufsah, erblickte er plötzlich eine Fee, die ihn herzlich darum bat, doch diesen einen Baum zu schonen. Der Mann stand wie vom Donner gerührt vor der schönen Frau und brachte vor Furcht zunächst kein einziges Wort heraus. Nach einer Weile aber faßte er sich und versicherte dem schönen Wesen, daß er ihren Baum nicht schlagen würde.

Da gab ihm die Fee freundlich zur Antwort: »Damit hast du dir selbst einen großen Gefallen getan. Da ich mich nämlich erkenntlich zeigen möchte, werde ich dir deine nächsten drei Wünsche erfüllen, es mag sein, was es wolle.«

Mit diesen Worten aber verschwand die Fee. Wie dies in solchen Märchen häufig der Fall ist, machte der Mann allerdings sehr schlechten Gebrauch von seinen Wünschen und stand hinterher ebenso arm da wie zuvor.

Auch hier wird offenbar, daß die Fee die Eiche den anderen Bäumen, die der Holzfäller ja täglich zu fällen hatte, als Behausung vorzieht. Es ist vorstellbar, daß das hohe Alter, das Eichen erreichen können, bei dieser Wahl der Feen eine Rolle spielt. Bei anderen Bäumen, wie dem Holunder und vielleicht der Linde, scheint es eher der Duft der Blüten zu sein, der eine große Anziehungskraft auf die Feen ausübt. Bemerkenswerterweise sind die meisten Feenbäume in vielfacher Hinsicht »nützlich«, so finden ihre Blätter, Blüten oder die Rinde in unterschiedlicher Weise als Heilmittel Verwendung.

Die Linde ist nach altem Volksglauben der Mittelpunkt der »elbischen Rosengärten«. Jeden Samstag wurde in manchen Gegenden nach dem Buttern den Feen die Buttermilch in alte Linden geopfert. Daher galten diese Bäume als besonders wirkmächtig, und man nahte sich ihnen nur mit großer Ehrerbietung. Die Feen rächten sich an jedem, der es hier am nötigen Respekt fehlen ließ. Wer unter einer Linde urinierte, wurde beispielsweise mit einem Gerstenkorn bestraft, das nur dann wieder verschwand, wenn man es mit Lindenblättern bestrich.

Überhaupt waren die Baumfeen bekannt dafür, daß sie Missetätern Krankheiten anhexten. Nach dem Volksglauben schwärmten Elben von ihrem Wohnbaum aus und beschossen den Schuldigen mit ihren kleinen Pfeilen. Große Astansätze wurden daher auch »Alfloddern« genannt, weil man annahm, daß sich die Elben dorthinein verkrochen und dann mit dem Baum verwuchsen.

In Irland war es früher ein ungeschriebenes Gesetz, daß bestimmte Weißdornbäume nicht gefällt werden durften, weil sie allgemein als Wohnsitz der Feen galten. Wie weit verbreitet diese Überzeugung gewesen ist, zeigt die Tatsache, daß der irische Dichter W. B. Yeats eine Ballade über den »Feen-Weißdorn« verfaßte. Noch zu Anfang dieses Jahrhunderts erklärte ein Ire:

»In meiner Eigenschaft als Aufseher über einen großen Grundbesitz im County Meath befahl ich vor etwa zwanzig Jahren meinen Männern, einen einzelnstehenden Weißdorn umzuhauen. Er stand in der Mitte eines Feldes und war beim Pflügen und anderen Arbeiten ein großes Hindernis. Nacheinander lehnten sechs oder acht der Männer es ab, Hand an diesen Baum zu legen. Sie sagten, er sei der Wohnsitz von Feen, und alles, was ringsum sei, gehöre ihnen. Wie sie sagten, hatten sie Angst davor, etwas zu zerstören, was den Guten Leuten gehörte, und so war ich gezwungen, den Baum selbst abzusägen.«

Während hier der Erzähler offenbar unbeschadet bei der ganzen Sache davongekommen ist, erging es anderen schlechter. Ein Bauer soll nach einer solchen Freveltat ernstlich krank geworden sein, ein anderer fand seine Sau tot im Stall liegen.

Und daß sogar heutzutage in Irland dieses Gebot auf dem Land nicht vergessen ist, erzählte mir der berühmte irische Dichter und Nobelpreisträger Seamus Heaney: Als sein Vater einmal gerade einen Weißdorn absägen wollte, kamen zwei ältere Frauen des Weges und warnten ihn eindringlich. Er winkte ab und fuhr mit seiner Arbeit fort, doch als sich kurze Zeit später eines seiner Pferde das Bein brach, erklärten dieselben Frauen, dies sei die Rache der Feen gewesen.

In Irland wie in anderen Ländern zählen außerdem Ulmen, Eschen, Erlen und besonders Walnuß und Apfel zu den Feenbäumen. Die Feen in Hunza bevorzugen Walnußbäume, und auch die osteuropäischen Vilen lieben sie. Die Feeninsel Avalon war berühmt für die heiligen Apfelbäume, und manchen Überlieferungen zufolge soll man nur dann Zugang zur Insel erhalten haben, wenn man einen Zweig von einem dieser Bäume vorweisen konnte. Einen solchen Zweig bekam man aber nur von der Feenkönigin selbst, die bevorzugte Sterbliche damit beschenkte. Dabei handelte es sich jedoch nicht um einen gewöhnlichen Zweig, denn er war entweder aus Silber oder trug sogar goldene Äpfel. Und in Irland sagt man, daß von einem solchen Zweig ein überirdisch liebliches Geräusch ausging, welches das Herz erfüllte und selbst den Traurigsten fröhlich stimmte.

Die Feen von Garhwal, im Norden Indiens, bevorzugen bestimmte Nadelbäume. Das Land um diesen Baum gehört in einem Umkreis von zwei bis drei Kilometern der jeweiligen Fee, und kein Unbefugter darf dort ohne ihre Erlaubnis jagen. Natürlich ist es streng verboten, solche Bäume umzuhauen, und nur einzelne Barden erhalten im Traum die Erlaubnis, sich aus dem Holz ihre Trommeln anzufertigen. Die Kraft der Fee geht in eine solche Trommel über, und der Barde ist dadurch imstande, tagelang aus dem Stegreif Lieder zu erfinden und ohne Unterbrechung zu singen.

Ein in unseren Breiten bei den Feen besonders beliebter und in jeder Hinsicht magischer Baum ist der Holunder. Schon sein Name weist darauf hin – erinnert er doch an die Fee Holda, die im deutschen Volksglauben eine so große Rolle spielte. In einer lothringischen Version des Frau-Holle-Märchens kommt der Holunder auch direkt ins Spiel. Hier will sich der Vater der guten und hübschen Tochter nur dann mit der Mutter der häßlichen Tochter verheiraten, wenn der Holunder vor seinem Haus am nächsten Morgen Blüten trägt. Da dies der Fall ist, löst er sein Wort ein und ehelicht die Frau. Und als seine Goldmarie einige Jahre später einen Bauern heiratet, zieht der Vater zu ihr auf den Hof, gräbt aber zuvor noch den Holunder aus und nimmt ihn mit.

Nach dem dänischen Volksglauben wohnte unter dem Holunder die Hyldemoer, die »Holundermutter«, zusammen mit ihren dienstbaren Geistern, während es im Norden Deutschlands die Elhorn-Frau war. Wollte man einen Holunder absägen, so mußte man sich vor den Baum hinknien, das Haupt entblößen und beten: »Frau Elhorn, gib mir was von deinem Holze, dann will ich dir von meinem auch was geben, wenn es wächst im Walde.«

In der Regel war es aber besser, überhaupt kein Holz von einem Holunder zu verwenden, da man nie wissen konnte, ob eine solche Tat nicht doch irgendwann den Fluch einer Fee nach sich zog.

Daß in vielen Gegenden Europas die Bauern bis vor gar nicht langer Zeit noch ihren Hausholunder und dessen unsichtbare Bewohnerin in Ehren gehalten haben, kann bis zu einem gewissen Grad auch das im übrigen etwas verwirrende Märchen *Das Holunderweibchen* von Hans Christian Andersen bezeugen. Hier wird einem kranken Kind, das Flieder-, also Holundertee trinken muß, von dem Holunderweibchen erzählt, welches im Hausholunder wohnte und das lange gemeinsame Leben eines glücklichen alten Ehepaares mit seinem Segen begleitete.

In Dänemark erzählte man sich, daß eine aus Holunderholz gefertigte Wiege keinen Segen bringe, weil die Hyldemoer, empört über ein solches Sakrileg, das Kind immer wieder an den Beinen herauszuziehen versuche. Ebenso wie den Bewohnerinnen anderer Bäume brachte man auch den Holunderfeen an bestimmten Tagen Milchopfer dar, um sich ihr Wohlwollen zu sichern.

Wie eng der Holunder mit den Feen verknüpft war, zeigt unter anderem, daß es in manchen Gegenden heißt, jede einzelne seiner Blütendolden sei eine verwandelte Fee. Halte man sich in der Mittsommernacht unter einem Holunder auf, könne man, so glaubten die Dänen, die Feenkönigin mit ihrem Gefolge vorbeiziehen sehen. Im Normalfall solle man aber nicht unter einem Holunder schlafen, weil man davon krank würde – allerdings würde bestimmten Auserwählten auch die Gunst zuteil, vom Feenreich zu träumen.

In diesem Zusammenhang soll noch kurz auf einen Gegenstand eingegangen werden, der heute als unverzichtbares Attribut einer Fee angesehen wird: den Zauberstab. Zauberstäbe oder Wünschelruten wurden in Europa hauptsächlich aus dem Holz des Holunders oder des Haselstrauches geschnitten, beides hochmagische und den Feen wichtige Pflanzen. Der Tag, an dem sie angefertigt werden sollten, war die Johannisnacht, die Mittsommernacht, einer der »Feiertage« der Feen.

Sicherlich bedurften aber die Feen nicht selbst eines solchen Stabes, um Dinge herbeizuwünschen oder zu verzaubern. Der Stab, der mit Erlaubnis der Feen aus einem ihrer Bäume herausgeschnitten wurde, diente vermutlich vielmehr dazu, bestimmten Sterblichen – bildlich gesprochen – einen »Feenarm« zu leihen, mit dessen Hilfe sie beispielsweise unter der Erde verborgene Feenschätze lokalisieren oder Diebe aufspüren konnten.

Selbstverständlich wurde eine solche Gunst nur bestimmten Auserwählten, Initiierten, Schamanen oder Druiden zuteil, die sich einer derartigen Gabe würdig erwiesen. Eine Parallele zum Zauberstab stellt die Trommel der Schamanen dar, die, wie in Garhwal, aus dem Holz eines Feenbaumes geschnitzt wird und den Besitzer anschließend zu ganz außergewöhnlichen Leistungen befähigt.

Je entzauberter und damit vermenschlichter die Feen aber mit der Zeit geworden sind, desto magischer und wirkmächtiger wurde der Zauberstab selbst, bis schließlich ohne ihn buchstäblich »nichts mehr ging« und die Feen – natürlich nur unserer Meinung nach – völlig auf ihn angewiesen waren.

Alle genannten Bäume waren im Volksglauben vieler Länder dafür berühmt, daß man Krankheiten auf sie übertragen konnte – ein Brauch, den uns die Angehörigen der Kulturen erklären können, die alte Traditionen bewahrt haben.

In einem früheren Kapitel war von den Fetzenbäumen die Rede, zu denen Frauen gehen, die ein Kind bekommen möchten. Analog dazu bildete sich in Zeiten und Gegenden, in denen die Feen zugunsten der christlichen Mythen in Vergessenheit gerieten, die Sitte heraus, die Bäume selbst zu bitten, bestimmte Krankheiten zu übernehmen. So wurden besonders am Johannistag Stücke der eigenen Kleidung an Eichen und Weißdorn gebunden, in der Hoffnung, mit diesen auch die Krankheit, an der man litt, zurückzulassen. Zum Holunder sagte man dabei beispielsweise: »Holunderast hebe dich auf, Rotlauf setze dich drauf.« Oder, wenn einen das Fieber plagte: »Holunder! Holunder! Holunder! Auf mich kriecht die Kälte. Wenn sie mich verlassen wird, kriecht sie dann auf dich.«

In Hunza banden Jäger Kleidungsfetzen ausdrücklich für die Feen an den Wacholder – eine äußerst magische und wirkmächtige Feenpflanze – und legten daneben andere Opfergaben. Sie glaubten, daß die Feen, erfreut über die Gaben, ihnen dann Jagdglück bescheren würden. Doch auch bei uns war der Wacholder von Feen bewohnt, an die man sich in bestimmten Fällen wenden konnte. Wenn ein kleines Kind kränkelte, brachten die Eltern Wolle und Brot zu einem Wacholderbusch einer anderen Feldflur und sprachen:

»Ihr Hollen und Hollinnen,
Hier bring' ich euch was zu spinnen
Und was zu essen.
Ihr sollt spinnen und essen
Und meines Kindes vergessen.«

Es waren also eigentlich nicht die Bäume, die irgend etwas – Gutes oder Böses – bewirkten, sondern die sie bewohnenden strafenden, aber auch gütigen, vornehmlich weiblichen Geistwesen. Als diese aber im Bewußtsein der Menschen verblaßten, ging man nach und nach dazu über, an ihrer Stelle den Bäumen selbst zu opfern.

Derartige Bräuche, deren eigentlicher Inhalt nicht mehr richtig verstanden wurde, sind nicht das einzige Kuriosum, das uns mit zunehmender Christianisierung begegnet. Je mehr die Feen »verhext« wurden, desto mehr wurde die Bedeutung »ihrer« Pflanzen ins Gegenteil verkehrt. Eichen, Wacholder, Ebereschen und Linden um das Haus gepflanzt oder Zweige dieser Bäume vor die Stalltür gehängt, dienen plötzlich der *Abwehr* von Feen und Hexen. Das gleiche gilt für das Johanniskraut, für Baldrian und Holunderzweige, die nunmehr gleichzeitig von den Feen geliebte und gegen sie verwendete Pflanzen geworden sind.

Diese Ambivalenz ist jedoch nur ein scheinbarer Widerspruch und möglicherweise so zu erklären, daß in früheren Zeiten der Brauch, eine den Feen liebe Pflanze vor die Tür zu hängen, nicht als Abwehrhandlung, sondern als Sympathiebekundung und Geschenk zu verstehen war. Auf solche Weise gut gestimmt, drangen die Feen nicht in die Häuser vor und ließen die Menschen in Ruhe. Sie blieben also praktisch auf der Türschwelle stehen, und vielleicht durfte man deshalb nie auf diese treten, sondern mußte einen Schritt darüber hinweg machen – ein Brauch, der in abgewandelter Form selbst bei modernen Hochzeiten beobachtet werden kann. Russen achten heute noch sorgfältig darauf, sich nicht über die Schwelle hinweg die Hand zu reichen.

Doch nicht nur bestimmte Bäume und Sträucher waren den Feen geweiht; darüber hinaus gab es auch eine Reihe von Blumen, die als ausgesprochene Feenpflanzen galten. Daß dies heute in manchen Gegenden immer noch der Fall ist, zeigt der folgende Bericht, der vor wenigen Jahren von dem Heidelberger Professor Hermann Berger in Hunza aufgenommen wurde:

»Bei uns in Hunza sagen die Leute, daß in den Bergen viele Feen sind. Bei uns ist ein Berg, dieser Berg heißt ›Choshe Bar‹. Dort ist ein besonders großes Tal. In diesem Tal ist in der Höhe ein lieblicher, tief eingebuchteter Platz, in dem sich Gartenbeete befinden. In diesen Beeten blühen wunderschöne Blumen. Von diesen Blumen gilt von alters her der Brauch, sie zur Zeit des Erntedankfestes zu holen. Wenn man in diesem Garten rücksichtslos alle Blumen auf einmal abreißt, fällt von allen Seiten Geröll herab. Deshalb pflücken die Schafhirten sie liebevoll, eine um die andere, machen Sträuße aus den Blumen und bringen sie. Auf eine große Anzahl von Hirten, die in früherer Zeit diese Blumen achtlos gepflückt haben, haben die Feen Geröll herabgeworfen. Diese Blumen heißen ›reine, heilige Blumen‹, und sie blühen im August. Die Blumensträuße stecken die Hirten mit großer Begierde an ihre Mützen und bringen sie ins Tal zur Erntedankfeier und tanzen. Und wenn man den Morgentau auf diesen Blumen auf die Augen tupft, wird die Pupille gesund und frisch.«[24]

Mit dieser »reinen Blume« ist vermutlich eine bestimmte in den Bergen Nordpakistans wachsende Enzianart gemeint, die im Spätsommer blüht und leuchtendblaue Flecken auf den Hochebenen bildet.

In den waldigen Gegenden Europas liebten die Feen dagegen ganz besonders den Fingerhut, der deshalb im Englischen auch *fairy cap*, »Feenmütze«, *fairy glove*, »Feenhandschuh«, oder *fairy thimbles*, »Feenfingerhut«, heißt. Der norwegische Name *revbielde*, »Fuchsglocke«, soll auf eine Geschichte zurückgehen, nach der die Feen die Blüten des Fingerhuts dem Fuchs anboten, damit er sie, wenn er auf die Jagd ging, zum Dämpfen seiner Schritte über seine Pfoten ziehen konnte.

Ebenso wie die Flecken auf Schmetterlingsflügeln sollen die Punkte auf den Blüten des Fingerhuts die Stellen markieren, wo die zarten Fingerchen der Feen sie berührt haben. Außerdem soll der Fingerhut vor – Sterblichen nicht sichtbaren – besonders bedeutenden Geistwesen sein Haupt beugen. Bis in jüngste Zeit galt es in England als unglückbringend, einen Strauß dieser Waldblumen mit nach Hause zu nehmen, wenn auch der eigentliche Grund – daß sie dem Kleinen Volk gehörten – nicht mehr bekannt war.

Ähnliches trifft auf den wilden Thymian, den Farn und das Kreuzkraut zu. Sie alle sind Eigentum der Feen und dürfen nur mit deren Erlaubnis gepflückt werden. Daß noch weitere Pflanzen, darunter der Sauerklee und das Himmelsschlüsselchen mit den Feen in Verbindung gebracht wurden, zeigen ihre englischen Namen: *fairy bells*, »Feenglöckchen«, und *fairy cups*, »Feenbecher«. Umgekehrt heißen auch einige regionale deutsche Feen nach bestimmten Pflanzen, so gab es die *Talgilgen* (»Lilien des Tales«), die *Widewibli* (»Weidenweiblein«), *Pulsterewibli* (»Huflattichweiblein«) und das Haselnußfräulein. Andere Feen trugen gar Namen wie Hochrinta (»hohe Rinde«), Stutzforche (»Stutzföhre«) und Rohrinta (»Rauhrinde«), die ihre enge Beziehung zum Pflanzenreich deutlich zum Ausdruck bringen.

Von dem ebenfalls hochmagischen und den Feen – wie später den Hexen – gehörenden Johanniskraut weiß ein Märchen von der schottischen Insel Mull zu berichten.

Es war einmal ein Bursche, der bei einer Wanderung zufällig Johanniskraut fand und einen Stengel davon abbrach. Nachdem er eine Weile weitergewandert war, wurde er schließlich müde, und als er kurz darauf einen Bach erreichte, setzte er sich an dessen Ufer nieder. Er zog Schuhe und Strümpfe aus und ließ seine Beine ins Wasser hängen.

Plötzlich sah er auf der anderen Seite des Baches ein altes Weiblein sitzen, das zu seinem Entsetzen keine Nasenlöcher hatte. Diese Frau, die natürlich eine Fee war und wie viele ihresgleichen einen körperlichen Makel aufwies, bat ihn, ihr das Johanniskraut zu geben. Der Bursche indes weigerte sich.

Die Geschichte endete schließlich damit, daß ein Suchtrupp den völlig Erschöpften am nächsten Tag neben einem Hügel fand. Sein Leben aber verdankte er einzig seinem Hund, der ihn die ganze Nacht über vor den Feen verteidigt und bei dieser furchterregenden Aufgabe alle Haare verloren hatte.

Interessant in diesem Kontext ist die häufig bei der Erwähnung von Zauberpflanzen gegebene Anweisung, daß diese niemals und unter keinen Umständen mit einem eisernen Gegenstand ausgegraben werden dürfen. Wie schon gesagt, gab es praktisch nur eine Sache, vor der die Feen zurückwichen und vor der sie sich fürchteten: Eisen.

In unzähligen Geschichten ist von ihrer tiefen Abneigung gegen dieses Metall zu hören. Eisentüren verwehren ihnen den Aus- oder Eingang in ein Haus, und eine der von einer Feenfrau häufig gestellten Bedingungen an ihren zukünftigen sterblichen Gatten lautet, daß er sie niemals mit einem eisernen Gegenstand berühren dürfe. Und so diente – wie das Handwörterbuch des deutschen Aberglaubens bestätigt – auch der Brauch, ein Hufeisen vor die Tür zu nageln, ursprünglich vermutlich dem Zweck, Feen oder andere Geistwesen vom Haus fernzuhalten. Mit der Zeit ging diese Bedeutung verloren, und das Hufeisen vor der Tür wurde nur noch als glückbringend angesehen.

Obwohl die in der Literatur des 18. und 19. Jahrhunderts häufig anzutreffenden winzigen »Blumenelfen«, die sich von Tau nähren und sich in den Kelchen der Blüten wiegen, wahrscheinlich das Resultat einer ausufernden dichterischen Freiheit darstellen, die sich auch auf die bildende Kunst übertrug – sind sie offenbar alles in allem doch nicht allzuweit von der Wahrheit entfernt.

Wie hilfsbereit die Feen im Prinzip sind und wie sehr

die Menschen früher von dem Bewußtsein durchdrungen waren, daß diese Geistwesen ihnen in der Pflanzenheilkunde noch einiges beibringen konnten, mag folgendes Beispiel aus Irland zeigen:

Bei Galloway im Westen Irlands wohnte einst eine Nixe, die oft an Land kam, um mit den Menschen zu reden und ihnen allerlei nützliche Ratschläge zu erteilen. Eines Tages nun erschien ein Fischer am Strand, begrüßte sie höflich und erzählte ihr dann traurig, daß seine Frau an Schwindsucht leide und todkrank im Bett liege. Da sang ihm die Nixe als Antwort den folgenden Vers:

> »So jung und so lieblich läßt du sie schon gehn?
> Siehst du denn nicht drüben das Eberreis blühn?«

Und als sich der Mann daraufhin umsah, bemerkte er, daß rings um ihn Eberraute wuchs. Ohne Zeit zu verlieren, sammelte er einen ganzen Armvoll ein, preßte den Pflanzensaft aus und gab seiner kranken Frau davon zu trinken. Damit aber hatte er ihr das Leben gerettet, denn bald darauf war sie wieder wohlauf und ganz gesund. Sie liebte ihren Mann um so herzlicher für seine Hilfe und vergaß auch nicht, die freundliche Wasserfee in ihren Dank mit einzubeziehen.

NEUNTES KAPITEL

Das geheime Reich des Stillen Volkes

Unerreichbar und dem menschlichen Zugriff entzogen, liegt das Land der Feen an unzugänglichen Orten oder in einer Welt hinter der Welt.

Während sich manche Feen zwar durchaus in Bäumen und anderen Pflanzen aufhalten oder dort wohnen, ziehen es die meisten offenbar doch vor, sich weniger vergängliche und der Willkür der Menschen ausgelieferte Behausungen zu suchen. Es ist zudem nicht auszuschließen, daß die Baumfeen ihre Bäume nur zeitweilig bewohnen, diese schützen, behüten und sich vielleicht in sie verwandeln – gleichzeitig aber auch und vor allem im Feenreich ihren Platz haben. Vielleicht dienten ihnen diese Pflanzen früher – und in manchen Gegenden heute noch – dazu, für die Menschen erreichbar und gegenwärtig zu sein, wenn diese etwas von ihnen wollten.

Das Feenreich ist nämlich für normale Menschen in der Regel unerreichbar. Es liegt nach den Überlieferungen der meisten Völker entweder unter der Erde, unter Wasser, an anderen schwer zugänglichen Orten, wie beispielsweise auf Inseln, oder aber auf hohen Berggipfeln.

Nur in den volksfernen, literarisch überformten Märchen befindet sich das Feenland im Himmel oder gar auf dem Mond. Ganz allgemein läßt sich sagen, daß alle diese Lokalitäten jedenfalls weitgehend dem Zugriff der Menschen entzogen sind.

Um jedem unbefugten Eindringen vorzubeugen, legen die Feen außerdem großen Wert darauf, entweder den Zugang gut zu tarnen oder aber das ganze Reich mit dichten Nebelbänken zu umgeben. Nur ganz oben auf den hohen Berggipfeln ist es nicht nötig, besondere Abwehrmaßnahmen zu ergreifen. Daß ihre Paläste auch dort wohl im Felsen verborgen liegen oder zumindest für die Augen gewöhnlicher Sterblicher nicht sichtbar sind, bezeugen für einige hohe Berge die wenigen Menschen, die sie erklommen haben.

Ein Einheimischer aus Hunza hat zu den Bergwohnsitzen seiner Feen auf dem Rakaposhi, einem über siebentausend Meter hohen Berg im Karakorum, folgendes zu berichten:

»Ja, Herr, ihre Wohnsitze sind aus Juwelen, nun, was hatte ich gesagt? Aus Rubinen, rubinrote Paläste sind sie, und ihre Türrahmen, woraus waren die? Sie waren aus Türkis. Und diese Paläste, die sind so, daß in ihnen zwölf Tore sind. Und in den zwölf Toren sind jeweils sieben Häuser, und darin sind wiederum je sieben Feen. Sie sind da auf dem Rakaposhi, und vom Rakaposhi aus machen sie in alle Richtungen Ausflüge. Den ganzen Tag sind die unterwegs. Sie kommen in Gestalt von Tauben. In Gestalt von allen größeren Vögeln, in der Gestalt von jedem Ding, das es auf der Welt gibt. Von Zeit zu Zeit kommen sie auch in ihrer eigenen Gestalt, ihrem eigenen Aussehen, dann kommen sie mit dem Wind geflogen. Es gibt einen Milchteich, in diesem Milchteich baden sie, und nach dem Bad vergnügen sie sich dort und tanzen, und dann kehren sie wieder auf den Rakaposhi in ihren Wohnsitz zurück. Von diesem Platz aus ziehen sie aus und machen Ausflüge in alle Richtungen, und welche Leute auch immer auf der Welt sind, alles, was auf der Welt ist, sehen sie.«[25]

Doch nicht nur in Hunza leben die Feen mit Vorliebe auf Bergen. In Annam glaubt man, daß jeder Berg von den *Chu Vi* genannten Feen bewohnt wird, und etwas Ähnliches läßt sich von Korea, China, manchen Teilen Afrikas und überhaupt den meisten Bergregionen sagen. In den Ländern und Gebieten, in denen es keine sehr hohen Berge gibt, also beispielsweise Irland, Skandinavien und Schottland, heißt es von den Feen nicht mehr, daß sie *auf* den Bergen, sondern daß sie *in* den Bergen und Hügeln wohnen. Da diese im Prinzip, so abgelegen sie auch sein mögen, jedem Menschen zugänglich sind, achteten die Feen hier ganz besonders darauf, die Eingänge zu ihren Behausungen möglichst verborgen zu halten. In zahlreichen Märchen befindet sich daher der Eingang unter einer Baumwurzel oder unter einem großen Stein oder einer Felsplatte.

Dies aber bringt uns zu *den* großen Steinen überhaupt – den Steinen, die den Menschen lange Zeit die größten Rätsel aufgaben und die Phantasie der Gelehrten noch heute beschäftigen: den Hünengräbern, Menhiren und anderen Steinsetzungen. Von Skandinavien und den Britischen Inseln bis nach Italien und Spanien wurden diese prähistorischen Anlagen, wie Heinrich Schreiber ausführlich berichtet, lange Zeit als »Feenhaus«, »Feenhütte«, »Feenschloß«, »Feensaal«, »Feengarten« und dergleichen mehr tituliert, und um die meisten von ihnen ranken sich Sagen, die von ihrer wunderbaren Entstehung berichten.

Im Laufe der Zeit haben sich unter dem Einfluß des Christentums vielerorts die Namen gewandelt, und was zuvor das Feenschloß gewesen war, hieß fürderhin »Teufelskanzel« oder »Marienstein«. Als ein Fall unter vielen sei hier über eine große Steinsetzung berichtet, die sich in der Bretagne in der Nähe von Rennes befindet. Sie besteht aus mehr als dreißig aufrecht stehenden Menhiren, die von acht großen Steinplatten bedeckt sind und auf diese Weise zusammen eine Art Halle bilden. Im Volksmund heißt das Monument immer noch *La Roche-aux-Fées*: »der Feenstein«.

Der Sage nach holten sich die Feen die benötigten Felsbrocken auf der nahe gelegenen »Marienheide«. Jede von ihnen trug zwei Blöcke auf einmal, den einen auf dem Kopf, den anderen in der Schürze. Die Hände hatten sie frei und benutzten sie, um ihre Spindel zu halten und Wolle zu zwirbeln, bis sie ihre Bürde bei dem Dolmen oder, wie die Bauern es nannten, auf dem Steinfeld ablegen konnten.

Spannen die Feen jedoch nicht, so trugen sie vier Steine auf einmal. Als die Fee, welche die Menhire aufstellte, damit fertig war, rief sie ihren Schwestern zu, daß sie keiner Materialien mehr bedürfe. Und diese, obgleich einige Kilometer weit entfernt, hörten doch den Ruf und ließen die Steine sofort fallen, die sich nun senkrecht tief in die Erde bohrten und zu einzelnstehenden Menhiren wurden.

Übrigens waren diese Feen gutmütig und nahmen sich besonders der Kinder an, deren zukünftiges Geschick sie verkündeten. In die Häuser der Menschen stiegen sie durch den Kamin ein und kehrten wohl auch durch denselben zurück. Die Heide aber, welche die Feen besuchten, hat man in späteren Zeiten der Gottesmutter Maria zugesprochen, die dann eine ebenso große Verehrung genoß wie zuvor die Feen.

Spürt man schon hier den Einfluß des Christentums, so war es bei anderen Sagen – beispielsweise über einen Dolmen in der Nähe der französischen Stadt Cognac – bereits die Jungfrau Maria, welche die Steine auf ihrem Kopf und in ihrer Schürze trug.

Auf eine der typischen Beschäftigungen der Feen weist die Bezeichnung »Feenspindel« für bestimmte Steine hin. Diese Felsen, die gelegentlich auch »Kunkel« heißen, haben annähernd die Form einer Spindel, und man erzählte sich, Feen hätten sie herbeigeschafft und aufgestellt.

Monumente anderer Art sind die »Feenkreise« oder »Feentänze« – ringförmige Steinanlagen, die sich vor allem in England und in den nördlichen Ländern finden. Früher ging die Sage, daß an dem einen oder anderen dieser Plätze die Feen ihre nächtlichen Feste gefeiert und nach Herzenslust getanzt hätten, bis sie eines Nachts einmal den Hahnenschrei überhörten und allesamt in Stein verwandelt wurden.

Viele weitere Beispiele könnten für derartige Feenbauten angeführt werden, die sich über ganz Europa verteilen, aber durchaus auch anderswo zu finden sind. Was aber ist nun davon zu halten? Fest steht inzwischen, daß die Menschen bereits vor mehr als fünftausend Jahren, zu der Zeitepoche also, als ein Großteil der Steinkreise und Hünengräber entstand, durchaus in der Lage waren, die riesigen Felsbrocken selbst zu transportieren. Es sind also nicht die Feen gewesen, die dieses großartige Werk vollbracht haben. Damit ist die Angelegenheit allerdings noch nicht ganz erledigt und in das Reich der Mythen abgeschoben. Von vielen dieser Anlagen ist nämlich nicht bekannt, wozu sie dienten und warum sie gerade an dem und an keinem anderen Platz errichtet wurden.

Von dem berühmten Stonehenge im Süden Englands weiß man beispielsweise, daß das Baumaterial von einem Steinbruch geholt wurde, der mehrere Dutzend Kilometer Luftlinie von der Anlage entfernt liegt. Warum wurden die Steine nicht gleich dort aufgestellt? Warum mußten, wie Wissenschaftler ausgerechnet haben, mehr als tausend Männer sich zehn Jahre lang damit abquälen, sie über Stock und Stein zu schieben und zu ziehen?

Zahlreiche Menschen haben darüber hinaus im Laufe der Zeit immer wieder festgestellt, daß alte Steinkreise und Steinsetzungen auf den Organismus und die Psyche eine außerordentliche Wirkung ausüben, daß sie mithin eine Ausstrahlung besitzen, die rational nicht erklärt werden kann. Es sind wirkliche »Kraftorte«, aufgeladen mit einer Energie, deren Ursprung und Natur im dunkeln liegt. Nimmt man aber die alten Sagen ernst, welche die Steinsetzungen mit den Feen in Verbindung bringen, könnte man den Schluß ziehen, daß diese prähistorischen Monumente möglicherweise »natürliche Eintrittspforten« in die Welt der geistigen Wesenheiten markieren. Zu Zeiten, als die Menschen noch ein Gespür für die Welt hinter der Welt hatten, als die Feen und anderen Geister noch nicht zu reinen Ausgeburten einer zügellosen Phantasie degradiert worden waren, da hatten diese Wesen es auch nicht nötig, die Eingänge zu ihren Wohnstätten unsichtbar zu machen oder sonstwie zu verbergen.

Dort, wo man heute noch an die Macht der Schamanen glaubt, wird der Kreis, in den er tritt, um mit den Wesen anderer Welten in Kontakt zu treten, von den gewöhnlichen Sterblichen respektiert. Ebenso könnte es mit den früheren Steinkreisen gewesen sein. Die Monolithen wurden gerade deshalb über zum Teil sehr weite Strecken an einen bestimmten Ort transportiert, weil sich genau dort einer der Übergänge in das Reich der Feen befand. Es gibt eine ganze Anzahl von Geschichten, die erzählen, daß bei solchen alten Steinmonumenten der Eintritt ins Feenland möglich sei. Eine von ihnen, in der ein Buckliger bei einem Hünengrab Rast macht und die Feen singen hört, ist bereits angeführt worden.

In Nordindien zeigen Menhire, die am Eingang eines Dorfes stehen, das Ende von für normale Menschen unsichtbaren Wegen an, an welchen die Feen entlang reisen.

Solche Feenstraßen sind überall auf der Welt bekannt. Und überall ist es geraten und geboten, den »Verkehr« auf diesen Pfaden nach Möglichkeit nicht zu behindern. In Island und Irland etwa achtete man sehr darauf, daß nicht zufällig ein Haus mitten auf einem Feenweg errichtet wurde, weil dies mit Sicherheit Unglück für dessen Bewohner bedeutet hätte.

Zu Anfang dieses Jahrhunderts erklärte ein Ire hierzu:

»Wenn ein Haus zufällig auf einen Feenpfad gebaut ist, dann werden die Bewohner kein Glück haben. Alles wird schiefgehen. Ihre Tiere werden sterben, die Kinder werden krank werden, und der Ärger wird nicht abreißen. In einem solchen Fall dürfen die Vorder- und Hintertüren oder die Fenster, wenn sie auf dem Feenweg liegen, in der Nacht nicht geschlossen werden, damit die Feen hindurchgehen können. Bei Ballinrobe gibt es ein altes Fort, das, ebenso wie das Land, das es umgibt, den Feen gehört. Die Erde dort ist sehr fein, und niemand würde es wagen, hier zu pflügen. Vor einiger Zeit beschlossen irgendwelche Ingenieure, eine Straße durch das Feengebiet zu führen, aber da brach ein Aufstand unter der Bevölkerung deswegen aus, und der Verlauf der Straße mußte geändert werden.«

Nicht immer ist es den Menschen allerdings gelungen, den Feenstraßen aus dem Weg zu gehen. Ein anderer Ire, der sich in der Nähe seines alten Hauses ein neues bauen wollte, berichtete:

»Der Blick über das Land war einfach wundervoll. Ganz in der Nähe des Grundstückes floß ein Bach, und nicht weit davon entfernt gab es eine alte Quelle. Der nächste Nachbar aber wohnte einige hundert Meter entfernt.«

Sorgfältig sah sich der Mann die umliegenden Feenfestungen an. Da jedoch keine von ihnen in direkter Verbindung zu dem geplanten Haus stand, schien alles in Ordnung zu sein.

Der Mann hatte sich nun allerdings mit seiner Beurteilung des Geländes offensichtlich vertan, da nach nicht allzu langer Zeit die weise Frau der Gegend erschien und ihn eindringlich davor warnte, an der vorgesehenen Stelle ein Haus zu errichten. Das nächstgelegene Gebäude, erzählte sie ihm zur Begründung, sei nämlich von einem gewissen Paddy Baine ohne ihre Zustimmung erbaut worden und schon kurz nach seinem Einzug hätten sich in dessen Haus die ersten merkwürdigen Zwischenfälle ereignet. Dies sei bald so schlimm geworden, daß Baine sich gezwungen gesehen habe, sie zu Hilfe zu rufen. Sie habe ihm aber erklärt, daß eine Ecke des Hauses entfernt werden müsse, da sie den freien Durchgang der Feen behindere. Ein Steinmetz habe daraufhin die Ecke abgemeißelt, und die Probleme hörten auf.

Von der Geschichte und den Warnungen der weisen Frau beeindruckt, suchte sich der Mann ein anderes Grundstück, auf dem er sein neues Haus gefahrlos errichten konnte.

Vor ein ähnliches Problem sah sich ein Bauer aus Wales gestellt. Er hatte die Angewohnheit, des Abends noch ein wenig vor seinem Haus zu verweilen, und einmal gesellte sich ein Fremder zu ihm, der ihn ansprach und fragte, ob er eigentlich wüßte, wie sehr er ihn und seine Familie erzürnen würde. Der verblüffte Bauer erkundigte sich nach dem Grund, und der Fremde erklärte ihm, daß sich sein Haus genau unter dem des Bauern befände. Er bat ihn, sich mit dem einen Fuß auf den seinen zu stellen, dann könne er sich selbst davon überzeugen. Der Bauer tat wie geheißen und erblickte mit einem Mal tatsächlich eine Straße und ein Haus unter seinem eigenen.

Der Fremde beklagte sich, daß alles Schmutzwasser genau in seinen Kamin flösse und daß der Bauer deshalb doch bitte seine Haustür auf die andere Seite des Hauses verlegen möge. Dann könne er auch sicher sein, daß seine Rinder künftig von einer bestimmten Krankheit verschont blieben, die er und die Seinen, also die Feen, ihm aus Rache geschickt hätten.

Der Bauer war klug genug, dem Rat des Feenmannes Folge zu leisten, und er brauchte es nicht zu bereuen. Von diesem Tage an mehrte sich sein Wohlstand, und niemand in der ganzen Gegend züchtete fortan so gute Rinder wie er.

Wie an diesen Beispielen ersichtlich ist, leben oft Feen in so unmittelbarer Nähe zum Menschen, daß sich die jeweiligen Wohnbereiche regelrecht überschneiden. Zwar sind den meisten authentischen Berichten und Geschichten zufolge die Behausungen der Feen gewöhnlich für Sterbliche nicht sichtbar, doch kam es häufig genug vor, daß der eine oder andere rein zufällig den Eingang fand und so in das Feenreich gelangte.

Abgesehen von diesen Ausnahmefällen finden Sterbliche in der Regel nur mit der Hilfe einer Fee oder eines Weisen den Weg dorthin. Oft müssen sie auch bestimmte Auflagen erfüllen oder einen bestimmten Gegenstand als »Ausweis« dabei haben – wie beispielsweise den Zweig eines heiligen Apfelbaumes als »Eintrittserlaubnis« nach Avalon.

Ein Mädchen verläuft sich in einem englischen Märchen zufällig ins Feenland, weil sie, wie es heißt, gegen den Uhrzeigersinn um die Kirche gegangen war. Einem jungen Mann, der sich auf die Suche nach ihr macht, empfiehlt eine weise Frau, einfach immer geradeaus zu gehen – bis zu einem runden grünen Hügel. Diesen

Hügel solle er dreimal gegen den Uhrzeigersinn umrunden und dazu sprechen: »Tür, geh auf! Tür, geh auf und laß mich ein!«

Wenn die Methode hier auch mit Sicherheit sehr vereinfacht dargestellt ist, dürfte sie doch nicht ganz aus der Luft gegriffen sein. Es gab und gibt in Indien zahlreiche magisch-religiöse Rituale, bei denen es von wesentlicher Bedeutung ist, um etwas – zum Beispiel einen Termitenhügel – gegen den Uhrzeigersinn herumzugehen, um in die Unterwelt, in die Welt der Geister und Verstorbenen zu gelangen.

Bevor der junge Mann aus dem englischen Märchen sich aber in das Feenreich aufmacht, wird er noch gewarnt: »Iß dort keinen einzigen Bissen und trink keinen Tropfen, wie hungrig und durstig du auch sein magst. Ißt oder trinkst du nämlich irgend etwas, solange du im Feenland weilst, wirst du die Erde nie wiedersehen.«

Dies nun ist eine Anweisung, die überall und immer gegeben wird. Denn in dem Augenblick, da man im Feenreich Nahrung zu sich nimmt, vergißt man seine eigene Welt und vermag deshalb nicht mehr dorthin zurückzukehren oder aber bleibt auf andere Weise unauflöslich mit dem Feenvolk verbunden. Dies erinnert natürlich stark an den auf der ganzen Welt geübten Brauch des Brotteilens. Die gemeinschaftliche Nahrungsaufnahme stellt ein inneres Band her, das nie wieder zerrissen werden kann.

Ein Bauer von der Insel Man verirrte sich an einem Abend auf dem Heimweg in den Bergen und gelangte schließlich zufällig zu einer Feenbehausung, aus der wunderschöne Musik herausdrang. An einer langen Tafel saßen viele Feen und schmausten. Als die Geistwesen dem Bauern zu trinken anboten, zog ihn plötzlich jemand, dessen Gesicht ihm bekannt vorkam, am Ärmel und bat ihn, auf keinen Fall von den Speisen oder den Getränken zu kosten.

»Denn, wenn du es doch tust«, fügte er hinzu, »wird es dir wie mir ergehen, und du wirst nie mehr zu deiner Familie zurückkehren können.«

Als dem Bauern nun ein großer gefüllter Silberbecher in die Hand gedrückt wurde, schüttete er den Inhalt bei Gelegenheit unbemerkt auf die Erde. Im selben Augenblick aber schwieg die Musik, die Feen verschwanden, und er stand allein, mit dem Silberbecher in der Hand, inmitten der öden Berglandschaft. Diesen Silberpokal aber stiftete der Bauer, als er glücklich wieder heimgekehrt war, der Kirche seines Dorfes.

Ein Hirte aus dem Hindukusch erzählte vor einigen Jahren, daß ihm einmal die Feen Fladenbrot mit Butter angeboten hätten. Er wies die Speise zurück, und die Feen gratulierten ihm und sagten: »Wenn du es angenommen hättest, dann wärst du jetzt tot.«

Der Tod wird oft in irgendeiner Weise mit den Feen in Beziehung gesetzt, vielleicht aus der einfachen Erfahrung heraus, daß diejenigen Menschen, die im Feenreich weilen – ob freiwillig oder nicht –, zwar lebendig, für die anderen draußen aber so gut wie tot sind. Sehr viel deutlicher noch heißt es auch, die Feen hätten direkt mit den Toten Umgang und bei ihnen träfe man zahlreiche Menschen, die längst gestorben seien. Viele Forscher, wie beispielsweise K. M. Briggs, sehen überhaupt

Parallelen zwischen dem Glauben an Ahnengeister und dem an Feen. Es sei daran erinnert, daß es in der griechischen Mythologie Persephone verboten war, im Hades etwas zu sich zu nehmen. Als sie trotzdem einen Granatapfel aß, wurde sie dazu verdammt, auf ewig dort zu bleiben – doch wurde ihr schließlich, auf das inständige Bitten ihrer Mutter hin, gestattet, das Sommerhalbjahr auf der Erde zu verbringen.

Menschen, die im Feenreich *nichts* zu sich nahmen, mußten sich dort in den meisten Fällen auch nicht länger aufhalten. Die anderen dagegen verloren jegliches Zeitgefühl oder paßten sich jedenfalls der »Feenzeit« an. Und in zahllosen Märchen wird berichtet, daß solche Menschen, hatten sie das Glück oder Unglück, eines Tages doch wieder in die Welt der Sterblichen zurückzukommen, zu ihrem Entsetzen von niemandem mehr erkannt wurden, weil inzwischen Jahrzehnte vergangen waren.

Es gibt jedoch eine ganze Anzahl von Geschichten, in denen Männer Ehen mit Feen eingehen und eine Zeitlang in deren Reich wohnen. Eines Tages aber packt sie die Sehnsucht nach der Menschenwelt, und sie kehren kurz zurück. Solche Berichte erwähnen erstaunlicherweise so gut wie nie eine Zeitverschiebung.

Wie es in der Feenwelt aussieht, wird in dem weiter oben angeführten Märchen aus England, in dem ein junger Mann den Spuren seiner Angebeteten ins Feenreich folgt, ausführlich beschrieben:

Kaum hat der Jüngling also »Tür, geh auf! Tür, geh auf und laß mich ein!« gerufen, öffnet sich eine Tür im Hügel, und er tastet sich mutig voran. Bald stellt er fest, daß es doch nicht so vollständig finster ist, wie es zunächst den Anschein hatte. Er befindet sich in einem Raum mit gewölbter Decke, dessen Wände aus durchsichtigem Gestein bestehen. Sie sind außerdem mit Glimmer, Feldspat und ähnlich glänzenden Mineralien geschmückt. Die Luft aber ist erstaunlich mild.

So wandert er durch diesen Gang, bis er schließlich zu zwei hohen Flügeltüren kommt, die halb offenstehen. Als er sie aufmacht, erblickt er zu seiner Verwunderung einen weiten und geräumigen Saal, der so lang und breit wie der Hügel selbst zu sein scheint. Die Decke wird von herrlichen, unglaublich hohen Pfeilern getragen, die ganz aus Gold und Silber gefertigt und mit Schnitzereien und Blumen verziert sind. Diese Blumen aber setzen sich, wie der junge Mann staunend bemerkt, aus Diamanten, Smaragden und anderen Edelsteinen zusammen. Selbst die Schlußsteine der Bogen sind mit Juwelen versehen – und dort, wo sich alle Bogen treffen, hängt von der Decke an einer goldenen Kette eine Lampe herab, die aus einer einzigen riesigen durchsichtigen Perle besteht. In ihrer Mitte aber sieht er einen gewaltigen Karfunkelstein, der sich fortwährend um die eigene Achse dreht und mit seinen Strahlen den ganzen Raum erhellt.

Der junge Mann findet schließlich seine Braut, lehnt die von den Feen dargebotenen Speisen ab, besiegt im Kampf den Feenkönig und schenkt ihm das Leben unter der Bedingung, daß er seine Liebste wieder mit zurück auf die Erde nehmen darf.

Sehr viele Märchen sprechen von dieser großartigen Pracht des Feenreiches. Fast immer wimmelt es dort von

Edelsteinen aller Art, von Gold und Silber und anderen Kostbarkeiten. Auch sonst herrschen paradiesische Verhältnisse: Die Luft ist lind, die Feen sind überirdisch schön, sie vergnügen sich den lieben langen Tag, singen und tanzen, die köstlichsten Speisen stehen ständig bereit, und die Feenkinder spielen mit Goldbällen.

Obgleich die große Anzahl derartiger Beschreibungen eigentlich ein Indiz für deren Authentizität sein könnte, drängt sich doch der Eindruck auf, daß die Erzähler eigentlich überhaupt nicht wußten, wie es im Feenland nun tatsächlich aussieht, und zwar schlicht deshalb, weil sie selbst nie in ihrem Leben dort gewesen waren.

Viele werden sich noch an das Kinderspiel »Stille Post« erinnern, bei dem der erste Spieler dem zweiten einen Satz ins Ohr flüstert, dieser ihn wieder an den nächsten weitergibt und so fort. Das, was schließlich beim letzten Kind ankommt, hat zur Freude aller Teilnehmer mit dem Ausgangssatz nicht mehr viel gemein.

Ähnlich könnte es sich mit den Beschreibungen der Feenreiche verhalten haben: Vielleicht stand in der ursprünglichen Fassung einfach, daß es dort für alle genug zu essen und zu trinken gibt. Der nächste oder übernächste Erzähler aber setzte »genug Nahrung« mit Reichtum im allgemeinen gleich und führte guten Gewissens Gold oder Edelsteine als Sinnbild dafür ein. Für wieder einen anderen waren ganze Paläste aus Gold und Diamanten der Inbegriff des Reichtums und so weiter.

Wie verschieden der Begriff des Reichtums aber interpretiert werden kann, läßt sich sehr schön an zwei Beispielen illustrieren: Die Inuit bevölkern das Feenreich mit riesigen Rentierherden, bei den Maori hingegen ist der Besitz geheimen Wissens der wahre Feenschatz. Und vielleicht ist dies tatsächlich die ursprüngliche Wahrheit: Die Feen *haben* nicht, sondern *wissen* viel mehr als die Menschen. Sie kennen sich in vielen Künsten weit besser aus als diese, sie sind ihnen mit anderen Worten in sehr vielen, wenn nicht den meisten Dingen überlegen.

Bevor der Materialismus vom Denken der Menschen Besitz ergriffen hatte, bevor Gold und Edelsteine oder einfach Wohlstand zum absoluten Statussymbol erhoben wurden, war derjenige »reich«, der mehr wußte als die anderen. Ganze Berge von Gold konnten die Menschen nicht den Ackerbau lehren, konnten ihnen nicht zeigen, wie man Erz verhüttet und Metalle schmiedet, Wolle spinnt und zu Kleidungsstücken webt oder welche Kräuter gegen welche Krankheiten helfen. Viele Menschen heute übersehen, daß nur Wissen wirklich wertvoll ist und wirklicher Reichtum nicht in materiellen Gütern liegt. Und so könnten denn alle diese goldstrotzenden Beschreibungen Zutaten späterer Erzähler sein, für welche die Feen bereits zu bloßen Märchengestalten geworden waren.

Aber Menschen, deren Welt und Werte nüchtern und materialistisch geworden sind, werden das Land der Feen mit Sicherheit nie finden.

ZEHNTES KAPITEL

Feen und Menschen – ein Verhältnis voller Spannung

Vom Umgang zwischen »guten« Nachbarn: Über Jahrhunderte hinweg gestaltet sich ein Zusammenleben, das beiden Seiten Vor- und Nachteile bringt.

Immer und überall haben die Feen regen Anteil am Leben der Menschen genommen. Immer und überall haben sie ihnen Ratschläge erteilt, sie vor Gefahren gewarnt und sich mit ihnen über redlich verdiente Erfolge gefreut. Obgleich nun nicht behauptet werden soll, daß die Feen manchen Menschen oder bestimmten Berufsständen von vornherein ablehnend gegenüberstehen, lieben sie doch diejenigen, die wie sie selbst in enger Verbindung zur Natur stehen, diese achten und respektieren. Hierzu zählten früher vor allem Bauern, Fischer, Hirten, Jäger, Kräuterweiblein und die Holzfäller. Wenn hier ausdrücklich »früher« gesagt wird, dann sollen damit alle Jäger ausgeschlossen werden, die aus Vergnügen am Töten oder aus Prestigegründen auf die Pirsch gehen, alle Bauern, die jeden Bezug zu ihrem Land verloren haben und Kornblumen, Kamille und

Mohn rücksichtslos mit Gift ausmerzen, und alle Forstarbeiter, für die Bäume nur noch Ware und Rohstoff sind.

Selbst wenn ein solches gestörtes oder entzaubertes Verhältnis zu allem Seienden heute weit mehr die Regel ist als ehemals, so bleibt doch anzuerkennen, daß es glücklicherweise auch Ausnahmen gibt. Darüber hinaus finden sich immer noch Gegenden, in denen die Menschen bis auf den heutigen Tag noch in dem Bewußtsein leben, daß nicht sie die Herren der Welt sind, sondern daß die Natur weit bedeutender ist als sie. Diese Landstriche sind zumeist arm, karg und vom Klima benachteiligt. Die Symbiose, die hier die Feen mit den Menschen eingingen, war in der Tat oftmals sehr eng und bezog den Bauern, seine Frau, die Kinder, das Gesinde, das Vieh und die Felder mit ein.

Die Feen haben dem Bauern geraten, wann er bestimmte Pflanzen säen oder setzen sollte, oder ihn vor kommendem Unwetter gewarnt. Säte der Bauer in der Oberpfalz Lein, so warf er immer auch einige Körner für die Feen in die Büsche des nahen Waldes. Und war die Saat dann aufgegangen, baute man aus den Resten vorjähriger Flachsstengel eine kleine Hütte und rief: »Holzfräulein, das ist dein Teil«, und bat sie um gutes Gedeihen der Pflänzchen.

Waren die Feldfrüchte reif, ließ der dankbare Bauer bei der Ernte immer einige Garben, Flachs- oder Grasbüschel als Anteil der Feen stehen – ganz gleich, welchen Namen, ob Nornen, Holzfräulein, Fanggen oder Wildweiblein, sie trugen.

Oft wird erwähnt, daß die Feen dem freundlichen Bauern bei der Heumahd geholfen haben oder als

Mägde für eine gewisse Zeit bei ihm in Dienst getreten sind. Hier haben sie sich immer dadurch hervorgetan, daß sie wesentlich mehr Arbeit bewältigen konnten als gewöhnliche Mägde. Sobald man aber in ihrer Gegenwart einen Fluch aussprach, sich irgendwie über sie lustig machte – oder aber ihnen ein Kleidungsstück schenkte, waren sie auf Nimmerwiedersehen verschwunden.

Eine solche Magd im Haus zu haben aber brachte großes Glück, und ihr Verschwinden wurde immer als schlechtes Zeichen gewertet. In Diensten stehende Feen haben auch stets auf das Treiben der anderen Mägde geachtet. War eine sauber und fleißig, fand sie zuweilen morgens ein blankes Geldstück in ihrem Holzschuh.

Aus irgendeinem Grund lieben die Feen ganz besonders die Milch irdischer Kühe – mehr offenbar, als die ihrer eigenen. In unzähligen Märchen und Gedichten wird berichtet, daß eine bestimmte Kuh von einem Tag auf den anderen anfängt, deutlich weniger Milch zu geben. Die Mägde oder der Bauer finden schließlich heraus, daß die Feen daran schuld sind, vertreiben sie aus Geiz und werden dafür von dem Kleinen Volk mit Unglück bestraft. Die folgende, sehr typische Erzählung stammt aus England, und vorauszuschicken wäre noch, daß nach allgemeiner Ansicht der Besitzer eines vierblättrigen Kleeblatts in der Lage ist, Feen zu sehen.

Ein Bauer besaß einmal eine wunderschöne rotweiße Kuh mit Namen »Gänseblume«. Diese Kuh war dick und rund, hatte das ganze Jahr über einen prallvollen Euter, gab aber zur Verwunderung des Bauern täglich nie mehr als viereinhalb Liter Milch. Ganz plötzlich, wenn das Melken in vollem Gange war, fing sie sanft zu blöken an, spitzte die Ohren, und im selben Augenblick blieb die Milch weg. Als der Bauer, dem im übrigen sonst alles prächtig geriet und gedieh, es schließlich satt hatte und sie verkaufen wollte, gelang es niemandem, sie auf den Markt zu treiben – und er mußte sie wohl oder übel behalten.

An einem Mittsommerabend saß die Magd nun später als gewöhnlich beim Melken, und es war schon Nacht, als sie endlich mit ihrer Arbeit fertig war. Gänseblume war dieses Mal die letzte Kuh, die sie gemolken hatte, und der Eimer war so voll, daß sie ihn kaum auf den Kopf heben konnte. Bevor die Magd von dem Melkschemel aufstand, rupfte sie deshalb eine Handvoll Gras und Klee und füllte damit ihren Hut, den sie aufnehmen wollte, um den Eimer auf diese Weise sicherer tragen zu können. Kaum aber hatte sie den so gepolsterten Hut auf den Kopf gesetzt, als sie plötzlich Hunderte von kleinen Feen von allen Seiten um die Kuh herumschwärmen sah. Sie tauchten ihre Händchen in die warme Milch und tranken sie.

Die Magd hatte schon viel von dem Kleinen Volk gehört und war deshalb über den unerwarteten Anblick nicht allzusehr verwundert. Als sie der Bäuerin später erzählte, was sie gesehen hatte, fragte sie diese, ob sie denn ein vierblättriges Kleeblatt gefunden habe. Die Magd sah in ihrem Hut nach, und wirklich fand sich darin ein Kleestengel mit vier Blättern. Nun aber überlegte die Bäuerin, wie sie die kleinen Diebinnen loswerden könne – ohne zu bedenken, daß diese für die Milch ja bezahlt hatten, indem sie das ganze Vieh der Familie aufs prächtigste hatten gedeihen lassen.

Die Mutter der Bäuerin riet schließlich, Gänseblumes Euter mit salzigem Fischwasser einzureiben, weil die Feen Fischgeruch nicht ausstehen könnten. Gesagt, getan – die Methode hatte Erfolg, und das Kleine Volk verschwand. Seit diesem Tag aber gab Gänseblume nicht ein Viertel der früheren Milchmenge. Abends lief sie herum und brüllte jämmerlich. Schließlich magerte sie so sehr ab, daß man sie auf dem nächsten Viehmarkt für wenig Geld verkaufen mußte. Dem Bauern aber, dessen Frau das Kleine Volk vertrieben hatte, wollte hernach nie wieder etwas glücken.

Verschüttete man in Irland beim Melken zufällig Milch, so durfte diese nicht weggewischt, sondern mußte den Feen überlassen werden, die sich daran gütlich taten. Und beim Buttern ließ man noch bis vor kurzer Zeit immer einen kleinen Teil für die Feen übrig. Dafür waren diese aber gern bereit, einem gewogenen Bauern eigenes Vieh zu »leihen«, und er konnte sicher sein, daß ihm dieser Zuwachs seiner Herde stets zum Vorteil gereichen würde. Dabei durfte aber auf keinen Fall das Tier der Feen getötet werden.

Als ein walisischer Bauer, der in der Nähe eines Sees wohnte, einmal das große Glück hatte, daß die Feen seiner Herde eine eigene Kuh zugesellten, gedieh ihm von nun an sein Vieh besser als je zuvor. Nie hatte eine Kuh soviel Milch gegeben, nie eine so schöne Kälber gehabt – und der Ruf der Feenkuh verbreitete sich über die ganze Gegend. Je mehr aber der Reichtum des Bauern zunahm, desto hoffärtiger wurde er, und eines Tages hatte er vergessen, welchen Dank er den Feen und ihrer

Kuh schuldete, und beschloß, diese schlachten zu lassen, bevor sie zu alt geworden war.

Alle Nachbarn versammelten sich am festgesetzten Tag, um dem Ereignis beizuwohnen. Doch just, als der Schlachter zum Todesstoß ausholte, flog ihm das Messer aus der Hand und ein markerschütternder Schrei zerriß die Luft. Die vor Schreck wie versteinerten Leute sahen auf der nahen Klippe eine grüngekleidete Frau stehen, die mit gellender Stimme rief:

»Komm du gelbe Anvil, Krummhörnige,
Du Gesprenkelte vom See,
Und du hornlose Dodin,
Erhebt euch und kommt nach Hause.«

Kaum waren diese Worte gesprochen, als die Feenkuh mit all ihren Nachkommen in vollem Galopp zum See rannte und hinter der grüngekleideten Frau im Wasser verschwand. Nur eine gelbe Teichrose blieb, als Zeichen für das, was geschehen war, an der Stelle zurück. Von da an aber verließ den undankbaren Bauern das Glück, und er starb als armer Mann.

Doch auch die Hausfrau hat mit den Feen zu tun gehabt. Am Abend, bevor die Familie sich zur Ruhe begab, stellte die gewissenhafte Hausfrau eine Schüssel mit Wasser auf den Ofen und wärmte es an, damit sich die Feen später in der Nacht damit waschen konnten. Außerdem ließ man – von Irland bis hinunter zu den Pyrenäen – auf dem Tisch ein wenig Brot oder auch ein Schälchen Milch als Nahrung für das Kleine Volk zurück.

Eine Irin erklärte zu Anfang dieses Jahrhunderts, daß man auch heruntergefallenes Essen nicht aufheben durfte, weil das den Feen gehörte: »Wenn Kartoffeln auf der Gabel auseinanderbrachen, dann mußte man sie den Feen geben. Viele Familien nehmen das sogar heute noch sehr ernst. Das beste, was man in einem solchen Fall tun kann, ist, nur noch ein wenig von dem Herabgefallenen zu essen und es dann für die Feen wegzuwerfen.«

Bevor man Schmutzwasser vor die Tür schüttete, mußte man die Feen warnen, damit sie nicht plötzlich naß wurden und sich an den Übeltätern rächten. Im übrigen zeigte sich das Kleine Volk für alle Gaben stets auf die eine oder andere Weise erkenntlich – sei es, indem es Geld zurückließ, der Hausfrau bei den Spinnarbeiten half oder bei Krankheiten Ratschläge erteilte.

Zur Zeit der Pest kamen in Deutschland die Holzfräulein aus dem Wald und riefen: »Eßt Bimellen und Baldrian, so geht euch die Pest nicht an.« Einer Tagelöhnerfrau aber half eine Waldfrau mit der Blume Nimmerweh, und die Moosweiblein gaben den Wanderern Wurzeln und Kräuter zur Nahrung und für die Gesundheit mit. Zudem lehrten sie die Bauern, welche Heilmittel man gegen die Krankheiten der Schafe verwenden solle.

Die alpenländischen Dialen beschenkten die Armen und speisten Hungrige. Auch machten sie sich ein Vergnügen daraus, gelegentlich dem einen oder anderen Sterblichen einen achtlos ausgesprochenen Wunsch zu erfüllen. Zu manchen Feenhügeln in Schottland brachten die Menschen in früheren Tagen Wolle, Flachs oder Leder, legten die Dinge dort nieder und sagten, was sie daraus gefertigt haben wollten. Wenn sie wiederkamen, konnten sie das Gewünschte abholen.

Zuweilen ist zu hören, daß die Feen auf den Markt einkaufen gingen und daß man daraus, ob sie viel oder wenig für eine bestimmte Ware gaben, schließen konnte, ob eine Teuerung ins Land stand. In anderen Berichten wird behauptet, sie hätten mit welken Blättern, Pilzen und Moos bezahlt. Nie hätten sie übrigens bei ihren Einkäufen ein Wort gesagt, sondern stets nur gelächelt.

Regelmäßig sollen sich die Feen von den Menschen bestimmte Geräte und Utensilien ausgeliehen und diese dann mit Dank zurückgegeben oder überhaupt die Menschen für geleistete Dienste belohnt haben.

Als eine Schottin einmal gerade beim Mehlsieben war, kam eine kleine sauber gekleidete Frau zu ihr, hielt ihr eine altertümlich geformte Holzschüssel hin und bat sie, diese mit Mehl zu füllen. Da es unklug gewesen wäre, einer Fee eine Bitte abzuschlagen, tat die Frau bereitwillig wie geheißen. Einige Tage später erschien die kleine Fee wieder und brachte der freundlichen Frau das geliehene Mehl zurück. Bevor sie die Schüssel auf den Tisch stellte, hauchte sie über den Inhalt und sagte leise: »Du sollst nie leer werden.« Und richtig, bis die Schottin in hohem Alter starb, ging das Mehl in dieser einen, von der Fee gesegneten Schüssel nie zur Neige.

In der Regel ist an solche Dankesgaben aber eine Bedingung geknüpft. So verbieten die Feen dem Empfänger beispielsweise, davon zu erzählen. Auch warnen sie ihn häufig davor, den verzauberten Gegenstand zu mißbrauchen, zu verkaufen oder zu verlieren.

Nach einer böhmischen Sage wurde eine gewisse Frau von Hahnen für einen geleisteten Dienst von einer Wasserfee mit drei Goldstücken beschenkt. Sie erhielt gleichzeitig aber von ihr die Weisung, auf dieses Gold gut achtzugeben und es unter keinen Umständen jemandem zu überlassen, der nicht zur Familie gehörte, weil dies sonst Armut nach sich ziehen würde. Kurz vor ihrem Tod legte Frau von Hahnen diesen Feenschatz ihren drei Söhnen ans Herz, doch die Frau des jüngsten gab die Goldstücke eines Tages leichtfertig aus. Obgleich ja weder die Söhne noch andere Blutsverwandte irgendeine Schuld an dem Vergehen traf, war, genau wie die Nixe vorausgesagt hatte, fortgesetztes Unglück die Folge dieser unbedachten Handlung – und bald darauf starb das Geschlecht derer von Hahnen aus.

Vermutlich rührt der Ausdruck »Feengold«, mit dem früher ein flüchtiges Gut oder sonst ein trügerisches Glück bezeichnet wurde, von ebensolchen negativen Erfahrungen her. Äußerste Vorsicht im Umgang mit Feengaben und mit den Feen selbst ist also allemal geboten. Ihre Bedingungen müssen erfüllt und ihre Weisungen genau befolgt werden. Nie darf man sich über die empfindlichen Wesen lustig machen, sie verhöhnen oder Scherz mit ihnen treiben. Die Behausungen der Feen und ihre Bäume dürfen nicht zerstört werden, gleichgültig, wie sehr sie jemandem auch im Weg sein mögen. Ihr Vieh soll man grasen lassen, wo es ihm beliebt, und ihre Tanzplätze sollten, wenn es irgend geht, nicht betreten werden. Und wer so unklug ist, sich in einen Elfentanz einzumischen, riskiert ein höchst unromantisches Erwachen in einer öden Gegend. Auf keinen Fall aber darf man die Feen von einem ihrer Tanzplätze vertreiben oder gar diese Orte zerstören.

Als ein walisischer Bauer es eines Tages wagte, die Wiese, auf der die Feen zu tanzen pflegten, umzupflügen, weil er das Kleine Volk nicht leiden konnte, bestraften ihn die aufgebrachten Wesen, indem sie im Sommer seine gesamte Ernte in Flammen aufgehen ließen. Tags darauf erschien ein kleines Männchen, das mit dem Schwert auf ihn wies und erklärte, daß dies erst der Anfang sei. Der bestürzte Bauer bat inständig, man möge ihm doch vergeben, und der kleine Mann versprach schließlich, beim Feenkönig ein gutes Wort für ihn einzulegen.

Dieser jedoch konnte und wollte seinen Racheschwur nicht brechen und ließ dem Bauern lediglich ausrichten, daß sich weiteres Unglück erst in einer späteren Generation ereignen würde. Etwa hundert Jahre danach erschien eines Tages eine grüngekleidete Fee den Nachkommen des Bauern und sprach in ernstem Ton: »Die Zeit ist gekommen!« Und als der Sohn des Hauses am selben Abend ausritt, kam er nicht wieder. Er war von den Feen in ihr Reich geholt worden und durfte erst lange, nachdem seine Frau und seine Verwandten gestorben waren, in die Menschenwelt zurückkehren.

Die Feen haben sich den Menschen gegenüber trotz ihres weit größeren Wissens und Könnens nur selten überheblich oder eingebildet, hochfahrend oder bösartig verhalten, solange diese die gesetzten Grenzen wahrten und sich bereit zeigten, Lehren anzunehmen. Immer wieder haben sie einzelnen Sterblichen die

Chance gegeben, sich zu beweisen oder über sich selbst und ihr Menschsein hinauszuwachsen.

Diese Gelegenheiten gewährten sie in zweifacher Hinsicht. Zum einen haben sie hin und wieder Erwachsene zu verschiedenen Zwecken entführt, und zum anderen sind sie Ehen mit Männern oder – seltener – auch Frauen eingegangen.

Entführt wurden vor allem Musikanten, die bei den nächtlichen Festen der Feen aufspielen sollten. Für gewöhnlich wurden diese Männer gut bewirtet und schließlich wieder ausgesetzt, wobei die Belohnung für die Mühen der Spielleute meist darin bestand, daß sie plötzlich zu hervorragenden Meistern ihres Fachs geworden waren.

Zu Anfang dieses Jahrhunderts erklärte ein alter irischer Musiker: »Da gab es einen alten Pfeifer namens Flannery, der lebte in Oranmore im County Galway. Ich glaube, er war einer von der alten Generation. Und eines Tages nahm ihn das Kleine Volk mit sich ins Feenreich, um ihn seinen Beruf zu lehren. So studierte er lange Zeit bei ihnen, und als er zurückkehrte, war er einer der größten Pfeifer von ganz Irland. Aber er starb jung, weil die Guten Leutchen wollten, daß er nur für sie spielte.«

Menschen wurden aber auch aus Rache und – nicht zuletzt – aus Liebe entführt. Daß Feen sich in Menschen und Menschen sich in Feen verliebten, geschah offenbar recht häufig. Hin und wieder kam es allerdings vor, daß der oder die Erwählte nichts vom anderen wissen wollte oder aber schon verheiratet war.

In den Alpen erzählt man sich von einem Hirten, der sich in ein reizendes Dialenfräulein verliebt hatte und ihr nun nachstellte. Nicht weit von der Sennhütte befanden sich, zwischen Alpenrosengebüsch und Felsblöcken verborgen, mehrere unergründlich tiefe Erdlöcher, in welchen die Dialen ihre Wohnsitze aufgeschlagen hatten.

Dort wartete der verliebte Bursche oft auf seine angebetete Fee, und jedesmal, wenn sie aus ihrer dunklen Behausung schlüpfte, entspann sich eine wilde Jagd über Stock und Stein, bergauf, bergab, manchmal die ganze Nacht hindurch bis zum frühen Morgen. Die Gewandtheit der Fee, die nicht umsonst mit Ziegenfüßen ausgestattet war, trug jedoch immer den Sieg davon. Sie sprang wie eine Gemse über Felsen und Abgründe, so daß ihr Verfolger schließlich die Nutzlosigkeit seiner Bemühungen einsehen mußte.

In dem Augenblick aber verwandelte sich seine Liebe in ebenso tiefen Haß, und von nun an überlegte er unausgesetzt, wie er den Feen Schaden zufügen könnte. Schließlich fiel ihm ein, daß die Dialen eine große Abneigung gegen Katzen hegen. So nahm er einen großen alten Kater, steckte ihn in einen Sack und warf ihn in eines der Löcher hinab, die zur Wohnung der Feen führten.

Am anderen Tag aber verschwanden die Dialen mit all ihren Reichtümern aus den Bergen, und nur den Kater ließen sie zurück. Noch lange Zeit danach wollten die Menschen das arme Tier im Berg kläglich miauen gehört haben.

Die unerwiderte Liebe blieb aber glücklicherweise – nach der Anzahl der Berichte zu schließen – wohl die Ausnahme. Sehr viel häufiger, und zwar schon in Schriften ab dem 12. Jahrhundert belegt, wird von Heiraten zwischen Feen und Sterblichen berichtet.

Wenn die Feen dabei ihr Reich verlassen mußten, knüpften sie daran fast immer eine oder auch mehrere Bedingungen, gegen die der Mann in den allermeisten Fällen – ohne böse Absicht – früher oder später verstieß. Daraufhin aber wurde er stets von seiner Feenfrau verlassen. Gelegentlich hielt die Fee später noch in irgendeiner Form den Kontakt zu ihrem Mann aufrecht, weil sie ihn immer noch liebte – wie in einer Geschichte aus Wales.

Ein Bauer war eines Tages in der Nähe eines Hügels mit seinen Schafen beschäftigt, als er eine strahlend schöne kleine Frau mit blonden Haaren und himmelblauen Augen erblickte. Der Bauer verliebte sich sofort in sie, und als er sie ansprach, reichte sie ihm die Hand und sagte: »Abgott meiner Träume, bist du endlich da!«

Bald darauf beschlossen die beiden Liebenden zu heiraten. Zuvor aber sollte der Feenvater seinen künftigen Schwiegersohn in Augenschein nehmen und seine Einwilligung zu der Eheschließung geben.

Der Vater der Fee erschien wie vereinbart und sagte ernst zu dem Bauern: »Du kannst meine Tochter haben, jedoch nur unter der Bedingung, daß du sie niemals und unter keinen Umständen mit Eisen schlägst. Sonst wird sie nicht mehr dein sein und zu den Ihren zurückkehren.«

Der Bräutigam stimmte herzlich gern zu, und die Hochzeit wurde in aller Pracht gefeiert.

In den nun folgenden Jahren wurde der Bauer zu einem reichen Mann, alles gedieh ihm unter den Händen, und die Ehe war noch dazu mit mehreren gesunden Kindern gesegnet. Eines Tages aber wollte es das

Schicksal, daß der Bauer und seine Frau ausritten und das Pferd der Fee plötzlich bis zum Bauch in einem Sumpf versank. Mit Müh und Not schaffte es der entsetzte Gatte, sie vom Pferd herabzuholen und anschließend auch das Pferd aus dem Morast zu ziehen.

Weil das Tier durch den Schreck sehr mitgenommen war, wollte der Bauer die Fee nun auf sein eigenes Pferd heben. Dabei aber glitt ihr Fuß so unglücklich auf dem eisernen Steigbügel aus, daß er gegen ihr Bein schlug. Kaum waren sie den halben Weg nach Hause geritten, als eine ganze Anzahl Feen erschien. Aus dem Berg hörte man es singen, und plötzlich war die Feenfrau mit den anderen verschwunden. Da sie aber ihren Mann, der ihr nur Gutes erwiesen hatte, immer noch liebte, sann sie auf eine Möglichkeit, ihn zu sehen, ohne die Gesetze des Kleinen Volkes zu brechen.

Schließlich kam sie auf die Idee, sich jeden Tag für mehrere Stunden im benachbarten See auf eine kleine schwimmende Insel zu setzen, wo ihr Mann sie vom Ufer aus sehen und mit ihr sprechen konnte. So lebten sie auf diese Weise weiter miteinander, bis der Tod dem Mann die Augen für immer schloß.

Derartige Berichte scheinen indes die Ausnahme zu sein. Wenn sich die Feen für bewußt oder auch unbewußt zugefügte Beleidigungen oder andere Vergehen an jemandem rächten, dann taten sie es im allgemeinen gründlich. In Irland und Schottland wie in Indien beschossen sie den Übeltäter mit ihren kleinen Elfenpfeilchen. Der Getroffene spürte zunächst nur einen kleinen Stich, erkrankte aber später an einer mit gewöhnlichen Mitteln nicht heilbaren Krankheit. Diese

Feenpfeile waren aber mit Sicherheit nicht – wie heutzutage vielfach behauptet wird – die prähistorischen Pfeilspitzen, die man in vielen europäischen Ländern gelegentlich neben alten Grabbauten finden kann. In Indien wenigstens werden sie als unsichtbar beschrieben, und das scheint auch das wahrscheinlichere zu sein.

Aus allen Märchen und Berichten geht hervor, daß die Feen, wenngleich nach Belieben sicht- oder unsichtbar, ganz normalen Umgang mit den Sterblichen pflegten – also wirklich unsere guten Nachbarn waren. Ihr Vertrauen in die grundsätzliche Gutartigkeit der Menschen ist damals offenbar beträchtlich größer gewesen als heute. Und anders als wir waren unsere Urahnen noch imstande, in beiden Welten zu Hause zu sein – oder doch die Welt der Feen als solche wahrzunehmen und nicht als reines Hirngespinst abzutun. Der Zauber war damals noch nicht gebrochen, die Tür zur Feenwelt noch nicht verschlossen.

Während erwachsene Sterbliche die Feen jedoch selbst in früheren Zeiten oft genug enttäuscht haben und Zweifel, Neid und Habgier die Beziehung zu ihnen belasteten, sind Kinder stets sehr gut mit den ätherischen Wesen ausgekommen. Kleine Kinder, deren Bewußtsein noch relativ wenig von den Begriffen und Anschauungen ihrer Kulturgemeinschaft geprägt ist, betrachten die Umwelt ziemlich vorurteils- und wertfrei. Ihr Leben ist noch voller Zauber und Magie, voller Staunen und Wunder. Sie unterhalten sich mit Puppen und spielen mit imaginären Tieren. Ihre Wertmaßstäbe sind noch in Ordnung: Geld hat nicht die geringste Bedeutung für sie, und schön ist nicht, was teuer war, sondern was Freude macht und die Phantasie beflügelt.

So ist es kein Wunder, wenn die Feen diesen kleinen Wesen besondere Zuneigung entgegenbringen und sich ihrer in besonderer Weise annehmen. In vergangenen Tagen sollen sie bei Geburten erschienen sein, um dem neuen Erdenbürger sein Schicksal zu weissagen und ihm als Patengeschenk eine Gabe zu verehren. Nicht nur durch Märchen – wie zum Beispiel *Dornröschen* – kann man davon erfahren, sondern auch durch zahlreiche Sagen.

Ogier dem Dänen sagten drei Feen bei der Geburt sein Schicksal voraus. Und als dem Dänenkönig Fridleif ein Sohn geboren wurde, ließ der Herrscher ihn von den drei Nornen mit Gaben bedenken. Da die dritte aber aus irgendeinem Grund verärgert war, beschied sie dem kleinen Olaf das Laster des Geizes.

Auch einem weiteren legendären Dänen, Nornagest – dessen Geschichte wird in einer isländischen Saga aus dem 14. Jahrhundert erwähnt –, erschienen, als er noch in der Wiege lag, drei Feen. Die ersten beiden wünschten ihm Glück, die dritte aber war erzürnt, weil sie im Gedränge von ihrem Platz gestoßen worden war, und erklärte, das Kind würde nur so lange leben, wie die neben ihm brennende Kerze Wachs hätte. Sofort löschten die beiden anderen Feen die Kerze und gaben sie der Mutter mit der Weisung, sie gut aufzubewahren.

Als Nornagest erwachsen war, achtete er selbst auf die Kerze und lebte nun dreihundert Jahre lang glücklich und zufrieden. Eines Tages aber ließ er sich zum Christentum bekehren, und als Beweis dafür, daß er an die Macht heidnischer Gottheiten und Geister nicht mehr glaubte, sollte er auf Geheiß des Königs seine Kerze anzünden. Sobald diese aber heruntergebrannt war, starb auch der dänische Held.

Wie aus all den Berichten über die Geburtstagsgeschenke der Feen hervorgeht, ist nie eine von ihnen, wie es späterhin oft behauptet wurde, von Natur aus »böse«. Bei *Dornröschen* hatte man die dreizehnte Fee nicht eingeladen – Grund genug für sie, beleidigt zu sein. In den anderen obenerwähnten Fällen hatte sich immer etwas ereignet, das den Zorn einer der Feen erregte.

Im Zusammenhang mit der »Patenrolle« der Feen ist interessant zu wissen, daß selbst noch im heutigen Griechenland der fünfte Tag nach der Niederkunft als *Besuch der Miren* – das heißt: der alten Moiren – bezeichnet wird, weil an ihm, wie überliefert ist, die Feen kommen, um dem Kind sein Schicksal zu weissagen. Und wiederum die Miren werden von neuvermählten Paaren angerufen, damit sie ihnen Kinderreichtum gewähren.

In Frankreich war es bei bestimmten »Feenwohnungen«, also vorgeschichtlichen Dolmen, bis vor sehr kurzem noch Brauch, in Flittergold gewickelte Wollfäden zu opfern, um einen Mann oder aber Kinder zu bekommen.

Die Feen standen den Frauen auch bei der Entbindung bei. Die Frau von Donnersberg soll gar ein von Feen gewebtes Stück Leinwand besessen haben, das unter das Bettuch gelegt wurde, um die Geburt zu erleichtern. War das Kind aber erst einmal geboren und mit Gaben beschenkt, blieb es oft sein Leben lang ein Liebling der Feen – falls es sich nicht deren Gunst auf die eine oder andere Weise leichtfertig verscherzte.

An dieser Stelle sollte nun aber auf den schwarzen Fleck eingegangen werden, der die ansonsten weiße Weste der Feen verunstaltet, ihr auf der ganzen Welt bezeugtes Verhalten nämlich, zuweilen Kinder zu vertauschen.

In Afrika, bei den Inuit, den Indianern, in Indien, Pakistan und ganz Europa stehlen die Feen hübsche Kinder, vor allem Jungen, und legen an deren Stelle häßliche eigene Bälger in die Wiege. Gestohlen werden die Kinder in der Regel nur, solange sie noch recht klein sind.

Im allgemeinen merkt die Mutter sehr schnell, daß ein fremdes Baby in der Wiege liegt, da der Wechselbalg nicht nur um einiges häßlicher, sondern oft zudem ein arger Schreihals ist. Ist sie sich aber nicht ganz sicher, so werden ihr verschiedene Methoden empfohlen, mit denen sie herausfinden kann, mit wem sie es zu tun hat. Die recht drastische, auf das Kind einzuschlagen und ihm nicht genug zu essen zu geben, wurde bereits erwähnt. Eine andere »Prüfmethode« besteht darin, etwas dermaßen Außergewöhnliches oder Absurdes zu tun, daß der Wechselbalg nicht an sich halten kann und das Geschehen in einer Weise kommentiert, wie es kein kleines Menschenkind könnte.

In England hatte eine Frau einmal ein über die Maßen häßliches Kind, das zudem trotz guter Pflege und reichlicher Ernährung einfach nicht wachsen wollte. Nach mehreren Jahren kam der ältere Bruder des Kindes, ein Soldat, aus dem Krieg nach Hause und wunderte sich sehr, sein Geschwisterchen noch in der Wiege vorzufinden. Als er den kleinen Wicht eingehend gemustert hatte, sagte er der Mutter, das sei nicht sein Bruder. Und als diese widersprach, meinte er, er werde es ihr schon beweisen.

Der Soldat holte zunächst ein frisches Ei, blies es aus und füllte die leere Schale dann mit ein wenig Hopfen und Malz. Dann tat er so, als wolle er über dem Feuer Bier brauen.

Plötzlich aber ertönte ein lautes Lachen aus dem Kinderbettchen. »Ich bin ja wirklich sehr, sehr alt«, sprach der angebliche Bruder mehr zu sich selbst, »aber daß man in einer Eierschale Bier braut, das habe ich noch nie gesehen!«

Als er das hörte, wußte der Soldat, daß seine Vermutung richtig gewesen war. Er holte eine Peitsche und ging auf den Wechselbalg los. Dieser, den seine Mutter noch nie laufen gesehen hatte, sprang schreiend aus dem Bett und rannte behend im Zimmer herum, bis er schließlich aus dem Haus verschwand. Im selben Augenblick aber trat der echte »kleine Bruder« über die Schwelle.

Er war inzwischen ein großer und stattlicher Bursche von zwanzig Jahren geworden, denn die Feen hatten ihn in ihrem Bergpalast mit allem gut versorgt. Eigentlich hatte er daher überhaupt keine Lust gehabt, seine Wohltäterinnen zu verlassen. Da der Wechselbalg aber vertrieben worden war, mußte er wohl oder übel wieder zu den Menschen und seiner wirklichen Familie zurückkehren.

Ein versteckter Hinweis aus diesem – über ganz Europa in verschiedenen Varianten verbreiteten – Märchen bestätigt noch einmal, daß die Lebensspanne der Feen ungleich länger ist als die der Menschen: Der kleine Wechselbalg wuchs sehr, sehr langsam und lebte offenbar schon lange Zeit, bevor er zu der Menschenmutter gebracht wurde. Oft heißt es sogar, daß die Feenkinder geradezu mit der Stimme von alten Männern sprechen und an Wissen den Erwachsenen in nichts nachstehen.

Gleichzeitig wird hier auch eine Entschuldigung für die nach menschlichen Kriterien unmoralische Handlungsweise der Feen geliefert: Die Geistwesen denken sich vermutlich überhaupt nichts Böses dabei, wenn sie ein Kind stehlen. Sie wissen, daß es dem Baby bei ihnen sehr viel besser gehen wird, als das jemals bei den Menschen der Fall sein könnte. Es wird mehr lernen, klüger und gebildeter sein als seine menschlichen Altersgenossen. Solche Pflegekinder bleiben oft lieber im Feenreich, als in die Welt der Sterblichen zurückzukehren.

In einem Fall, der sich in England zugetragen haben soll, konnten die Feen es offenbar schlicht nicht mehr mit ansehen, wie ein kleines Kind regelrecht verkam, weil seine Eltern Trinker waren und sich herumtrieben. Das Kleine wurde völlig vernachlässigt, nicht gewaschen und nicht gefüttert, und eines Tages war es verschwunden.

Die Eltern und Nachbarn suchten überall nach ihm, und schließlich führte die Katze sie durch ihr merkwürdiges Verhalten zu einem Torfstich. Da lag das Baby frisch gewaschen in blitzsauberen Laken und Kleidern und überall mit leuchtenden Blumen bedeckt. Rings um das Kind aber war der Torf aufgeschichtet, damit der Wind ihm nichts anhaben konnte. Allen Leuten war sofort klar, daß dies das Werk der Feen sein mußte. Wahrscheinlich, so sagten sie, waren die Feen mit der Säuberungsaktion zu spät fertig geworden und mußten das Kleine erst einmal lassen, wo es war, um es dann in der nächsten Nacht mitnehmen zu können.

Offenbar waren von solchen Diebstählen meist nur jene Mütter betroffen, die ihre Kleinkinder nicht gut im Auge behielten oder sonst keine Vorsorge gegen eine Vertauschung trafen. Ein Eisenmesser oder eine Schere neben das Kind in die Wiege gelegt oder abwehrende Pflanzen an das Bettchen gehängt, sollen ein ausgezeichneter Schutz gegen Übergriffe der Feen sein. Und hatte Tahca Ushte, der Medizinmann der Sioux, nicht recht, als er sagte, daß die Natur und der Große Geist »auch nicht vollkommen sind«? Warum es dann von den Feen verlangen!

Kurioserweise haben die Feen zahlreichen Berichten zufolge manchmal menschliche Hilfe bei eigenen Entbindungen benötigt.

Eines Sommerabends klopft ein Feenmann in Lappland an die Tür einer Hebamme und bittet sie, mit ihm zu kommen, da seine Frau kurz vor der Entbindung stünde. Die Frau willigt ein, und, wie von einem Windstoß getragen, befindet sie sich plötzlich vor einem palastähnlichen Haus, in dem auf einem kostbaren Bett eine wunderschöne Fee liegt. Die Hebamme hilft ihr bei der Entbindung eines hübschen Mädchens, lehnt aber jede angebotene Belohnung ab.

Die Fee bedeutet ihr beim Abschied, an einem bestimmten Platz nachzusehen, und die Hebamme findet dort sechs silberne Löffel, auf denen ihr Name eingraviert ist – der Dank der Fee.

Aus dem Jahre 1660 ist sogar amtlich eine fast gleichlautende Geschichte aus Schweden bezeugt. Ähnliche Vorkommnisse sind jedoch, wie Edwin Sidney Hartland ausführt, aus dem gesamten europäischen Raum bekannt. Einer Hebamme aus Schwaben beispielsweise werden, nachdem sie Essen und Trinken abgelehnt hat, Kohlen ausgehändigt, die sich später in Gold verwandeln. In einer Geschichte aus Pommern wird die Hebamme nach der Entbindung von dem Feenmann gefragt, was denn ihr Lohn sei. Sie schüttelt den Kopf und meint, daß sie überhaupt nichts verlange. Da gebietet ihr der Feerich, die Schürze aufzuhalten, und schüttet ihr eine Menge Abfall hinein, der in einer Zimmerecke gelegen hatte. Als die Frau nach Hause kommt, sieht sie, daß er zu lauter Gold geworden ist.

Solche »Geburtshelfer-Geschichten« betonen immer wieder ein bestimmtes Verbot: Die menschliche Hebamme wird von der Fee angewiesen, die Augen auf keinen Fall mit dem Wasser in Berührung zu bringen, in dem sie das neugeborene Baby wäscht. Meist aus Zufall, zuweilen mit Absicht, wischt sich die Frau doch ein Auge damit und kann von nun an die Feen auch in der Menschenwelt sehen.

Ein Feenmann aus einem englischen Märchen bat eine sparsame Hausfrau, sein Kind aufzuziehen, da er gesehen habe, wie ordentlich und reinlich sie sei. Sie werde für ihre Dienste gut belohnt werden, doch müsse sie einige Verhaltensregeln unbedingt beachten. So dürfe sie das Kind nicht das Vaterunser lehren, es nur zwischen Sonnenaufgang und -untergang waschen, und zwar nur mit Wasser aus einer Kanne, die sie jeden Morgen im Zimmer des Kindes finden werde. Niemand als sie selbst dürfe zudem das Wasser berühren, und sie solle sich nie das Gesicht damit waschen.

In den folgenden Jahren erging es der Familie sehr gut. Alles Lebensnotwendige war stets im Überfluß vorhanden, und immer stand das Zauberwasser frühmorgens zum Waschen bereit. Das Kind selbst war sehr lieb, aber auch wild und ungebärdig und benahm sich manchmal etwas seltsam: Es sprang dann plötzlich herum, als würde es mit anderen Kindern spielen, ohne daß aber irgend jemand zu sehen gewesen wäre.

Eines Tages nun wollte die gute Frau doch einmal selbst ausprobieren, was es mit dem geheimnisvollen Wasser auf sich hatte und spritzte sich ein wenig davon ins Gesicht. Da sah sie mit einem Male eine Anzahl kleiner Leutchen, die mit dem Jungen spielten. Nun wußte sie das merkwürdige Verhalten des Kindes zu deuten.

Als sie kurz darauf auf den Markt ging, erblickte sie zufällig den Feenmann und sprach ihn an.

»So, du siehst mich also?« fragte dieser. Und als die Frau bejahte, befahl er ihr, das rechte Auge zu schließen. Daraufhin legte er ihr einen Finger auf das linke Auge und fragte, ob sie ihn nun noch sehen könne.

»Aber ja«, antwortete die Frau arglos, »und wir kennen uns doch auch schon.«

Darauf stieß der Feenmann schroff hervor:

»Fürs Feenkind Wasser, kein Wasser für dich,
verlierst nun dein Auge, dein Kind und auch dich.«

Von diesem Augenblick an war die Frau auf dem rechten Auge blind. Als sie aber nach Hause kam, war das Kind verschwunden, und das Ehepaar verbrachte den Rest seines Lebens in Elend und Not.

Während sie den Erwachsenen gegenüber also durchaus streng und unnachgiebig sein konnten, verhielten sich die Feen Kindern gegenüber nachsichtig und gütig. Oft spielten sie mit ihnen und schenkten ihnen irgendwelche hübschen Gegenstände. Sie achteten darauf, daß die Kleinen nicht ins Wasser fielen oder sonst in Gefahr gerieten, und sie nahmen sie wohl auch hin und wieder mit in ihr Reich.

Ein kleines Mädchen, dem einmal beim Wasserholen sein Krug in den Brunnen gefallen und zerbrochen war, setzte sich aus Angst vor dem Zorn der strengen Mutter ins Gras und weinte bitterlich. Da erschien ihm eine Fee, die in dem Brunnen lebte und alles mit angesehen hatte. Sie tröstete das Kind, klopfte einmal auf den Boden, und da kam der Krug heil aus dem Brunnen wieder herauf.

Die Fee gab ihn dem Mädchen und sagte, es dürfe aber niemandem von der Begegnung erzählen. Das überglückliche Kind versprach es der Fee und lief nach Hause. Von nun an half der Krug bei allen Verrichtungen, die zu erledigen waren – und das Mädchen hielt stets ihr Wort und erzählte niemandem etwas von dem, was am Brunnen geschehen war.

Die Feen sind ganz offenbar keine Engel. Sie sind eitel, sehr anspruchsvoll, was das menschliche ethische Betragen angeht, und reagieren äußerst empfindlich, wenn ein ihnen gegebenes Versprechen gebrochen wird. Sie verzeihen keinen Fehler, der sie in irgendeiner Weise betrifft, und sei er auch ganz ohne bösen Willen zustande gekommen. Und: Sie stehlen ab und an kleine Kinder! Das Zusammenleben mit ihnen ist also für die Menschen niemals eine einfache Angelegenheit gewesen. Zum Ausgleich helfen die Feen in vieler Weise, beschützen die Kinder vor Ungemach, die Felder vor Mißernten und ganze Familien vor Unglück und Not.

Es gibt zwar einige Zaubersprüche und Rituale, durch die angeblich eine dienstbare Fee herbeigerufen werden kann. Auch sollen, wie man aus dem am Schluß dieses Kapitels stehenden Gedicht des Engländers Alfred Perceval Graves erfährt, bestimmte Lieder als eine Art Feenbann funktionieren. Doch erscheint es mir nicht nur äußerst »unsportlich«, sich solcher Maßnahmen zu bedienen, sie dürften auch sicher nicht dazu angetan sein, das Wohlwollen dieser Naturgeister hervorzurufen.

Ein jeder lebe so, daß keine Fee an seinem Verhalten etwas auszusetzen hat – und vielleicht stellt sich dann das Kleine Volk ja ganz von selbst bei ihm ein!

Das nun folgende Gedicht sang die Prinzessin Mor von Cloyne aus dem alten irischen Königreich Munster vor der Tür eines Feenhauses für die eigene Schwester, die von den Feen entführt worden war. Mit Hilfe dieser magischen Worte, so hoffte sie, würde das Mädchen ebenso entkommen können, wie es ihr seinerzeit selbst gelungen war.

Kleine Schwester, die der Elf
Tief versteckt in seinem Sidh,
Tief, ach, unter jenem Farn,
Lausch und lern mein Zauberlied.

Einst, als ich wie du im Berg
Saß, da wob mein Saitenspiel
Schlaf-Bann übers Feenvolk,
Girrte ich sanft und voll Gefühl.

Bis sie lächelnd all, verträumt,
Sanken vor dem Zauberstück;
Und ich floh die Feenburg,
Fand den Weg hierher zurück.

Kleine Schwester, die der Elf
Mir zum Leid im Berg versenkt,
Lausch und lern das Zauberlied,
Das dir bald die Freiheit schenkt.

AUSKLANG

Die Wiederverzauberung der Welt

Geheimes Leben ist rings um uns und wartet darauf, gesehen und entdeckt zu werden.

Während in allen weitgehend ursprünglich oder »rückständig« gebliebenen Landstrichen der Erde, in den Tälern des Himalaja ebenso wie an den Ufern des Kongo oder in den Anden, die Menschen immer noch zu Feenwesen in engem Kontakt stehen, an sie glauben und sie in ihr tägliches Leben einbinden, ist dies in den hochentwickelten, stark industrialisierten Ländern längst nicht mehr der Fall. Unterzieht man das Material, das aus dem europäischen Raum zur Verfügung steht, einer näheren Betrachtung, so läßt sich unschwer feststellen, daß bereits Ende des letzten Jahrhunderts die Menschen fast durchweg nur noch in der Vergangenheitsform von den Feen sprachen.

Der Großvater oder die Urgroßmutter hätten noch Feen gesehen, heißt es beispielsweise. Oder ein Vorfahre habe ein bestimmtes Erlebnis mit den Feen gehabt. Berichte, die mit einer Einleitung beginnen wie »Vor vierzig Jahren, in meiner Kindheit, kannte ich eine alte Frau in Skye, deren Vater als Junge mit den Feen zu tun gehabt hatte …«, sind durchaus keine Seltenheit. Und solche Aussagen stammen noch dazu von Menschen aus traditionellen Feenländern – wie Irland, Wales und Schottland.

Gewiß finden sich auch einige Erwähnungen seltsamer Geister- oder Feenerscheinungen aus der Mitte dieses Jahrhunderts, doch sind diese spürbar unbestimmter und gewissermaßen verschwommener als ältere Berichte. So erklärte ein Engländer in den fünfziger Jahren beispielsweise:

»Sie kennen doch das Feld oberhalb der Quantock Farm, da oben bei der Butter Lane, wissen Sie? Ich erinnere mich, daß vor etwa dreißig Jahren ein Arbeiter aus Little Quantock dort in einer Oktobernacht von den Feen in die Irre geleitet wurde und den Heimweg nicht mehr finden konnte. Die ganze Nacht lief er da oben herum, aber die Feen hatten ihn – Albert Davis hieß er. Nein, er konnte nicht entkommen.«

Diese und die meisten anderen vergleichbaren Geschichten klingen zwar so, als wüßte der Erzähler noch, daß die Feen gern Menschen zum Narren halten, aber als habe er selbst keine direkte Verbindung mehr zu ihnen.

Als Kontrast mag hier noch die Aussage eines Ungarn folgen, die im Jahr 1972 von Tekla Dömötör festgehalten wurde. Dieser Mann berichtet von einer Bekannten, die in den Bergen die Feen tanzen sah. Sie hörte, wie sie ihm selbst erzählt hatte, plötzlich laute Musik, ging in die Richtung, aus der die Klänge kamen, und sah eine Menge Feen sich in einer Mulde vergnügen. Sie hätten bunte Kleidung getragen und seien sehr schön gewesen. Da sie sich vor ihnen gefürchtet habe, sei sie einfach weitergegangen und habe sich dabei immer wieder gefragt, was das alles wohl bedeute. Musiker habe sie keine gesehen, doch alles andere sei so gewesen, wie sie es geschildert habe.

Solche Berichte sind aber leider die Ausnahme. Schon zu Anfang dieses Jahrhunderts stellten Feenforscher wie W.Y. Evans Wentz und J. Rhys fest, daß der Glaube an Feen in den von den Forschern selbst besuchten Gegenden innerhalb weniger Jahre spürbar zurückgegangen sei. Wo noch vor kurzer Zeit lebendig von Feen erzählt worden sei, wisse nun kaum noch einer über sie Bescheid.

Daraus läßt sich folgern, daß die Menschen in abnehmendem Maße unmittelbaren Kontakt zu den Feen hatten. Gemäß der Weisheit »Aus den Augen, aus dem Sinn« gerieten die Feen zunehmend in Vergessenheit. Und diejenigen, die sich noch an sie erinnerte, schämten sich fast schon – wie heutzutage etwa die Einwohner Bangans in Nordindien –, von ihnen als von realen Wesen zu sprechen, und verbannten sie immer häufiger in das Reich der Märchen.

Hier stellt sich nun die Frage, ob Europäer, Nordamerikaner und andere »zivilisierte« Völker keine Feen mehr sehen, weil jene aus irgendwelchen Gründen aus deren Nähe verschwunden sind, oder ob die Menschen sie mit ihren vom Fortschritt geblendeten Augen nur nicht mehr wahrnehmen können.

Bis zu einem gewissen Grad scheint wirklich beides zuzutreffen.

Es ist eine Tatsache, daß die Menschen nur das *sehen,* wovon sie einen Begriff haben. Das mag vielleicht ein wenig überspitzt formuliert klingen, doch soll diese Behauptung anhand einiger Beispiele erläutert werden:

Man stelle sich vor, ein naturkundlich völlig desinteressierter Installateur macht mit einem auch in Botanik versierten Vogelliebhaber einen Spaziergang, der sie zuerst durch ein Dorf und dann durch den Wald führt. Was *sehen* nun beide auf diesem Spaziergang? Fragte man sie im nachhinein, so würde sich der Installateur vielleicht an eine defekte Dachrinne, eine brandneue kupferne Schornsteinrandabdeckung und den durch ein Nest verstopften Ablaufstutzen eines Entlüftungsrohrs erinnern – und dann noch an »den Wald«. Aber er hätte ganz sicher nicht das Labkraut, die Waldveilchen, den blühenden Weißdorn, die Blindschleiche, das Tagpfauenauge, den Zilpzalp und das Rotkehlchen gesehen. Und das, obwohl sie alle durchaus vorhanden und sichtbar waren.

Der Pflanzen- und Vogelliebhaber hingegen wüßte zwar wohl, daß sie durch ein Dorf gekommen sind, aber bewußt aufgenommen hätte er bestimmt weder Dachrinnen noch irgendwelche Schornsteinaufbauten. Und was den Ablaufstutzen eines Entlüftungsrohrs angeht, so wüßte er vermutlich nicht einmal, daß es so etwas überhaupt gibt – und *sehen* würde er ihn schon gar nicht.

Wenn analog dazu eine Hausfrau, ein Buchliebhaber und ein Schreiner ein und dieselbe Wohnung besichtigen, so kann man sicher sein, daß alle drei in dieser Wohnung vollkommen unterschiedliche Dinge *sehen*. Der Bibliophile wüßte anschließend wahrscheinlich kaum etwas über die Ordentlichkeit oder Sauberkeit der Zimmer zu sagen, weil er nichts als die Bücherwand wahrgenommen hätte. Der Schreiner bemerkte, aus welchem Holz und in welcher Weise die Möbel angefertigt sind, und der Hausfrau stächen der Staub und die Spinnweben ins Auge.

Ebenso, wie sich jeder nur an die Dinge erinnert, die

für ihn selbst auf Grund seines Lebensweges und seiner Erziehung von Bedeutung sind, sieht auch jeder nur das, was in ihm angelegt ist, worauf er durch seinen kulturellen und gesellschaftlichen Hintergrund geprägt ist oder was im Bereich seiner Vorstellungskraft liegt.

Ein guter Beweis für die Richtigkeit dieser Behauptung stellt ein Erlebnis dar, von dem der Naturforscher Charles Darwin berichtet. Im Verlauf der fünfjährigen Forschungsreise ging sein Schiff, die *Beagle*, einmal vor einer Südseeinsel vor Anker. Darwin und andere fuhren mit Beibooten an Land und knüpften erste Kontakte mit den Eingeborenen. Im Laufe des Gesprächs fragten diese die Europäer erstaunt, wo sie denn so plötzlich hergekommen seien. Als Darwin daraufhin auf die nur wenige hundert Meter vor der Küste liegende *Beagle* zeigte, gaben ihm die Eingeborenen zu verstehen, daß sie nicht wüßten, was er meine.

»Na, dort, das große Boot«, erklärte er ihnen verwundert und wies wieder mit dem Finger auf den Segler. Aber weder durch Worte noch durch Gesten konnte er den Insulanern die Existenz des großen Schiffes vor Augen führen. Sie *sahen* es nicht, weil ein solches Ding bisher noch nie in ihrem Leben vorgekommen war, ihre Kultur so etwas nicht kannte und sie es daher nicht in einen Begriff fassen konnten: Ihre Vorstellungskraft war mit einer solchen Aufgabe einfach überfordert.

Ein jeder schenkt den Dingen besondere Beachtung, die in seinem Leben und seinem kulturellen Umfeld eine wesentliche Rolle spielen. Die Inuit kennen mehr als fünfzehn verschiedene Schneesorten, weil Schnee für sie eine essentielle Erfahrung ist. Andere Menschen sehen den Schnee zwar auch, können aber allenfalls Pulverschnee, verharschten Schnee und Schneematsch unterscheiden.

In genau derselben Weise erfährt jeder von uns zwar eine Wirklichkeit, doch ist es sehr gut möglich, daß er dabei nur einen kleinen Teil der gesamten bewußt wahrnimmt. Vielleicht weil wir »Weißen«, wie die Indianer sagen, nur ein Auge benutzen. Radiowellen und Ultraschall sind schließlich für den Menschen auch nicht sichtbar, und doch ist inzwischen wissenschaftlich bewiesen, daß sie existieren.

Den meisten ist es durchaus bewußt, daß eine ganze Reihe von Phänomenen mit Hilfe der »exakten« Naturwissenschaften nicht erklärt werden können, gleichzeitig aber weigern sie sich als von ihrer Gesellschaft geprägte »aufgeklärte« Menschen, diese Tatsache wirklich zur Kenntnis zu nehmen. Feen sind etwas, das zu einer hochtechnisierten und industrialisierten Gesellschaft nicht »paßt«. Man glaubt nicht mehr an Feen, es ist jedem in Fleisch und Blut übergegangen, sie als Märchengestalten zu betrachten, und deshalb existieren sie für uns tatsächlich nicht. So einfach ist das. Wer davon noch nicht überzeugt ist, der mag sich nur vergegenwärtigen, wie oft wir bestimmte Ereignisse so gut verdrängen, daß sie für uns nach einer Weile tatsächlich nicht mehr vorhanden sind und nie vorhanden waren.

Von kleinen Kindern, die dem Leben noch relativ unbefangen und unbeeinflußt gegenüberstehen, sagt man nicht umsonst, daß für sie die Tür zu einer anderen Wirklichkeit noch offensteht. Wie heißt es doch in Goethes *Erlkönig*:

»Siehst, Vater, du den Erlkönig nicht? Den Erlenkönig mit Kron' und Schweif?«

Und was entgegnet bezeichnenderweise der Erwachsene? »Mein Sohn, es ist ein Nebelstreif.«

Da ist sie, die rationale Erklärung. Und wenn der Sohn am Leben geblieben wäre, hätte er es binnen kurzem mit Sicherheit dem Vater nachgetan und die Existenz des Feenkönigs abgestritten.

Können es nun westliche Menschen überhaupt noch lernen, Wesen aus einer »anderen Sphäre« und deren leises Wirken wahrzunehmen? In einer städtischen Umgebung dürfte dies allerdings sehr schwierig werden. Und damit ist auch schon teilweise die Antwort auf die eingangs gestellte andere Frage gegeben, ob nämlich die Feen aus der industrialisierten Welt ganz und gar verschwunden sind.

Aus den Städten sind sie vermutlich wirklich vertrieben worden. Wenn die Menschen dort schon den Boden unter den Füßen, den Kontakt zur Erde verlieren, wie sollten Feen hier leben können? Wie sollten sie »gute Nachbarn« von jemandem sein, der im zehnten Stock eines Hochhauses wohnt? Und wie sollten sie jemandem, der vielleicht einmal alle paar Monate zusammen mit Freunden einen Ausflug in einen nicht allzufern gelegenen genormten Nutzwald unternimmt, begreiflich machen, was im Leben wirklich zählt? Wie ihm erklären, daß Computer und immer kompliziertere Technologien wirkliche Lebensqualität nicht ersetzen können? Wo sollten die Feen nachts tanzen? In den Parks und Grünanlagen, zwischen abgestellten Autos und unter einer dichten Smogglocke? – Nein, es dürfte sehr unwahrscheinlich sein, daß Feen hier noch existieren können, und zwar genausowenig, wie dazu auf Dauer Menschen ohne große innere Verluste imstande sein werden.

Aber es ist sicher nicht alles verloren, und die Feen sind, wie man hoffen kann, nicht völlig aus unseren Breiten verschwunden. Glücklicherweise gibt es immer noch Gebiete, und zwar auch in Deutschland, in denen der streßgeplagte Stadtbewohner, wenn er es will, aufatmen und sich wieder ein wenig »erden« kann. Grüne Hügel, Täler und Wiesen, in denen die Margeriten und der Wiesensalbei wieder Fuß fassen, weil nun endlich weniger Gift gespritzt wird; in denen die Nachtigallen genügend Gebüsche und die Käuzchen genügend Baumlöcher zum Brüten finden; und wo die Himbeeren am sonnigen Hang reifen. Hier würde der »Städter« vielleicht die Feen wiederfinden – wenn er sich von seinen gesellschaftlichen und kulturellen Konditionierungen befreien könnte. Wenn er den Mut hätte, dem in sich Raum zu geben, was ihm von klein auf und seit Jahrhunderten systematisch aberzogen und ausgeredet wurde – einer Dimension der Wirklichkeit, die nicht sein *kann*, weil sie gemäß geschriebenen und ungeschriebenen Gesetzen nicht sein *darf*.

Daß es diese Dimension aber tatsächlich gibt, daß es Dinge gibt, die nicht mit modernen naturwissenschaftlichen Begriffen zu definieren sind, wird jeder spüren, der sich unversehens von einem hektischen und stressigen Leben zum Beispiel in ein Cottage in einem abgelegenen Tal Nordschottlands verpflanzt sieht. Gewiß wird er zunächst einige Tage benötigen, um sich an die Stille und den Frieden zu gewöhnen; dann aber wird der Zauber dieser Landschaft rasch mehr und mehr Macht über ihn gewinnen. Er wird die klaren Bäche entlangwandern und wilden Thymian sammeln; er wird den Forellen zuschauen, die sich in glasklaren Gewässern tummeln, und er wird die Brachvögel über sich trillern, die Heidelerchen hoch oben im Himmel singen hören. Und er wird *spüren*, daß da noch etwas anderes ist – etwas, das es in seinem hektischen Großstadtleben nicht gab, etwas, dessen leise Existenz nie bis zu ihm durchdringen konnte.

Nun mag eingewendet werden, daß Schottland nicht gerade um die Ecke liegt und man schließlich allenfalls einmal im Jahr einen längeren Urlaub von Streß und Hektik nehmen kann. Beides ist sicherlich richtig, doch sollte eine derart intensive Naturerfahrung kein einmaliges Erlebnis sein, sondern dazu dienen, ganz allgemein und nachhaltig die Sinne zu erweitern und für andere Lebewesen zu öffnen.

Aber auch ohne einen Aufenthalt in paradiesischer Umgebung läßt sich den Feen näherkommen, wenn wirklich der Wunsch danach besteht. Ausschlaggebend hierbei ist es, ein neues Verhältnis zur Natur aufzubauen, sie nicht länger als Rohstoffreservoir und Tummelplatz für müllproduzierende Picknicks zu betrachten. Um dies zu erreichen, muß man aber die Natur in ihrer ganzen Vielfalt kennenlernen, es reicht nicht, lediglich »Wiesen«, »Wälder« und »Grünanlagen« wahrzunehmen, einzelne Blumen, Bäume und Tiere müssen »erfahren« werden.

Mit Hilfe eines Pflanzenbestimmungsbuches kann man beginnen, »Unkräuter« und Blumen, von denen es selbst in der Stadt genügend gibt, nach und nach zu identifizieren und sich mit ihnen vertraut zu machen. Als nächstes könnte der Versuch unternommen werden, eine dieser Pflanzen zu zeichnen. Es bleibt dabei von völlig untergeordneter Bedeutung, ob daraus ein Kunstwerk entsteht oder nicht – wichtig ist lediglich, daß die genaue Betrachtung zur Achtung vor diesem so phantasievoll und kompliziert aufgebauten Lebewesen führt.

Eine solche Bemühung verhilft aber mit Bestimmtheit zu einem »erweiterten Blick« – wie dann auf einem Spaziergang unschwer festzustellen ist: Blumen werden nicht mehr einfach nur Blumen sein, sie werden zum ersten Mal in allen ihren Details und ihrer ganzen Schönheit wahrgenommen. Und sicherlich wird man von nun an zögern, große Sträuße zu sammeln, nur um die Blumen in wenigen Tagen sterben zu sehen.

Eine zusätzliche Möglichkeit, eine neue Bewußtheit zu erlangen, besteht für jeden, selbst für den Hochhausbewohner, darin, eine Pflanze vom Samen an aufzuziehen. Begleitet er sie durch ihr ganzes Leben, hegt und pflegt er sie, wird er irgendwann Brot und Gemüse auf seinem Tisch mit den Augen des Menschen von früher sehen, ihnen eine andere, eine »gärtnerische« Wertschätzung entgegenbringen. Die so gewonnene »archaische« Einstellung führt aber auf direktem Weg zu den Feen.

Und wenn auch nicht jeder nach Schottland fahren kann, um ihnen nahe zu sein, so gibt es doch in der Umgebung vieler Großstädte »feenträchtige« Gebiete – bei Frankfurt beispielsweise den Taunus –, die in einoder allenfalls zweistündiger Autofahrt mühelos zu erreichen sind. Dort finden sich versteckte Täler, von Bächen durchzogene Wiesen und soviel Ruhe, wie nötig ist, um den Alltagsstaub abzuschütteln und sich verzaubern zu lassen – um in die Tiefen einer Welt einzutauchen, die längst verloren schien.

Das soll nun selbstverständlich nicht bedeuten, daß

eine intensive Naturerfahrung zwangsläufig den Kontakt zu Feen nach sich zieht oder gar deren sichtbares Erscheinen bewirkt. Kaum jemand dürfte ein schlüssiges Rezept kennen, wie dies zu bewerkstelligen ist. Vielleicht äußert sich ihre Gegenwart ja auch lediglich in einem ausgeprägten Gefühl des Einsseins mit allen Lebewesen, der plötzlichen Empfindung innerer Stärke, der Zuversicht oder des Vertrauens in die eigenen Fähigkeiten.

Feen sind zudem sehr »eigen« und zeigen sich nur demjenigen, dem sie sich zeigen *wollen*. Aber die Werte des Stillen Volkes sind andere als die unserer High-Tech-Welt. Und daher sind höchstwahrscheinlich nur diejenigen Menschen imstande, Feen wahrzunehmen und mit ihnen in Verbindung zu treten, die sich wenigstens von Zeit zu Zeit von ihrem zunehmend abstrakteren und arbeitsintensiveren Leben zu distanzieren vermögen – die den Mut aufbringen, sich von gesellschaftlichen Konventionen zu befreien und einzugestehen, daß, wie Marcel Proust es ausdrücken würde, der Staub der Realitäten durchaus magischen Sand mit sich führt. Und wer weiß, vielleicht geben ihnen die Feen dann ja eine Chance!

Ausklingen lassen möchte ich dieses Buch mit einigen Worten des französischen Dichters Jacques Prévert; sie stehen am Ende eines Kinderbuches über einen kleinen Zoolöwen, der sich nach einer Heimat sehnt, die er nie in seinem Leben gesehen hat:

Das Leben der Pflanzen, Menschen und Tiere ist aus Wirklichkeit gemacht, aber auch aus wunderbaren Geheimnissen und erdichteten Wahrheiten.

ANHANG

Kleines Feen-Lexikon

Alfar/Alfen: nordische Feen, die nach ihren Wohnorten in Licht- und Dunkelalfen unterschieden werden. Sie stehen in engem Kontakt zu den Menschen, sind aber mit Vorsicht zu behandeln. Wenn verärgert, können sie Krankheiten schicken.

Alp: ehemals vermutlich »gutes« Feenwesen, schon im Mittelalter aber zum bösen, schlafende Menschen zäumenden und reitenden Gespenst umgedeutet.

Alven: durchsichtige, praktisch unsichtbare niederländische Feen. Sie leben in Gewässern oder kleinen Erdhügeln, den sogenannten Alvinnenhügeln. Sie sind Herrscherinnen über zahlreiche Flüsse und vor allem nachts aktiv.

Apsaras: (Sanskrit, wörtlich etwa »Wassergeherin«) indische Nymphen, die oft mit einem Lotos in der Hand dargestellt werden. Berühmt wegen ihrer Tanz- und Verführungskünste.

Berchta/Bertha: deutsche, hauptsächlich aus dem bayerischen Raum überlieferte Fee, Königin der Elben. Sie wird mit Frau Holle gleichgesetzt und wohnt in Bäumen, Felsen und Brunnen. Ihr Tag ist der 6. Januar.

Brownie: kleiner englischer und schottischer Hausgeist, der sich bestimmten Familien anschließt und diese beschützt, solange täglich Milch oder Sahne bereitgestellt und er nicht gekränkt wird.

Buschfräulein: dem Spinnen ergebene Feen aus Thüringen, Sachsen und Böhmen, die sich im Wald aufhalten und dort den Umgang mit Holzweiblein und Beerenpflückerinnen suchen.

Cluricaunes: irische Hausgeister, die Familie und Vieh beschützen, gerne Streiche spielen und ungesellig sind.

Dames vertes/blanches: reizvolle französische Feen, die vor allem in den Wäldern des Jura leben und es lieben, Menschen in die Irre zu führen. Doch übernehmen sie auch Schutzfunktionen für einzelne Familien.

Deva: (Sanskrit »Gott«) allgemeine Bezeichnung für hinduistische und buddhistische Götter.

Dryaden: altgriechische Waldnymphen, schöne Mädchen in weißen oder grünen Kleidern, die gerne tanzen und singen und jungen Männern gefährlich werden können. Sie bestrafen Kinder, die im Wald Lärm machen, und heiraten manchmal Sterbliche, dürfen aber niemals an ihre Herkunft erinnert werden, da sie sonst augenblicklich verschwinden.

Elben: nord- und mitteldeutsche Feen, die vor allem in Wäldern, Gewässern und Bäumen leben. Sie pflegen vertrauten Umgang mit den Menschen, stehen ihnen bei, strafen sie aber auch mit Krankheiten.

Elementargeister: mittelalterliche Zuordnung der Geistwesen zu den vier Elementen: die Gnomen und Feen zur Erde, die Sylphen zur Luft, die Undinen zum Wasser, die Salamander zum Feuer.

Elfen: ursprünglich englische, mit dem nordischen Alf verwandte Bezeichnung von Feen. Wurde erst im 18. Jahrhundert von Johann Jakob Bodmer in einer Übersetzung eingeführt und durch dessen Freund Christoph Martin Wieland verbreitet.

Ellefolk: dänische, schwedische und norwegische Feen, deren Hauptvergnügen das Tanzen und Musizieren ist. Sie sind schön, leben in Hügeln, an Flüssen und in Sümpfen.

Fanggen: eng mit Bäumen verbundene Feen in Tirol. Sie wurden mit der Zeit zu häßlichen, menschenfressenden Wesen umgedeutet. Früher aber beschützten sie die Menschen und gingen auch bei ihnen als Mägde in Dienst.

Fata/Fatae: (lateinisch »Schicksal«) meist zu dritt auftretende weibliche Geistwesen, die über das Schicksal der Menschen bestimmen, die Zukunft vorhersehen können und mit Vorliebe spinnen.

Follets: französische Kobolde, denen teilweise dieselben Fähigkeiten wie den Feen zugesprochen werden.

Gandharven: als hervorragende Sänger und Musiker sowie auch als Ärzte berühmte männliche Gefährten der Apsaras.

Gentry: im Gegensatz zu den Sidhe großgewachsene irische Feen, die aristokratische Züge besitzen und hauptsächlich auf dem Berg Ben Bulben wohnen.

Gutes Volk, Gute Nachbarn: apotropäische Bezeichnung für die irischen und schottischen Feen.

Hagzissa/Hagzussa: althochdeutscher Name für Wesen, die »auf dem Zaun (Hag) sitzen«, also mit einem Bein in der Welt der Menschen (der Welt innerhalb des Zaunes), mit dem anderen in der der Geister (Wildnis) stehen. Hieraus entwickelte sich das Wort »Hexe«.

Högfolk: »Hügelvolk«, hübsche skandinavische Feen, die mit Vorliebe in Hügeln wohnen und wunderschön singen.

Holda/Holle: mitteldeutsche Fee. Sie ist eine eifrige Spinnerin, unterstützt die Fleißigen und bestraft die Faulen. Holda hat Elben im Gefolge, die nach ihr die »guten Holden« heißen. Sie wohnt häufig in einem See, Teich oder Brunnen und zeichnet sich durch ihren wundervollen Gesang aus. Ihr Tier ist die Katze.

Huldelfe: schwedische Fee, die oft am Kindbett erscheint und dem Neugeborenen das Schicksal weissagt.

Huldrafolk: norwegische Feen. Sie stehen den Menschen nahe, singen sehr schön und wohnen in Hügeln.

Korrigans: kleine weißgekleidete bretonische Feen, die nachts mit Vorliebe bei Menhiren, Steinkreisen und auf abgelegenen Wiesen tanzen. Sie leben unter anderem auch im Wasser und haben lange blonde Haare.

Kräuterkunde: Alle Feen sind in der Kräuterheilkunde sehr bewandert und geben ihr Wissen an bestimmte vertrauenswürdige Menschen weiter.

Melusine: Ahnherrin des Hauses Lusignan in Frankreich. Sie verwandelte sich einmal pro Woche in eine Fee mit Schlangenschwanz und verschwand für immer, als sie dabei überrascht wurde.

Moiren: drei altgriechische Schicksalsgöttinnen, Klotho, Lachesis und Atropos, die wie die Feen spinnen und das Schicksal vorhersagen. Ihr römisches Gegenstück waren die Parzen.

Morgane: keltische Fee, die in der Artussage eine wichtige Rolle spielt. Daneben gibt es verschiedene Feen desselben Namens, unter anderem in England und Frankreich, die jeweils eine eigene Geschichte besitzen.

Mummel: Bezeichnung für die Seerose, die mit »Muhme« zusammenhängt. »Mummel« oder »Mümmelchen« wurden in vielen Teilen Deutschlands in Seen wohnende Feen genannt, die an Land kamen, um den Menschen bei ihren Arbeiten zu helfen.

Najaden: den Menschen freundlich gesinnte, hübsche altgriechische Wassernymphen. Sie haben die Gabe der Weissagung, können heilen und Mensch und Tier Fruchtbarkeit gewähren.

Nereiden: die fünfzig Töchter des altgriechischen Meeresgottes Nereus. Sie helfen den Schiffern in gefährlichen Situationen, sie spinnen gern und pflegen die Menschen zu necken.

Nixen: (von althochdeutsch *nicchessa* = »Wasserfrau«) germanische Wasserfeen von fröhlichem Wesen mit langen blonden Haaren, die gern mit den Menschen Kontakt aufnehmen.

Nörglein/Norggen: grüngekleidete Tiroler Feenwesen, die mit Vorliebe in hohlen Bäumen oder auf Bergen wohnen. Sie hüten das Vieh der Bauern und helfen ihnen bei der Arbeit, spielen den Menschen aber auch gern Streiche.

Nornen: drei nordische Schicksalsjungfrauen: Udr, Verdandi und Skuld. Sie wohnen bei einem Brunnen unter der Weltesche Yggdrasil und halten hier über die Menschen Gericht.

Nymphen: (altgriechisch »Braut«, »Mädchen«) allgemeine Bezeichnung für altgriechische Feen. Es gibt Bergnymphen, die Oreaden, Wassernymphen, die Najaden, und Baumnymphen, die Dryaden. Sie sind schön, stehen in enger Beziehung zu den Menschen, besonders den Männern, tanzen und singen gern. Die Bezeichnung wurde von den Römern übernommen und auf ihre Feen übertragen.

Oberon: Feenkönig vor allem bei Wieland und Shakespeare. Ist mit Titania verheiratet.

Peri: persische Bezeichnung für Fee, die in den meisten islamischen Ländern (so auch in Hunza) verwendet wird.

Rus(s)alki: slawische Wasserfeen. Sie bedecken sich entweder mit grünen Blättern oder mit einem weißen Hemd. Sie wohnen in Wäldern, auf Wiesen, Feldern und im Wasser, schützen das Korn und lieben das Spinnen, die Musik und den Gesang.

Salige Fräulein: apotropäische Bezeichnung für hübsche blonde Feen in Tirol. Sie stehen den Menschen sehr nahe, helfen vor allem den Bauern und Mägden bei der Feldarbeit und gehen oft Liebschaften mit Männern ein.

Schicksal: Die Feen stehen in enger Beziehung zum Schicksal der Menschen. Sie sind imstande, die Zukunft vorauszusehen, und weissagen bevorzugten neugeborenen Kindern.

Selkies: Wasserfeen der Orkney- und Shetlandinseln, die ein Seehundfell tragen, um sich im Wasser schneller fortbewegen zu können. In Westschottland heißen sie Roane.

Sidhe: irische Feen, die von der Göttin Dana und ihrem Volk Tuatha dé Danaan abstammen sollen. Sie erhielten ihren Namen nach dem altirischen Wort für ihre Hügelwohnungen (Sidh).

Skogsra: schwedische Feen, die über die Natur gebieten. Sie wohnen in Berghöhlen und stehen den Jägern zur Seite. Sie verwandeln sich gern in Bäume oder bestimmte Tiere und haben einen hohlen Rücken.

Spinnen: weltweit eine der Hauptbeschäftigungen der Feen. Feen sind überall gern bereit, den Menschen bei dieser Tätigkeit zu helfen.

Szépasszony: hübsche blonde ungarische Feen, die in Bäumen und auf Bergen leben und gern singen und tanzen.

Titania: Frau des Feenkönigs Oberon, vor allem in Shakespeares *Ein Sommernachtstraum* und Wielands *Oberon*.

Tylwyth Teg: (auch *Bendith Y Mamau*) blonde walisische Feen, die tanzen, singen und Harfe spielen. Sie wohnen unter der Erde und unter Wasser.

Vila: serbische bzw. bulgarische (*Samovila/Samodiva*) Feen, die jung und schön sind, lange blonde Haare haben und auf Bergen und in Wäldern wohnen. Sie standen ursprünglich in engem Kontakt zu den Menschen. Sie singen und tanzen, können die Zukunft voraussagen und Krankheiten heilen.

Wechselbalg: den Menschen untergeschobenes Feenkind. Er wächst langsam, ist meist sehr häßlich, ungezogen und gefräßig.

Wilde Frauen: Feen in Böhmen, Polen und Slowenien, gutaussehende Wesen, die in unterirdischen Höhlen hausen und gern Hanf kämmen und weben. Sie kennen die geheimen Kräfte der Natur, stehen in enger Verbindung zum Wetter und stellen aus Pflanzen Salben her, mit denen sie sich unsichtbar machen können. Sie lieben Musik und Tanz und halten freundlichen Kontakt zu den Menschen.

Anmerkungen

1 Auch die germanischen Nornen haben mit ihnen wesentliche Merkmale gemein, wie etwa die Dreizahl. Auch heißen sie »Vergangenheit« (*Udr*), »Gegenwart« (*Verdandi*) und »Zukunft« (*Skuld*), was ihre enge Verbindung zum Schicksal deutlich macht. Auch wohnen sie unter einem Baum, der Weltesche Yggdrasil, neben oder in einem Brunnen – wie die Feen. Hier halten sie Gericht über die Menschen und andere Wesen.

2 Noch Ende des letzten Jahrhunderts glaubte man in Griechenland, daß die Pest drei Frauen zu verdanken sei. Die eine trage eine Rolle Papier, die zweite eine Schere und die dritte einen Besen. So betraten sie die Häuser, aus denen sie ihre Opfer holen wollten. Die erste Frau schrieb den Namen des Unglücklichen auf ihr Papier, die zweite verwundete ihn mit ihrer Schere, und die dritte kehrte ihn hinaus.

3 Das Verbum *parere*, von dem sich das Wort *Parcae* ableitet, bedeutet »gebären«.

4 An dieser Stelle gilt es noch die *Matronae* zu erwähnen, Göttinnen römischen oder keltischen Ursprungs, von denen wir hauptsächlich durch etwa vierhundert Inschriften auf Steinen und Monumenten wissen. Wie die Fata trugen sie Füllhörner oder Früchte in den Händen und scheinen eine Art Schutzfunktion für bestimmte Menschen und deren Familien ausgeübt sowie eine enge Verbindung zur

Natur, insbesondere aber zu den Bäumen gehabt zu haben.

5 Nicht selten wurde der Wortbestandteil »Alp-« später sogar durch »Engel-« ersetzt, und ein Alphart hieß dann also Engelhart. Übrigens zeugen umgekehrt zahlreiche Ortsnamen oder Namen von Sternen in Ungarn von der früheren Präsenz der Feen in dieser Region. So wird die Milchstraße dort »Straße der Feen« genannt.

6 Feen- und Hexenringe sind kreisförmige Stellen auf Wiesen oder anderen Plätzen, auf denen der Grasbewuchs entweder ganz fehlt oder aber im Gegenteil besonders üppig ist. Sie werden von verschiedenen Arten der Blätterpilze hervorgerufen, die sich in Ringen ausbreiten. Anfangs erscheint der von ihnen durchwucherte Nährboden kahl, später wird er von den absterbenden Pilzmassen gedüngt und dadurch fruchtbar und grün.

7 Eigentlich war es ja sein Freund und Schriftstellerkollege Johann Jakob Bodmer, der sich mit dem Problem konfrontiert sah, wie das englische *faery elves* zu übersetzen sei. Er entschied sich nach reiflicher Überlegung für *Aelfe*, eine Wort-Neuschöpfung, wie Bodmer selbst erklärte. Wieland aber als der bekanntere von den beiden hat diese Bezeichnung dann durch seine Schriften populär gemacht.

8 Für die Feen des übrigen Europa sind hier vor allem die Werke von K. M. Briggs, W. Y. Evans Wentz, L. H. Gray, Th. Keightley, F. S. Krauss, A. Maury, E. Pocs und Sir J. Rhys zu nennen. Zahlreiche weitere wichtige Quellen sind jedoch in der ausgewählten Bibliographie aufgeführt.

9 Die enge Beziehung der Feen zu Tieren läßt an die Totemtiere beispielsweise der Indianer Nordamerikas oder der australischen Aborigines denken. Im To-

temismus begründet sich das besondere Verhältnis zwischen einer bestimmten Menschengruppe (Clan) und »seinem« Tier durch eine Verwandschaftsbeziehung: Das Totemtier ist der mythische Ahne der betreffenden Gruppe. Dies ist jedoch bei den Feen nicht der Fall. Eher ließe sich an die Tiergeister der Schamanen denken, höhere Wesen, die ihm bei seiner Arbeit mit Rat und Tat zur Seite stehen.

10 Das Territorium der Feen überschneidet sich manchmal mit dem der Menschen. Gerade auch im irischen Sagenkreis läßt sich bei der Frage der geographischen Lage des Feenreiches oft eine »Doppelbelegung« feststellen. Durch ein »Tor« im Berg, in einer Schlucht oder Höhle gelangt man in eine »Anderswelt« oder eine Parallelwelt, die unter Umständen von den geographischen Gegebenheiten her genau der realen Welt entspricht: Seen, Flüsse, Täler, Berge, Wiesen sind wie in Wirklichkeit. Es wird aber auch immer wieder erwähnt, daß diese Welt entweder einen ärmlicheren oder reicheren Eindruck macht, als wäre in dem Feenreich ein geschichtlich älterer Zustand konserviert. Bezeichnend ist ebenfalls das vollständige Fehlen von Eisen oder Eisenwerkzeugen. Menschen- und Feenwelt »überlappen« sich also.

11 Ich bin mir durchaus darüber im klaren, daß die Logik der Märchen kaum etwas mit derjenigen der Philosophie oder Mathematik zu tun hat und daher eher intuitiv als verstandesmäßig begriffen werden kann.

12 Wenn ich sage »undetailliert«, so möchte ich dieses Wort klar absetzen von »unausgeschmückt«. Während letzteres nämlich durch häufiges Erzählen in der Regel zu immer größerer Entfremdung und Distanz vom eigentlichen Thema führt, ist Detailtreue im allgemeinen ein Beweis für die Authentizität eines Märchens. Ein Lügner, der beispielsweise behauptet, in einer bestimmten Stadt gewesen zu sein, ist nicht imstande und wird sich wohl hüten, über allgemein bekannte Informationen hinauszugehen. Sein Bericht von dieser Stadt wird dementsprechend völlig anders und sehr viel oberflächlicher ausfallen als der von jemandem, der sich wirklich dort aufgehalten hat.

13 In einem späteren Kapitel wird von einer weiteren »Wassermama«, der afrikanischen Nixe Mami Wata, ausführlich die Rede sein, die heute noch von vielen Menschen verehrt wird.

14 Hermann Berger, gekürzte Wiedergabe der Geschichte Nr. 28.

15 Ich danke dem Hanser Verlag in München herzlich für die Erlaubnis zum Abdruck dieser Passage aus: Völker, *Wehrwölfe*, 1972, S. 340 f.

16 Die Geschichte der Lorelei geht eigentlich auf Clemens Brentano zurück. Er beschrieb sie in seinen *Rheinmärchen* als eine feenartige Wasserfrau, die zusammen mit ihren sieben Töchtern den Nibelungenhort bewacht.

17 Manche Wissenschaftler verlegen den Herkunftsort dieser Fee in die Neue Welt.

18 Die Angaben über Mami Wata stammen von Tobias Wendl, dem hier noch einmal herzlich für die Erlaubnis zum Abdruck einiger Passagen daraus gedankt sei.

19 Alle Zitate dieses Kapitels über Mami Wata aus: Tobias Wendl, *Mami Wata oder ein Kult zwischen den Kulturen*. Münster 1991, S. 273 ff.

20 Das mythologische Motiv des bei Not auch nach vielen Jahrhunderten wiederkehrenden Helden oder Königs gibt es auch im deutschen Sprachraum. Erinnert sei hier nur an Kaiser Barbarossa, der im Kyffhäuser schlafen soll, bis er »zur Rettung des Vaterlandes« dereinst zurückkommen wird.

21 Eigentlich *Dia Luain, Dia Mart* und *agus Dia Ceadaoine.*

22 Ein ähnlicher Vorgang ist aus der germanischen Mythologie bekannt. Der Gott Thor fuhr stets in einem Wagen, der von zwei Ziegenböcken gezogen wurde. Diese Böcke konnten geschlachtet und gegessen werden, nur mußte man ihre Haut und ihre Knochen aufbewahren. Dann schwang Thor seinen Hammer, und die Ziegenböcke wurden wieder lebendig. Erinnert sei hier auch an einen Ritus der Schamanen, bei dem der Körper im Rahmen der Initiation erst bis auf die Knochen – die allerdings zuweilen durch eiserne ersetzt werden – entfleischt und dann neu »aufgebaut« wird.

23 Dies dürfte der Grund dafür sein, daß die meisten deutschen (und auch lateinischen) Baumnamen weiblichen Geschlechts sind: die Birke, die Eiche, die Erle, die Esche, die Fichte, die Pappel usw.

24 Hermann Berger, leicht gekürzte Wiedergabe der Geschichte Nr. 21.

25 Hermann Berger, gekürzte Wiedergabe der Geschichte Nr. 55.

Ausgewählte Bibliographie

Märchen

Afanasjew, Alexander: *Russische Volksmärchen*, Frankfurt/M. (1991).

Agricola, Christiane: *Schottische Sagen von Elben und Zauber*, Wiesbaden (1988).

Aitken, Hannah und Ruth Michaelis-Jena: *Schottische Volksmärchen*, Düsseldorf-Köln (1972).

Andersen, Hans Christian: *Sämtliche Märchen*, Darmstadt (1974), 2 Bde.

Aridas, Georgios: *Und sie lebten glücklich ... Griechische Volksmärchen*, Frankfurt/M. (1985).

Arnason, Jon: *Isländische Volkssagen*, Berlin (1889).

Baring-Gould, S.: *Curious Myths of the Middle Ages*, London (1901).

Bartsch, Karl: *Sagen, Märchen und Gebräuche aus Mecklenburg*, Wien (1880).

Barüske, Heinz: *Eskimo-Märchen*, Düsseldorf/Köln (1969).

Barüske, Heinz: *Märchen der Eskimo*, Frankfurt/M. (1975).

Barüske, Heinz: *Isländische Märchen*, Düsseldorf/Köln (1994).

Barüske, Heinz: *Skandinavische Volksmärchen*, Frankfurt/M. (1972).

Becker, Friedrich: *Afrikanische Märchen*, Frankfurt/M. (1971).

Birlinger, Anton: *Volksthümliches aus Schwaben*, Freiburg im Breisgau (1861), 2 Bde.

Boratav, P. N.: *Türkische Volksmärchen*, München (1990).

Bowker, James: *Goblin Tales of Lancashire*, London (1883).
Brauns, David: *Japanische Märchen und Sagen*, Leipzig (1885).
Brett, W. H.: *Legends and Myths of the Aboriginal Indians of British Guiana*, London (o. J.).
Briggs, K. M. und Ruth Michaelis-Jena: *Englische Volksmärchen*, Düsseldorf/Köln (1970).
Briggs, K. M. und Ruth L. Tongue: *Folktales of England*, London (1965).
Broome, Dora: *Fairy Tales from the Isle of Man*, Harmondsworth (1951).
Büchli, Arnold: *Schweizer Sagen*, Leipzig und Aarau (o. J.), 3 Bde.
Calvino, Italo: *Die Braut, die von Luft lebte, und andere italienische Märchen*, München (1993).
Campbell, J.F.: *Popular Tales of the West Highlands*, Edinburgh (1890–93), 4 Bde.
Cavallius, G. O. H. und G. Stephens: *Schwedische Volkssagen und Märchen*, Wien (1848).
Cowan, James: *Fairy Folk Tales of the Maori*, London (1977, Nachdruck von 1930).
Croker, T. Crofton: *The Fairy Legends and Traditions of the South of Ireland*, London (1898).
Crossing, W.: *Tales of the Dartmoor Pixies*, London (1890).
Curtin, Jeremiah: *Tales of the Fairies, and of the Ghost World*, New York (1971).
Ehrentreich, Alfred: *Volksmärchen aus England. Keltische Märchen*, Bd. 2, Frankfurt/Berlin/Wien (1980).
Fähnrich, Heinz: *Georgische Märchen*, Leipzig (1991).
Frémont, Annette: *Recits Inédits en Burushaski*, Bd. 1, unveröffentlichte Dissertation (1992).
Frobenius, Leo: *Mythes et contes populaires des riverains du Kasaï*, Wiesbaden (1983).
Frobenius, Leo: *Schwarze Sonne Afrika. Mythen, Märchen und Magie*, Köln (1980).
Geldart, E. M.: *Folktales of Modern Greece*, London (1884).

Gonzenbach, Laura: *Sicilianische Märchen*, Leipzig (1870), 2 Bde.
Graves, A. P.: *The Irish Fairy Book*, London (um 1910).
Grierson, Elizabeth W.: *The Scottish Fairy Book*, London (1910).
Grimm, Brüder: *Irische Elfenmärchen*, Frankfurt/M. (1987).
Grimm, Brüder: *Kinder- und Hausmärchen*, Frankfurt/M. (1984), 3 Bde.
Grundtvig, Svend: *Dänische Volksmärchen*, Leipzig (1885), 2 Bde.
Guter, Josef: *Chinesische Märchen*, Frankfurt/M. (1973).
Haas, A.: *Pommersche Sagen*, Leipzig-Gohlis (1921).
Haralampieff, Kyrill: *Bulgarische Volksmärchen*, Düsseldorf-Köln (1971).
Hartland, E. S.: *English Fairy and Folk Tales*, London (1893).
Heissig, Walther: *Mongolische Märchen*, Köln (1986).
Hetmann, Frederik: *Indianermärchen aus Nordamerika*, Frankfurt/M. (1970).
Hetmann, Frederik: *Irische Märchen*, Frankfurt/M. (1971).
Hetmann, Frederik: *Nordamerikanische Märchen*, Frankfurt/M. (1973).
Hetmann, Frederik: *Keltische Märchen*, Frankfurt/M. (1975).
Heyl, Joh. Adolf: *Volkssagen, Bräuche und Meinungen aus Tirol*, Brixen (1897).
Hoffmann, Helmut: *Märchen aus Tibet*, Köln (1973).
Hunt, Robert: *Popular Romances of the West of England*, London (1923).
Huwe, Albrecht: *Märchen aus aller Welt. Korea*, München (1979).
Jacobs, J.: *Celtic Fairy Tales*, London (1892).
Jacobs, J.: *English Fairy Tales*, London (1890).
Jacobs, J.: *More Celtic Fairy Tales*, London (1894).
Jahn, Samin al Azharia: *Arabische Volksmärchen*, Berlin (1970).
Karlinger, Felix: *Südamerikanische Märchen*, Frankfurt/M. (1973).
Karlinger, Felix: *Märchen aus Portugal*, Frankfurt/M. (1976).

Karlinger, Felix: *Märchen der Welt. Afrika und Ozeanien*, Bd. 5, München (1980).

Karlinger, Felix und Johannes Pögl: *Katalanische Märchen*, München (1989).

Kellner, L.: *English Fairy Tales*, Leipzig (1917).

Knoop, Otto: *Volkssagen, Erzählungen und Aberglauben, Gebräuche und Märchen aus dem östlichen Hinterpommern*, Posen (1885).

Krauss, Friedrich S.: *Tausend Sagen und Märchen der Südslaven*, Leipzig (1914).

Krickeberg, Walter: *Märchen der Azteken und Inkaperuaner*, Köln (1968).

Lindholm, Dan: *Altindische Sagen*, Frankfurt/M. (1977).

Löffler, Anneliese: *Märchen aus Australien*, Düsseldorf/Köln (1992).

Luck, Georg: *Rätische Alpensagen*, Davos (1902).

Macdougall, J. und G. Calder: *Folk Tales and Fairy Lore*, London (1910).

Massignon, Geneviève: *Folktales of France*, London (1966).

Meier, Ernst: *Deutsche Sagen, Sitten und Gebräuche aus Schwaben*, Stuttgart (1852), 2 Bde.

Mitford, A. B.: *Tales of old Japan*, London (1871).

Morrison, Sophia: *Manx Fairy Tales*, London (1911).

Müller-Lisowski, Käte: *Irische Volksmärchen*, Jena (1923).

Müller-Lisowski, Käte: *Irische Volksmärchen*, Düsseldorf/Köln (1962).

Ognjanowa, Elena: *Märchen aus Bulgarien*, Leipzig (1987).

Ozawa, Toschio: *Japanische Märchen*, Frankfurt/M. (1974)

Panzer, Friedrich: *Bayerische Sagen und Bräuche*, Göttingen (1954), 2 Bde.

Pedroso, Consiglieri: *Portuguese Fairy Tales*, London (1882).

Pham Duy Khiem: *Vietnamesische Märchen*, Frankfurt/M. (1974).

Poestion, J. C.: *Lappländische Märchen, Volkssagen, Räthsel und Sprichwörter*, Wien (1886).

Radowitz, Gisela von: *Märchen der Buschmänner*, Hanau (1983).
Ralston, W. R.: *Russian Folk-Tales*, London (1872).
Ralston, W. R.: *Tibetan Tales*, London (1882).
Ritson, J.: *Fairy Tales*, London (1931).
Rochholz, Ernst L.: *Naturmythen*, Leipzig (1862).
Schmidt, Bernhardt: *Griechische Märchen, Sagen und Volkslieder*, Leipzig (1877).
Schmidt, Sigrid: *Märchen aus Namibia*, Düsseldorf/Köln (1980).
Schönwerth, Fr.: *Aus der Oberpfalz. Sitten und Sagen*, Augsburg (1857-1859), 3 Bde.
Schreck, Emmy: *Finnische Märchen*, Weimar (1887).
Schulenburg, Willibald von: *Wendisches Volksthum in Sage, Brauch und Sitte*, Berlin (1882).
Schütz, Joseph: *Jugoslawische Märchen*, Frankfurt/M. (1972).
Seiler-Dietrich, Almut: *Märchen der Bantu*, Köln (1980).
Sheikh-Dilthey, Helmtraut: *Märchen aus dem Pandschab*, Köln (1976).
Sikes, Wirt: *British Goblins: Welsh Folklore, Fairy Mythology, Legends and Traditions*, London (1973).
Sommer, Emil: *Sagen, Märchen und Gebräuche aus Sachsen und Thüringen*, Halle (1846).
Soupault, Réné: *Bretonische Märchen*, Düsseldorf/Köln (1972).
Spies, Otto: *Türkische Märchen*, Köln (1967).
Steere, Edward: *Swahili Tales, as told by the natives of Zanzibar*, London (1870).
Stintzi, Paul: *Sagen des Elsasses*, Colmar (1929).
Strackerjan, L.: *Aberglaube und Sagen aus dem Herzogthum Oldenburg*, Oldenburg (1867), 2 Bde.
Temme, J. D. H.: *Die Volkssagen von Pommern und Rügen*, Berlin (1840).
Tetzner, Lisa: *Das Märchenjahr*, Bd. 1, München (1956).
Veckenstedt, Edm.: *Wendische Sagen, Märchen und abergläubische Gebräuche*, Graz (1880).

Vildomec, Veroboj: *Polnische Sagen*, Berlin (1969).
Weisweiler, Max: *Arabische Märchen*, Köln (1966), 2 Bde.
Wilde, Lady: *Ancient Legends, Mystic Charms and Superstitions of Ireland*, London (1887), 2 Bde.
Wildhaber, Robert und Leza Uffer: *Schweizer Volksmärchen*, Düsseldorf/Köln (1971).
Yeats, W. B.: *Fairy and Folk-Tales of the Irish Peasantry*, London (1888).
Yeats, W. B.: *Irish Fairy Tales*, London (1892).
Zingerle, Gebrüder: *Kinder- und Hausmärchen aus Tirol*, Innsbruck (1852).
Zingerle, Gebrüder: *Kinder- und Hausmärchen aus Süddeutschland*, Regensburg (1854).
Zingerle, Gebrüder: *Sagen aus Tirol*, Innsbruck (1891).
Zipes, Jack: *Französische Märchen*, Frankfurt (1991).

Weiterführende Literatur

Arras, Jean de: *Histoire de Mélusine*, Paris (1693).

Bérenger-Feraud, L.-J.-B.: *Superstitions et Survivances*, Paris (1896), 2 Bde.

Berger, Hermann: *Die Burushaski-Sprache von Hunza und Nager. Grammatik – Texte – Wörterbuch*. Bd. 2, Wiesbaden (1996).

Brednich, R. W.: *Volkserzählungen und Volksglaube von den Schicksalfrauen*, FF Communications No. 193, Helsinki (o.J.).

Briggs, K. M.: *The Anatomy of Puck*, London (1959).

Briggs, K. M.: *The Fairies in the Tradition and Literature*, London (1967).

Briggs, K. M.: *The Personnel of Fairyland*, Oxford (1969).

Briggs, K. M.: *An Encyclopedia of Fairies*, New York (1976).

Briggs, K. M.: *A Dictionary of Fairies*, London (1977).

Callaway, Rev. Canon: *Religious System of the Amazulu*, London (1868).

Campbell, J. F.: *Superstitions of the Highlands and Blands of Scotland*, Glasgow (1900).

Campbell, J. F.: *Witchcraft and Second Sight in the Highlands and Islands of Scotland*, Glasgow (1902).

Clier-Colombani, Françoise: *La fée Mélusine au moyen âge*, Paris (1991).

Codrington, R. H.: *The Melanesians, Studies in their Anthropology and Folk-Lore*, Oxford (1957).

Crooke, W.: *The Popular Religion and Folk-Lore of Northern India*, New Delhi (1978), 2 Bde.

Delattre, F.: *English Fairy Poetry from the Origins to the Seventeenth Century*, London (1912).

Dömötör, Tekla: *Volksglaube und Aberglaube der Ungarn*, Budapest (1982).

Drechsler, Paul: *Sitte, Brauch und Volksglaube in Schlesien*, Leipzig (1903/1906), 2 Bde.

Duerr, H. P.: *Traumzeit: Über die Grenze zwischen Wildnis und Zivilisation*, Frankfurt (1978).

Edwards, Gillian: *Hobgoblin and Sweet Puck*, London (1974).

Evans Wentz, W. Y.: *The Fairy Faith in Celtic Countries*, Oxford (1911).

Gilbert, Max: *The Fairies Melusine, Viviane and Aine*, London (1974).

Gray, L. H. (Hg.): *The Mythology of all Races. Celtic and Slavic*, Bd. 3, Boston (1918).

Gregory, Lady: *Visions and Beliefs in the West of Ireland*, London (1920), 2 Bde.

Grenville, Pigott: *A Manual of Scandinavian Mythology*, London (1893).

Grimm, Jacob: *Deutsche Mythologie*, Gütersloh (1875–1878), 3 Bde.

Hagemann, Ernst: *Weltenäther – Elementarwesen – Naturreiche. Texte aus der Geisteswissenschaft Rudolf Steiners*, Freiburg/Br. (1973).

Harf-Lancner, L.: *Les fées au moyen âge. Morgane et Mélusine. La naissance des fées*, Paris (1984).

Hartland, E. S.: *The Science of Fairy Tales*, London (1891).

Hodson, Geoffrey: *Fairies at Work and Play* (1925).

Hoffmann-Krayer, K. und H. Bächtold-Stäubli: *Handwörterbuch des deutschen Aberglaubens*, Berlin (1941), 10 Bde.

Honko, Lauri: *Krankheitsprojektile*, Helsinki (1959).

Ihm, Max: *Der Mütter- oder Matronenkultus und seine Denkmäler*, Bonner Jahrbücher LXXXIII, Bonn (1887).

Jahn, Ulrich: *Die deutschen Opfergebräuche bei Ackerbau und Viehzucht*, Breslau (1884).

Jettmar, Karl: *Die Religionen des Hindukusch*, Mainz (1975).
Johansons, Andrejs: *Der Wassergeist und der Sumpfgeist*, Stockholm (1968).
Keightley, Th.: *The Fairy Mythology*, London (1850/1900).
Kirk, Robert: *The Secret Commonwealth of Elves, Fauns and Fairies*, London (1893; Nachdruck der Ausgabe von 1691).
Krauss, Friedrich S.: *Volksglaube und religiöser Brauch der Südslaven*, Münster (1890).
Lang, Andrew: *My own Fairy Book*, Bristol (o. J.).
Latham, M. White.: *The Elizabethan Fairies* (1930).
MacCulloch, J.: *Were Fairies an earlier Race of Men?* (1932).
Mackinlay, James M.: *Folklore of Scottish Lochs and Springs*, Glasgow (1883).
MacManus, Dermot A.: *The Middle Kingdom*, London (1975).
MacRitchie, D.: *Fians, Fairies and Picts*, London (1893).
Mannhardt, Wilhelm: *Wald- und Feldkulte*, Berlin (1905), 2 Bde.
Maury, A.: *Les fées du moyen âge et les légendes pieuses*, Paris (1843), 2 Bde.
McPherson, J. M.: *Primitive Beliefs in the North-East of Scotland*, London (1929).
Nutt, A.: *The Fairy Mythology of Shakespeare*, London (1900).
Packer, Alison, Stella Beddoe und Lianne Jarrett: *Fairies in Legend and the Arts*, London (1980).
Pocs, Eva: *Fairies and Witches at the Boundary of South-Eastern and Central Europe*, Helsinki (1989).
Ravila, Paavo: *Reste lappischen Volksglaubens*, Helsinki (1934).
Rhys, Ernest: *The English Fairy Book*, London (o. J.).
Rhys, Sir J.: *Celtic Folklore*, Oxford (1901), 2 Bde.
Schindler, Richard Allan: *Art to enchant: A Critical Study of Early Victorian Fairy Painting and Illustration*, Ann Arbor (1988).
Schreiber, Heinrich: *Die Feen in Europa*, Freiburg i. Br. (1842).
Sébillot, Paul-Yves: *Le Folklore de France*, Paris (1905).
Sébillot, Paul-Yves: *Le Folklore de la Bretagne*, Paris (1968), 2 Bde.

Seligmann, C. G.: *The Melanesians of British New Guinea*, Cambridge (1976).
Shortland, Edward: *Traditions and Superstitions of the New Zealanders*, London (1856).
Simrock, Karl: *Handbuch der deutschen Mythologie*, Bonn (1878).
Spence, L.: *British Fairy Origins*, London (1946).
Spence, L.: *The Fairy Traditions in Britain*, London (1948).
Spencer, B. und F. J. Gillen: *The Native Tribes of Central Australia*, London (1899).
Thomas, W. J.: *The Welsh Fairy Book*, London (um 1910).
Völker, Klaus: *Von Werwölfen und anderen Tiermenschen. Dichtungen und Dokumente*, München (1972).
Wachsmuth, Curt: *Das alte Griechenland im neuen*, Bonn (1864).
Wendl, Tobias: *Mami Wata, oder ein Kult zwischen den Kulturen*, Münster (1991).
White, John: *The ancient History of the Maori, his Mythology and Traditions*, Wellington (1887–1889), 4 Bde.
Wildhaber, Robert: *Der Altersvergleich des Wechselbalges und die übrigen Altersverse*, Helsinki (1985).
Williams, Thomas: *Fiji and the Fijians. The Islands and their Inhabitants*, Bd. 1, London (1858).
Willoughby-Meade, G.: *Chinese Ghouls and Goblins* (1928).
Wolff, O. L. B.: *Mythologie der Feen und Elfen*, Weimar (1828), 2 Bde.
Wuttke, A.: *Der Deutsche Volksaberglaube der Gegenwart*, Berlin (1900).
Yeats, W. B.: *The Celtic Twilight. Men and Women, Ghouls and Faeries*, London (1893).
Zoller, Claus-Peter: *Die Sprache der Rang Pas von Garhwal. Grammatik, Texte, Wörterbuch*, Wiesbaden (1983).

Register

Danksagung

Ich möchte mich zunächst bei Prof. Dr. Hermann Berger herzlich bedanken, der mir sein gesammeltes Material über die Feen in Hunza zur freien Verfügung gestellt hat. Auch Dr. Claus-Peter Zoller schulde ich großen Dank für seine zahlreichen Informationen über die Feen in Bangan, die er mich für dieses Buch verwenden ließ. Gedankt sei auch dem Ethnologen Dr. Tobias Wendl, der mir die Erlaubnis erteilte, aus seinem Buch über die Wasserfee Mami Wata nach Belieben zu zitieren.

Für ihre Hilfe bei der Beschaffung von Feenmaterial danke ich weiterhin von Herzen Prof. Dr. Gérard Fussman vom Collège de France in Paris, meinem Kollegen und Freund Martin Bemmann, seinem Vater Dr. Hans Bemmann und dem Ehepaar Ambiel aus Epfenbach. Für seine wertvollen Hinweise und Ratschläge bin ich außerdem Roman Hocke sehr verpflichtet. Dies gilt in besonderem Maße für Guido Michl für sein einfühlsames, ausgezeichnetes Lektorat.

Vor allem aber danke ich meinem Mann Giovanni Bandini, der mir nicht nur unermüdlich mit Rat und Tat zur Seite stand und die meisten der im Buch vorkommenden Verse übersetzte, sondern auch Ordnung in meine Gedanken brachte und durch seine stete konstruktive Kritik und Ermutigung letztlich für das Zustandekommen dieses Buches verantwortlich ist.

Die Deutsche Bibliothek – CIP-Einheitsaufnahme

König, Ditte :
Die Welt der Feen : von der Wiederverzauberung der Wirklichkeit ;
Roman / Ditte König.– Stuttgart ; Wien : Weitbrecht, 1996.
ISBN 3-522-71980-8

Die Illustration des Schutzumschlags
besorgte Tilman Michalski, München.
Typografie des Umschlags von Peter Hofstätter, München.
Reproduktion des Umschlags von
DIE REPRO, Tamm.
Satz von KCS GmbH, Buchholz/Hamburg.
Druck und Bindung: Friedrich Pustet, Regensburg.

5 4 3 2 1